U0067975

雙魚齋

讀書箚記

蔣妙琴 著

天空數位圖書出版

自序

　　余從事教學工作三十餘年，閒暇之際，以蠹簡自娛，一享陸游「一編蠹簡從吾好，又見西窗掛夕暉」之趣，而歲月若白駒過隙，不知老之將至矣。去歲翻檢書篋，首將研究林玉書之成果集結成冊，顏為《讀林玉書《臥雲吟草》論集》，交付刊印，今更輯錄論文數篇，以《雙魚齋讀書劄記》行世，雖恐覆瓿之用，然敝帚自珍，聊記消逝歲月而已。

　　本書收錄單篇論文十六篇，依其性質第分為四類：陶詩篇收錄〈試論陶淵明詩中的酒趣〉、〈陶淵明的羲皇情結〉、〈陶詩中的孤獨感〉、〈陶詩中的俠客精神〉、〈陶淵明示兒詩文中的親情〉、〈試論陶淵明的社會關懷〉六篇；佛經音義篇收錄〈《新集藏經音義隨函錄》引《字樣》研究〉、〈《可洪音義》引《說文》同形異義詞釋例〉、〈論《新集藏經音義隨函錄》引《說文》之價值〉、〈《新集藏經音義隨函錄》在研究俗字上的價值〉四篇；說文篇收錄〈段玉裁「因聲求義說」初探〉、〈《慧琳音義》轉注說初探〉、〈俗寫字在校勘上的價值—以《說文繫傳校錄》所載為例〉三篇；雜論篇收錄〈試論城隍的流變與 2013 年嘉義城隍夜察諸羅境的文化意義〉、〈2014 年嘉義城隍廟「夯枷儀式」的社會文化意義探討〉、〈日治時期古典詩中的吳鳳廟書寫〉。此十六篇論文分別發表於《吳鳳學報》、《藝

見學刊》、「台灣與阿里山國際觀光產業研討會」、「安全管理與工程技術國際研討會」，本論集將於每篇論文後標識出處、出版時間與合著者，尚祈方家雅正。

蔣妙琴 2020.01

于吳鳳科技大學

目錄

肆、雜論篇

壹、 陶詩篇

試論陶淵明詩中的酒趣

壹、前言

　　酒對傳統文人而言，宛如催化劑般的神奇，遇之則情性流露、灑脫曠達，其間奧秘，頗耐人尋味。王孝伯評魏晉名士說：「名士不必奇才，但使常得無事，痛飲酒，熟讀《離騷》，便可稱名士。」[1]此說雖非確論，然據《世說新語·任誕》所載五十四則，關於飲酒內容即多達三十餘則之多，顯見魏晉名士嗜酒成性，乃不爭的事實。魏晉名士之所以嗜酒，與當代政權劇烈變動息息相關，隨著政治集團的權力爭鬥與戰爭頻仍，使得維持社會安定的禮樂制度全面崩潰，所謂「天下多故，名士少有全焉」[2]，正是魏晉文士處境艱困的真實寫照。在紛亂的世局之中，文士既無力改變當前混亂的現況，亦無法維護己身生命的安全，對於生命無常的感受，唯有藉飲酒的引導，「使人人自遠」[3]與「引人著勝地」[4]，而暫時從感官的經驗世界解脫出來。王永紅說：

　　在名教尊嚴遭到嚴重踐踏的時代，一代文人的個人價值無法得到
　　實現，甚至連生命也受到威脅的時候，他們的內心深處隱藏著無
　　法排遣的悲哀和憂愁，他們只能沉醉在酒中，一方面以酒避禍，

---

[1] 劉義慶著、楊勇校箋《世說新語校箋·任誕》第 53 則，第 575 頁。
[2] 房玄齡《晉書·阮籍傳·列傳第十九》第 1360 頁。
[3] 劉義慶著、楊勇校箋《世說新語校箋·任誕》第 35 則，第 566 頁。
[4] 劉義慶著、楊勇校箋《世說新語校箋·任誕》第 48 則，第 573 頁。

另一方面巧表心曲。"何以解憂,唯有杜康"。用酒,忘情忘物;用酒,離憂離愁。[5]

換言之,魏晉文士飲酒的目的,一則用以避禍,一則用以排解內心的苦悶,口含滿杯苦酒,毫無歡愉佳趣可言。因而表現於行為上,盡是違反社會規範的脫序行為,帶有一股反社會的氣息。陶淵明生活於東晉、劉宋之際,當代政局依舊混亂,禮樂制度依然崩壞,詩人寄酒抒情,亦勢所難免,淵明說「在世無所須,唯酒與長年」[6],又說「但恨在世時,飲酒不得足」[7],在〈五柳先生傳〉也說:「性嗜酒」[8]。然淵明飲酒,非僅僅滿足口腹之欲而已,實寓有深意,是以蕭統說:

> 有疑陶淵明詩,篇篇有酒。吾觀其意不在酒,亦寄酒為迹焉。其文章不群,詞采精拔,跌宕昭彰,獨超眾類;抑揚爽朗,莫之與京。橫素波而傍流,干青雲而直上。語時事則指而可想,論懷抱則曠而且真。加以貞志不休,安道苦節,不以躬耕為恥,不以無財為病,自非大賢篤志,與道汚隆,孰能如此乎![9]

---

[5] 王永紅〈解讀飲酒避世的魏晉風度〉,《重慶社會工作職業學院學報》第六卷第 1 期,第 55 頁。

[6] 讀〈山海經〉第五首。陶淵明著、逯欽立校注《陶淵明集》第 135 頁。本文引用陶詩作品,除特別註明外,皆以里仁書局出版的陶淵明著、逯欽立校汁《陶淵明集》為本。

[7] 〈挽歌詩〉第一首,陶淵明著、逯欽立校注《陶淵明集》第 141 頁。

[8] 陶淵明著、逯欽立校注《陶淵明集》第 175 頁。

[9] 蕭統《陶淵明集·序》陶淵明著、逯欽立校注《陶淵明集》第 10 頁。

蕭統從多方面觀察陶詩作意，其「寄酒為迹」之說，洵為不易之論。倘若從淵明詩中自言酒中趣，亦可明其與阮籍、阮咸、劉伶感受不同，淵明為其外祖父所寫的〈晉故征西大將軍長史孟府君傳〉說：

> 好酣飲，逾多不亂；至於任懷得意，融然遠寄，傍若無人。溫常問君：「酒有何好？而卿嗜之。」君笑而答曰：「明公但不得酒中趣爾！」[10]

從孟嘉與桓溫的對答中，點出「酒中趣」一說，至於「酒中趣」該如何詮釋？「任懷得意，融然遠寄，傍若無人」三句最為允當，若講得再明白些，就是以「酒」為媒介，將自我生命從層層世俗牽絆中解脫出來，還其生命中的本真本性，不必在乎他人的看法。因而在閱讀陶詩作品，也當如是觀，方能品嚐詩句所呈現的境界。前人評述陶詩作品中所呈現酒意之作品甚多，本文不一一陳說，僅就平日閱讀所得，略舉縱酒避禍、酒以解憂、酒以養真三事以論之[11]。

貳、縱酒避禍

魏晉政局混亂，社會動盪不安，使得魏晉名士從中體認出權力爭鬥

---

[10] 陶淵明著、逯欽立校注《陶淵明集》第 171 頁。

[11] 鍾會〈陶淵明講課稿〉將陶淵明飲酒意象區分為三：一、陶淵明通過酒來韜晦免禍、自我保護，曲折地表達自己對當時政治的看法。二、陶淵明時常借酒來化解人生的種種感傷、焦慮、痛苦。三、陶淵明在酒中獲得了無限的樂趣和慰藉，並借酒寄傲養真。與本文標題雷同，而內容不同。網址：
http://m.cssyq.com/a/325413.html

的殘酷與無奈，遂以玄學清談與嗜酒酣飲來逃避禍害，如阮籍本有濟世的志向，但因天下多故，名士少有全者，乃縱酒佯狂，不與世事，其「終身履薄冰 誰知我心焦」[12]的內心煎熬與痛苦，溢於言表。據《晉書·阮籍傳》載：

> 文帝初欲為武帝求婚於籍。籍醉六十日，不得言而止。鍾會數以時事問之，欲因其可否而致之罪。皆以酣醉獲免。[13]

阮籍為拒絕司馬昭求親與鍾會逼以時事表態之事，皆以酣醉趨避禍害。《晉書·阮籍傳》又載：「大將軍王敦命為主簿，甚被知遇。裕以敦有不臣之心，乃終日酣觴，以酒廢職。」[14]阮裕因王敦有叛逆之志，於是藉酒廢職以避禍。他如劉伶「挈榼提壺，唯酒是務」[15]，張翰「使我有身後名，不如即時一杯酒」[16]等等，無不帶有縱酒避禍之心。南宋葉夢得《石林詩話》說：

> 晉人多言飲酒，有至沉醉者。此未必意真在於酒。蓋時方艱難，人各懼禍，唯托於醉，可粗遠世故。蓋自陳平、曹參以來，已用此策。……流傳至嵇、阮、劉伶之徒，遂全欲用此為保身之計。此意惟顏延年知之，故《五君詠》云：「劉伶善閉關，懷情滅聞見。

---

12 阮籍〈詠懷詩〉第三十三首，《先秦兩漢魏晉南北朝詩》逯欽立輯校，第 503 頁。

13 房玄齡《晉書·阮籍傳·列傳第十九》第 1360 頁。

14 房玄齡《晉書·阮籍傳·列傳第十九》第 1367 頁。

15 劉伶〈酒德頌〉。http://baike.baidu.com/view/1046058.htm

16 劉義慶著、楊勇校箋《世說新語校箋·任誕》第 20 則，第 557 頁。

韜精日沉飲，誰知非荒宴。」如是，飲者未必劇飲，醉者未必真
醉也。後世不知此，凡溺於酒者，往往以嵇、阮為例，濡首腐脅，
亦何恨於死邪！[17]

葉夢得以「時方艱難，人各懼禍，唯托於醉，可粗遠世故」之說，將阮
籍、阮咸、劉伶飲酒之由，講得入木三分，足徵魏晉名士未必真溺於酒
也。然縱酒避禍之法，陳平、曹參即啟用此策略，嵇康、阮籍、劉伶之
流，不過承其遺緒而已。而薛楊虹〈從飲酒窺視"魏晉風度"之內涵〉
也認為：

> 晉之名士，思治而不得，苟全性命於亂世，朝不保夕，只能借酒
> 避世，麻痺自己在現實世界的恐懼與無奈，借酒表達對動亂現實
> 無法把握的逃避和不滿。因此飲酒實際上是魏晉名士在高壓恐怖
> 政策下，全身避禍的一個手段。[18]

薛氏「因此飲酒實際上是魏晉名士在高壓恐怖政策下，全身避禍的一個
手段」之說，也完全吻合魏晉名士嗜酒之意。推而論之。陶淵明所處的
晉、宋之際，政局依然混亂，文士「常恐天網羅，憂禍一旦並」[19]的恐懼
心理依舊存在，在〈感士不遇賦〉說：「密網裁而魚駭，宏羅制而鳥驚。

---

17 中國哲學書電子化計劃所收葉夢得《石林詩話》（百川學海本）第 114 頁。網址：
　http://ctext.org/wiki.pl?if=gb&chapter=215823
18 薛楊虹〈從飲酒窺視"魏晉風度"之內涵〉，《理論與觀察》2015 年第 7 期第 91
　頁。
19 何晏〈言志詩〉，《先秦兩漢魏晉南北朝詩》逯欽立輯校，第 468 頁。

彼達人之善覺，乃逃祿而歸耕。」[20]正點出晉宋之際的政局特點。淵明自幼深受儒家思想薰陶，內心身處孕育著儒家齊家治國的政治理想，所以他說：「少年罕人事，遊好在六經」[21]。他也曾想一展抱負，成就一番事業，所以他說：「少時壯且厲，撫劍獨行遊。誰言行遊近？張掖至幽州」[22]、「憶我少壯時，無樂自欣豫。猛志逸四海，騫翮思遠翥」[23]。然而身處「真風告逝，大偽斯興」的年代，也只能選擇隱居歸耕，追慕羲農生活。陶淵明雖謹慎的不去批評時事，然心中仍時時牽繫著局勢變化，蕭統說他：「語時事則指而可想」，並非虛言。如果從劉裕篡晉立宋，而淵明寫〈桃花源記〉，託避秦以喻避宋[24]，次年寫〈五柳先生傳〉以示恥不復仕[25]，在詩意中透露出世局混亂，避世隱居的話語，不屬尋常不過。舉〈飲酒詩〉第十三首來說：

有客常同止，取捨邈異境。一士常獨醉，一夫終年醒，醒醉還相

---

[20] 陶淵明著、逯欽立校注《陶淵明集》第 147 頁。

[21] 〈飲酒詩〉第十六，陶淵明著、逯欽立校注《陶淵明集》第 96 頁。

[22] 〈擬古〉第八首，陶淵明著、逯欽立校注《陶淵明集》第 113 頁。

[23] 陶淵明著、逯欽立校注《陶淵明集》第 117 頁。

[24] 清姚培謙《陶謝詩集》引翁同龢曰：「義熙十四年，劉裕弒晉安帝，立恭帝。逾年，晉室遂亡。史稱義熙末，潛徵著作佐郎不就。桃花源避秦之志，其在斯時歟？」逯按《桃花源記》為作者從事耕田之晚年作品，今依翁說繫於本年。陶淵明著、逯欽立校注《陶淵明集》第 226 頁。本文作品繫年以逯欽立所編《陶淵明事蹟詩文繫年》為本。

[25] 逯按：此傳為晚年所作。宋傳、蕭傳、南傳相沿視為祭酒以前之作，非是。林雲銘評注《古文析義》謂此傳無懷葛天，「暗寓不仕宋意。」吳楚才《古文觀止》謂「劉裕移晉祚，恥不復仕，號五柳先生，此傳乃自述生平」。所見較是。陶之無酒可飲，乃五十一至五十七歲時事，今姑繫此年下。陶淵明著、逯欽立校注《陶淵明集》第 227 頁。

笑，發言各不領。規規一何愚，兀傲差若穎。寄言酣中客，日沒
燭當秉。[26]

在這首作品中，作者藉由「一士常獨醉，一夫終年醒」的比較，點出「酣
中客」的韜光隱晦，常醉自得，才是身處亂世的最佳選擇，即使詩句偶
有失言批評時事，也是二士酒後彼此「發言各不領」之意。再如〈飲酒
詩〉第六首：

行止千萬端，誰知非與是。是非苟相形，雷同共譽毀。三季多此
事，達士似不爾。咄咄俗中愚，且當從黃綺。[27]

在這首作品中，陶淵明對於當代社會是非的標準提出質疑[28]，他雖不滿
意現況，卻也無力去改造社會，只有寄託上古的純樸社會，借商山四皓
的黃公、綺里季夏（逯欽立云：陶以四皓避秦，自喻不仕桓楚。桓玄篡
晉，在此年冬[29]）來表達內心的理想世界。類似的例子，在詩集中多見，
譬如：

義農去我久，舉世少復真。（〈飲酒詩〉第二十首）[30]

26　陶淵明著、逯欽立校注《陶淵明集》第 95 頁。
27　陶淵明著、逯欽立校注《陶淵明集》第 90 頁。
28　〈飲酒詩〉第二首：「積善云有報，夷叔在西山。善惡苟不應，何事立空言。九
　　十行帶索，飢寒況當年。不賴固窮節，百世當誰傳。」可為此類說法之代表。陶
　　淵明著、逯欽立校注《陶淵明集》第 87 頁。
29　陶淵明著、逯欽立校注《陶淵明集》第 90 頁。
30　陶淵明著、逯欽立校注《陶淵明集》第 99 頁。

悠悠上古，厥初生民。傲然自足，抱樸含真。(〈勸農〉)[31]
無懷氏之民歟？葛天氏之民歟？(《五柳先生傳》)[32]

而〈飲酒詩〉第九首，更將歸隱避世的心境表達得更加清楚，他說：

清晨聞叩門，倒裳往自開。問子為誰與？田父有好懷。
壺漿遠見候，疑我與時乖。「襤褸茅簷下，未足為高棲。
一世皆尚同，願君汩其泥。」深感父老言，稟氣寡所諧。
紆轡誠可學，違己詎非迷！且共歡此飲，吾駕不可回。[33]

這首詩中，藉由與田父的對談中，直接點出自己不願隨世浮沉，寧願保有高潔的志向，歸隱避世，遠離塵俗的決心，而「紆轡誠可學，違己詎非迷」，正道出淵明「質性自然，非矯勵所得」的本性來。而〈飲酒詩〉第二十首，更看出淵明觀察世局變化，那種外貌看似冷漠，內心卻是熊熊烈火的心境，呈現的一覽無遺，他說：

羲農去我久，舉世少復真。汲汲魯中叟，彌縫使其淳。
鳳鳥雖不至，禮樂暫得新，洙泗輟微響，漂流逮狂秦。
詩書復何罪？一朝成灰塵。區區諸老翁，為事誠殷勤。
如何絕世下，六籍無一親。終日馳車走，不見所問津。

---

[31] 陶淵明著、逯欽立校注《陶淵明集》第 24 頁。
[32] 陶淵明著、逯欽立校注《陶淵明集》第 175 頁。
[33] 陶淵明著、逯欽立校注《陶淵明集》第 91 頁。

若復不快飲，空負頭上巾。但恨多謬誤，君當恕醉人。[34]

詩中「羲農去我久，舉世少復真」，將淵明對於時事的不滿，表露無遺，身處在一個真風消逝、大偽萌生的時代，文士忙於功名利祿的追逐，對於傳統的六經之學，早已乏人問津。而結尾「但恨多謬誤，君當恕醉人」，乃作者自言酒後胡言亂語，君子們當諒解我這酣醉之人吧！其藉酒避世，韜光避禍的心境已顯而易見。

參、酒以解憂

文人以酒消憂之說，常見於篇章，曹操〈短歌行〉說：「對酒當歌，人生幾何？譬如朝露，去日苦多。慨當以慷，憂思難忘。何以解憂？唯有杜康。」劉義慶《世說新語・任誕》也說：「阮籍胸中壘塊，故須酒澆之。」李白〈將進酒〉：「呼兒將出換美酒，與爾同銷萬古愁。」都說明藉酒可以消解古往今來鬱積心中的愁悶。在陶淵明的生活情境中，心中確實有不少的愁苦，代耕無望、溫飽難圖與知己難求，乃不得自嘆：「人皆盡獲宜，拙生失其方。理也可奈何，且為陶一觴」[35]，今以〈責子〉觀之：

白髮被兩鬢，肌膚不復實。雖有五男兒，總不好紙筆。
阿舒已二八，懶惰故無匹。阿宣行志學，而不愛文術。
雍端年十三，不識六與七。通子垂九齡，但覓梨與栗。

---

34 陶淵明著、逯欽立校注《陶淵明集》第 99 頁。
35 〈雜詩〉第八首。陶淵明著、逯欽立校注《陶淵明集》第 119 頁。

天運苟如此，且進杯中物。[36]

這首作品名為「責子」，實則流露出父親對子女的關愛之情，雖然五子未如淵明企盼，專注於讀書，這必然讓老父愁苦不已，然若天意如此，何妨放下心中的愁思，且進一杯以排遣憂愁。

在淵明的作品中，有不少以酒消憂的思維，這與詩人人生旅程中的不順遂相關，在詩人深層地思維中，潛藏著儒家思維，本有意於關懷世俗之心，然時局動盪，真風消逝，並無一展抱負時機，使得詩人不得不藉酒消憂。若從詩句中直接點出酒可消憂之作，即有以下幾首作品。如：

酒能祛百慮，菊解制頹齡。如何蓬廬士，空視時運傾！（〈九日閒居〉）[37]

中觴縱遙情，忘彼千載憂。且極今朝樂，明日非所求。（〈遊斜川〉）[38]

汎此忘憂物，遠我遺世情。一觴雖獨進，杯盡壺自傾。（〈飲酒詩〉第七）[39]

故老贈余酒，乃言飲得仙。試酌百情遠，重觴忽忘天。（〈連雨獨飲〉）[40]

立善有遺愛，胡可不自竭？酒云能消憂，方此詎不劣？（〈影答

---

[36] 陶淵明著、逯欽立校注《陶淵明集》第 106 頁。
[37] 陶淵明著、逯欽立校注《陶淵明集》第 39 頁。
[38] 陶淵明著、逯欽立校注《陶淵明集》第 45 頁。
[39] 陶淵明著、逯欽立校注《陶淵明集》第 90 頁。
[40] 陶淵明著、逯欽立校注《陶淵明集》第 55 頁。

形〉）[41]

〈九日閑居〉為詩人逢重九佳節感悟之作，詩中體悟人生短暫，而世人常欲延壽，因而產生各種煩惱，而唯有飲酒方能去除各種憂慮。〈遊斜川〉則為淵明晚年遊斜川時所作，詩人以為排遣心中苦悶之法，唯有飲酒方能敞開自我自然心境與及時行樂。〈飲酒詩〉第七為詩人自我獨酌的作品，淵明認為唯有飲酒方能遺棄世俗的種種雜念與煩惱。〈連雨獨飲〉為詩人飲酒的體會，親友勸我飲酒，謂能宛如神仙般的快活。我雖不信此說，但是飲酒確實能讓我遠離世俗的種種煩惱，甚至到了忘我的境界。〈影答形〉為形影神相贈答的組詩，此詩從影的觀點去勸勉形的作品，影子認為形體固然不可長久，最終必然消失殆盡，然而及時行樂並非良策，飲酒固然可以消憂，還不如竭力立善，垂名後世。

知己難求亦為淵明愁苦之因，在〈與子儼等疏〉提到：「但恨鄰靡二仲，室無萊婦，抱茲苦心，良獨內愧」[42]，這是何等的孤寂，對外，找不到能瞭解淵明內心想法的朋友；對內，沒有體貼諒解我內心想法的妻子，如果配合〈詠貧士〉第七首：

> 昔在黃子廉，彈冠佐名州。一朝辭吏歸，清貧略難儔。
> 年饑感仁妻，泣涕向我流。丈夫雖有志，固為兒女憂。

---

[41] 陶淵明著、逯欽立校注《陶淵明集》第 36 頁。
[42] 陶淵明著、逯欽立校注《陶淵明集》第 188 頁。

惠孫一晤歎，腆贈竟莫酬。誰云固窮難，邈哉此前修。[43]

黃子廉辭官返家，而有「仁妻」相伴，雖生活貧困，尚能固窮節，由此反推，淵明處境之艱難，實非常人所能體會。

肆、酒以養真

　　陶詩之所以受後代文人推崇之因，在於淵明不以愁苦的心境寫詩，反而從飲酒中將心靈超脫出來，而形成淵明自我的特質，這就是「養真」，以真情性去自我反思，並將其融入大自然之中，是以本節將分「何謂真」、「陶淵明真本性的呈現」、「真情性與大自然的結合」三方面來談談陶詩的特色。

一、何謂真？

　　所謂「養真」之「真」，即所謂「任真」，淵明在〈連雨獨飲〉即指出：「試酌百情遠，重觴忽忘天。天豈去此哉？任真無所先」。陳永明說：「陶淵明的喝酒卻不是為了躲避、躲藏，而是幫助真情性的彰顯」[44]，又說：「昭明太子所說寄酒為迹，就是說陶淵明是借酒去幫助他表露真性情，在酒裡面去過真的生活」[45]。陳永明將「任真」解釋為「真情性」的說法，相當貼切，至於「在酒裡面去過真的生活」一句，仍有待商榷。簡而言之，所謂「任真」，乃指憑任自己的本心去面對現實的社會，聽任

43 陶淵明著、逯欽立校注《陶淵明集》第 127 頁。
44 陳永明《莫信詩人竟平澹—陶淵明心路歷程新探》第 142 頁。
45 陳永明《莫信詩人竟平澹—陶淵明心路歷程新探》第 143 頁。

本心去過自然的生活，而不受外物的牽絆。顏崑陽說：

> 所謂「生命之解放」，即是在行為上或心靈上去超脫這種種約束
> 所帶來的焦慮憂苦；當著現有的存在，去享受生命自由的樂趣。
> [46]

此處所謂「生命之解放」，即是陶淵明所講得「任真」，蓋常人身處於現實環境中，總不免受種種事物牽制，而難以閒適過活，也難以將自然的生命體，從社會群體中完全解脫出來。魏晉文士，就曾試圖以狂放傲世、不拘禮法等方式來突破世俗禮制對於自然本性的規範，如劉伶「脫衣裸行在屋中」[47]、阮咸「與豕共飲」[48]皆為世人傳誦之事，然此行徑，實非常人所能為，亦不符合其真情性。舉東坡〈臨江仙〉來說：

> 夜飲東坡醒復醉，歸來仿佛三更。家童鼻息已雷鳴。敲門都不應，
> 倚杖聽江聲。長恨此身非我有，何時忘卻營營？夜闌風靜縠紋平。
> 小舟從此逝，江海寄餘生。[49]

一句「長恨此身非我有，何時忘卻營營」，道出東坡在現實環境中的多少無奈，然而詩人也只能在有限制的範圍內，尋求精神上最大的自由，而

---

[46] 顏崑陽〈從「飲酒」論陶淵明的生命境界〉，《六朝文學觀念叢論》第 291 頁。
[47] 劉義慶《世說新語・任誕》：「劉伶恒縱酒放達，或脫衣裸行在屋中，人見譏之。伶曰：我以天地為棟宇，屋室為褌衣，諸君何為入我褌中？」
[48] 《晉書・阮咸傳》：「諸阮皆飲酒，咸至，宗人間共集，不復用杯觴斟酌，以大盆盛酒，圓坐相向，大酌更飲。時有群豕來飲其酒，咸直接去其上，便共飲之。」
[49] 張夢機、張子良編著《唐宋詞選注》第 116 頁。

略發豪語說道：「夜闌風靜縠紋平。小舟從此逝，江海寄餘生」，這已非常人所能為。從陶淵明的飲酒作品中，也可以品味出他與魏晉名士縱酒的心境不同，在他的詩作中經常表現出「任真」的本性，藉著酒意，擺脫世俗的干擾，讓自己化入自由自在的情境中。這種「任真」的情性，實為陶詩的最大特色，白居易在〈效陶潛體詩〉就深深體會出淵明的這種情感，他說：

> 吾聞潯陽郡，昔有陶徵君。愛酒不愛名，憂醒不憂貧。
>
> 嘗為彭澤令，在官才八旬。啾然忽不樂，掛印著公門。
>
> 口吟歸去來，頭戴漉酒巾。人吏留不得，直入故山雲。
>
> 歸來五柳下，還以酒養真。人間榮與利，擺落如泥塵。
>
> 先生去已久，紙墨有遺文。篇篇勸我飲，此外無所云。
>
> 我從老大來，竊慕其為人。其他不可及，且效醉昏昏。[50]

白居易評讀陶詩的精髓，歸結為「歸來五柳下，還以酒養真。人間榮與利，擺落如泥塵。先生去已久，紙墨有遺文。篇篇勸我飲，此外無所云」，特別是「還以酒養真」一句，真可謂淵明知音。

二、陶淵明真本性的呈現

從陶淵明的生命歷程來看，現實生活的悲苦不堪，始終伴隨在淵明的身旁，這種生活上的清苦，也可以從詩篇上呈現出來，如〈怨詩楚調

---

[50] 白居易〈效陶潛體詩〉第十二首。網址：
https://zh.wikisource.org/zh-hant/%E6%95%88%E9%99%B6%E6%BD%9B%E4%BD%93%E8%A9%A9%E5%8D%81%E5%85%AD%E9%A6%96

示龐主簿鄧治中〉說：

> 天道幽且遠，鬼神茫昧然。結髮念善事，僶俛六九年。
> 弱冠逢世阻，始室喪其偏。炎火屢焚如，螟蜮恣中田。
> 風雨縱橫至，收斂不盈廛。夏日長抱饑，寒夜無被眠。
> 造夕思雞鳴，及晨願鳥遷。在己何怨天，離憂淒目前。
> 籲嗟身後名，於我若浮煙。慷慨獨悲歌，鍾期信為賢。[51]

全詩以哀怨悲傷的心境，細數弱冠以來災禍與當前饑寒貧困的生活。知音難尋，使得詩人不得不感慨悲歌。然而詩人並未被現實環境所擊倒，反而從中脫離出來，進入到精神層次的享受，如〈連雨獨飲〉一首，若就全詩詩意來看，就是詩人全性情的呈現：

> 運生會歸盡，終古謂之然。世間有松喬，於今定何間。
> 故老贈余酒，乃言飲得仙。試酌百情遠，重觴忽忘天。
> 天豈去此哉，任真無所先。雲鶴有奇翼，八表須臾還。
> 自我抱茲獨，僶俛四十年。形骸久已化，心在復何言。[52]

在這首詩境中，淵明體會出宇宙間有生必有死的至理，所謂成仙之說與仙人赤松子、王子喬的故事，都是渺然而不可知。然而飲酒能讓「百情遠」，甚至達到「忘天」的境界，卻一點不假。只要你能保有任真的心境，就宛如雲鶴生有神奇的翅膀，只需片刻，即能遨遊八荒之境，不再受外

---

51 陶淵明著、逯欽立校注《陶淵明集》第 49 頁。
52 陶淵明著、逯欽立校注《陶淵明集》第 55 頁。

物的牽絆，而活的自由自在，蘇東坡說：「欲仕則仕，不以求之為嫌；欲隱則隱，不以隱之為高；饑則扣門而乞食；飽則雞黍以迎客。古今賢之，貴其真也」，殆指此類作品而言[53]。又〈飲酒詩〉第十四首說：

> 故人賞我趣，挈壺相與至。班荊坐松下，數斟已復醉，父老雜亂言，觴酌失行次，不覺知有我，安知物為貴，悠悠迷所留，酒中有深味。[54]

這首作品描寫故友攜酒相聚，酒過三巡之後，每人都已經忘記感知經驗的自我，表現出「任真」的情境來，因而「雜亂言」、「失行次」表現出不受世俗禮教的限制，不分貴賤，暢所欲言。而「悠悠迷所留，酒中有深味」，正是陶淵明所追求的「酒中趣」。

　　總而言之，陶淵明從飲酒過程中，將真本性從現實環境中跳脫出來，能於苦中作樂，因而呈現於作品中，給予讀者一種歡愉之感。譬如：

> 或有數斗酒，閑飲自歡然。(〈答旁主簿〉) [55]
> 何以稱我情，濁酒且自陶。(〈己酉歲九月九日〉) [56]
> 盥濯息簷下，斗酒散襟顏。(〈庚戌歲九月中于西田獲早稻〉) [57]

---

[53] 蘇軾〈書李簡夫詩集後〉，《蘇軾文集》卷六十八。網址：
http://cls.hs.yzu.edu.tw/su_shih/su_thing/article/bin/all_body.asp?paper_id=00003140
[54] 陶淵明著、逯欽立校注《陶淵明集》第 95 頁。
[55] 陶淵明著、逯欽立校注《陶淵明集》第 52 頁。
[56] 陶淵明著、逯欽立校注《陶淵明集》第 83 頁。
[57] 陶淵明著、逯欽立校注《陶淵明集》第 84 頁。

諸如此類作品不少,留與讀者細細品嚐。

三、真情性與大自然的結合

　　如果將這種任真情性擴大,將之投射到大自然與萬物之間,就形成陶淵明田園詩的特色,而不再拘泥於「縱酒避禍」與「酒以解憂」的層次。換言之,詩人已體會出現實社會的不可為,只得轉身回歸本性,在〈歸去來〉中說:「三徑就荒,松菊猶存」,三徑喻歸隱,而松菊就象徵詩人堅真的本性,所以詩人在田園山水作品中,呈現出清新歡愉的心境,使自我從愁苦憂思的情境中解脫出來。譬如〈時運〉第三首:

> 延目中流,悠想清沂。童冠齊業,閒詠以歸。
>
> 我愛其靜,寤寐交揮。但恨殊世,邈不可追。[58]

從〈時運‧序〉:「時運,遊暮春也。春服既成,景物斯和,偶景獨遊,欣慨交心。」可知此篇是淵明於暮春三月出遊的作品,藉由眼前的景物起興,而遙想《論語‧先進》中曾點「莫春者,春服既成。冠者五六人,童子六七人,浴乎沂,風乎舞雩,詠而歸」的志向,而內心嚮往之,只恨生不同時,已無法追隨曾點的步履。再如〈飲酒〉第五首:

> 結廬在人境,而無車馬喧;問君何能爾?心遠地自偏。
>
> 採菊東籬下,悠然見南山;山氣日夕佳,飛鳥相與還;

---

[58] 陶淵明著、逯欽立校注《陶淵明集》第 14 頁。

此中有真意，欲辯已忘言。[59]

這首作品呈現陶淵明雖居住於現實社會中，但是能保持心境上的寧靜，將其從感官世界中分離出來，而與大自然結為一體，南山、山氣、飛鳥彷彿依其本性而活，這就是「任真」的具體表現，而「此中有真意，欲辯已忘言」二句道出人與自然之間的和諧之美，是不必以言語傳誦，只有用心靈才能感受出來。再如〈癸卯歲始春懷古田舍〉第二首：

先師有遺訓，憂道不憂貧。瞻望邈難逮，轉欲志長勤。

秉耒歡時務，解顏勸農人。平疇交遠風，良苗亦懷新。

雖未量歲功，即事多所欣。耕種有時歇，行者無問津。

日入相與歸，壺漿勞近鄰。長吟掩柴門，聊為隴畝民。[60]

這是一首強調「力耕」的作品，陶淵明從現實環境體會出，要如何「固窮節」，唯有躬耕一途。於是淵明藉由「平疇交遠風，良苗亦懷新。雖未量歲功，即事多所欣。」來呈現田間勞動的歡愉，也喜歡這種不受俗事干擾的生活，這也是任真自然的呈現。

伍、結語

魏晉名士飲酒，旨在縱酒避禍與排解憂思，雖然已表現出對現實社會的不滿，然對於提升人生境界而言，並無實質的突破，唯有到了陶淵

---

[59] 陶淵明著、逯欽立校注《陶淵明集》第 89 頁。
[60] 陶淵明著、逯欽立校注《陶淵明集》第 77 頁。

明的詩作中，才呈現出新的風貌，而賦予飲酒的新生命。他藉由飲酒來避禍、解憂，更將其提升到自我的生命層次，淵明將內心的情性，原原本本的呈現在讀者之前，毫無虛偽，葉嘉瑩說：

> 陶淵明是一個自我實現了的人，他終於找到了這一片境界。馬斯洛說：『竭盡所能，趨求完美』，在這一方面，陶淵明雖然沒有使整個社會都趨向完美，但是他自己實現了完美。[61]

卞東波也說：

> 在阮籍時代，飲酒可以稱之為對世間秩序的反抗，或與統治者不合作的表徵；而在陶淵明的時代確實是生活中的 "忠實伴侶"，但陶的飲酒帶有更多的世俗氣息，就像陶淵明的隱居一樣，是他生活的一部分。[62]

陶詩之所以完美，確實如葉嘉瑩、卞東波所說，正是他真實生命的呈現，是他生活的一部分，我們觀察到淵明飲酒避禍、解憂的部分，更應體察他「真情性與大自然的結合」為是。

---

[61] 葉嘉瑩《好詩共欣賞—陶淵明、杜甫、李商隱三家詩講錄》第 64 頁。

[62] 卞東波〈飲酒、服藥與 "心好異書" ---作為魏晉人的陶淵明〉《文學史話》2013 第 6 期第 33 頁

參考文獻

一、專書

房玄齡《晉書》，台北：鼎文書局，1980 年。

孫　靜《陶淵明的心靈世界與藝術天地》，河南：大象出版社，1997 年

張夢機、張子良編著《唐宋詞選注》，台北：華正書局，1980 年。

陶淵明著、逯欽立校注《陶淵明集》，台北：里仁書局，1985 年。

陳永明《莫信詩人竟平澹——陶淵明心路歷程新探》，台北：台灣書店，
　　　1998 年。

逯欽立輯校《先秦兩漢魏晉南北朝詩》，台北：木鐸出版社，1988 年。

葉嘉瑩《好詩共欣賞——陶淵明、杜甫、李商隱三家詩講錄》，台北：三民
　　　書局，1998 年。

劉義慶著、楊勇校箋《世說新語校箋》，台南：唯一書局，1975 年。

顏崑陽〈從「飲酒」論陶淵明的生命境界〉，《六朝文學觀念叢論》286 頁
　　　～325 頁。台北：正中書局，1993 年。

二、期刊

王永紅〈解讀飲酒避世的魏晉風度〉，《重慶社會工作職業學院學報》第
　　　六卷第 1 期，2006 年 3 月，55 頁~56 頁。

卞東波〈飲酒、服藥與"心好異書"---作為魏晉人的陶淵明〉《文學史話》

2013 第 6 期，32 頁～41 頁。

薛楊虹〈從飲酒窺視“魏晉風度”之內涵〉《理論與觀察》2015 年第 7
期，90 頁～91 頁

陶淵明的羲皇情結

壹、前言

東漢末經學大師鄭玄〈戒子書〉有言：「所好群書率皆腐敝，不得於禮堂寫定，傳與其人。日西方暮，其可圖乎！」[63]話語中透露出儒家治世無用與政局之衰微。而陶淵明所處的東晉末年，亦是「如何絕世下。六籍無一親」[64]的情況，官場情勢更為險峻，桓玄篡位在先，劉裕弒帝其後，遂至東晉王朝傾覆。淵明出身庶民之家，面對門閥制度森嚴之魏晉六朝，雖少時即懷有豪情壯志，然時勢所趨，難挽頹勢，〈雜詩〉上說：

> 憶我少壯時，無樂自欣豫。猛志逸四海，騫翮思遠翥。荏苒歲月頹，此心稍已去。值歡無復娛，每每多憂慮。氣力漸衰損，轉覺日不如。壑舟無須臾，引我不得住。前途當幾許？未知止泊處。古人惜寸陰，念此使人懼。[65]

詩人在詩中透露出年少的壯志，苦無發揮機會，而隨著年歲增長，逐漸褪去，所謂「日月擲人去，有志不獲騁」[66]因而結語發出「前途當幾許？未知止泊處。古人惜寸陰，念此使人懼」的歎惋，呈現詩人面對前途茫茫，手足無措的無奈。陶淵明歸隱之後，並非如劉遺民、周續之隱

---

[63] 範曄撰《後漢書·鄭玄傳》楊家駱主編《後漢書》頁1210。
[64] 陶淵明〈飲酒〉之二十，陶淵明撰、逯欽立校注《陶淵明集》頁99。
[65] 陶淵明〈雜詩〉之五，陶淵明撰、逯欽立校注《陶淵明集》頁117。
[66] 陶淵明〈雜詩〉之二，陶淵明撰、逯欽立校注《陶淵明集》頁115。

居廬山，過著不問世事、閒雲野鶴般的生活，淵明的內心，仍如熊熊烈火般的持續燃燒，他在詩文中隱隱約約地透露出對時代的不滿[67]。此外，詩人經常藉著典籍去探索遠古的美好時代，他說「愚生三季後，慨然念黃虞。得知千載外，正賴古人書」[68]，而三皇五帝、羲皇、堯、舜、葛天氏、無懷氏等等詞句，經常出現在詩集之中，甚至經由儒家大同世界、老子小國寡民的思想，建構出儒家與老莊混合體的桃花源，成為一種可能落實於人境之中的理想世界。這股思古的風潮，並未隨著陶淵明歿世而湮滅，反而成為後世詩人師法的一條捷徑，譬如唐代詩人稱引「羲皇」即有三十七首[69]之多，是以本文以「羲皇情結」為課題，藉由陶淵明詩文中所論，一窺其意境。由於「羲皇」、「三皇五帝」等字句交互出現在詩文中，故討論內容並不侷限在「羲皇」，而以上古為界，並論斷陶淵明上古年代斷限。

---

67 陶淵明〈述酒〉、〈蠟日〉、〈擬古〉之九學者多疑為劉裕篡位時所作。逯欽立《陶淵明事蹟詩文繫年》宋永初元年條下說：「〈擬古〉詩第九首當作於是年」又說：「詩雲：『種桑長江邊，三年望當採。枝條始欲茂，忽值山河改。』黃文煥曰：『劉裕以戊午年十二月，立琅琊王德文，是為恭帝。庚申二年而裕逼禪矣。帝之年號雖止二年，而初立則在戊午，是已三年也。望當採者，既經三年，或可以自修內治，奏成績也。長江邊豈種桑之地，為裕所立，而無以防裕，勢終受制。』」因主題非本文論述重點，暫依此說。陶淵明撰、逯欽立校注《陶淵明集》頁 226。
68 陶淵明〈贈羊長史〉陶淵明撰、逯欽立校注《陶淵明集》頁 65。
69 以「羲皇」為關鍵詞，檢索羅鳳珠、張智星、許介彥《全唐詩檢索系統》得三十七首詩，網址 http://cls.lib.ntu.edu.tw/tang/map.htm

貳、羲皇與羲皇時代

　　陶淵明五十一歲時，自詡為「羲皇上人」[70]，顯見此為淵明晚年的生命體會，而其所描繪的重心，並非只有「羲皇」一人，實則包含那一群給予人民生活安適的年代。

一、羲皇其人其事

　　羲皇是遠古時期的傳說人物，在《周易‧繫辭下》記載說：

> 古者包犧氏之王天下也，仰則觀象於天，俯則觀法於地，觀鳥獸之文，與地之宜，近取諸身，遠取諸物，於是始作八卦，以通神明之德，以類萬物之情。細則觀鳥獸之文，與地之宜也。近取諸身，遠取諸物，於是始作八卦，以通神明之德，以類萬物之情。作結繩而為罔罟，以佃以漁，蓋取諸離。[71]

伏羲根據天地人文景象創作八卦，同時發明結繩而為罔罟之法，使人民得以安居樂業，是位人類文明的創作者。司馬遷《史記》雖起於〈五帝本紀〉，然於自序說：「余聞之先人曰：『伏羲至純厚，作《易》八卦』。」[72]至班固《漢書‧律曆志下》說：

---

[70] 陶淵明〈與子儼等疏〉說：「常言五六月中，北窗下臥，遇涼風暫至，自謂是羲皇上人。」陶淵明撰、逯欽立校注《陶淵明集》頁 188。又根據逯欽立《陶淵明事蹟詩文繫年》，此文寫作於晉安帝義熙十一年，陶淵明「痁疾一度加劇。作〈與子儼等疏〉、〈擬挽歌辭〉三首。」陶淵明撰、逯欽立校注《陶淵明集》頁 222。

[71] 魏王弼、韓康伯注、唐孔穎達正義《周易正義‧繫辭下》頁 74。

[72] 司馬遷撰、楊家駱主編《史記》頁 3233。

> 太昊帝易曰:「炮犧氏之王天下也。」言炮犧繼天而王,為百王
> 先,首德始於木,故為帝太昊。作罔罟以田漁,取犧牲,故天下
> 號曰炮犧氏。[73]

將伏羲形容為「繼天而王,為百王先」,而成為三皇五帝之首,也強調
伏羲時代已由天治專為人治的時代。而唐司馬貞《史記索隱‧三皇本
紀》一書則將資料綜合而為:

> 太皞,庖犧氏,風姓,代燧人氏,繼天而王。母曰華胥,履大人
> 跡於雷澤,而生庖犧於成紀。蛇身人首,有聖德。仰則觀象於天,
> 俯則觀法於地,旁觀鳥獸之文與地之宜。近取諸身,遠取諸物,
> 始畫八卦,以通神明之德,以類萬物之情。造書契,以代結繩之
> 政。於是始制嫁娶,以儷皮為禮。結網罟,以教佃漁,故曰宓義
> 氏。[74]

司馬貞將伏羲生平介紹的十分詳細,包含母親為華胥,出生於成紀,伏
羲為風姓等等。大抵而言,在伏羲文化傳衍與發展之下,他不但是中華
文明發明者,且逐漸成為人民生活和諧的象徵。

---

[73] 班固撰、楊家駱主編《漢書》頁 1011。
[74] 引自維基文庫,網址:
https://zh.wikisource.org/zh-hant/%E4%B8%89%E7%9A%87%E6%9C%AC%E7%
B4%80

二、羲皇時代

　　所謂「羲皇時代」，指由羲皇及其繼承者所延續出來的年代，也就是在羲皇基礎下，圍繞著以羲皇為中心的發展，皇甫謐《帝王世紀》說：

> 女媧氏亦風姓也，承庖犧制度。……及女媧氏沒，次有大庭氏、柏皇氏、中央氏、慄陸氏、驪連氏、赫胥氏、尊盧氏、混沌氏、有巢氏、朱襄氏、葛天氏、陰康氏、無懷氏，凡十五世，皆襲庖犧之號。

根據《帝王世紀》的記載，從庖羲、女媧至無懷氏，總共歷經十五代，形成所謂「羲皇時代」，這是陶淵明詩文中所緬懷的上古年代，所以在〈五柳先生傳〉中，陶淵明自許為「無懷氏之民歟？葛天氏之民歟？」[75]在〈與子儼等疏〉也說：「自謂是羲皇上人」。如果再從陶淵明詩文中去歸納，則淵明所追尋的上古時代，範圍比上述十五世的帝王還要廣闊，今人所謂三皇五帝的年代都包含在內，本文將其分為三類：

1. 上古時期

　　「上古」一詞，泛指遠古而言，並無確切年代，如〈勸農〉其一說：「悠悠上古，厥初生民，傲然自足，抱樸含真。智巧既萌，資待靡因。誰其贍之？實賴哲人。」此處「上古」一詞，乃指遙遠的時代，並無具體的指稱，但是讚美那是一個民風純樸，沒有智巧的紛爭，可以這麼說，

---

[75] 陶淵明〈五柳先生傳〉，陶淵明撰、逯欽立校注《陶淵明集》頁 175。

在「自真風告逝，大偽斯興」[76]之前，都是上古。若再具體的論其斷限，則如〈詠二疏〉所言：「大象轉四時，功成者自去。借問衰周來，幾人得其趣？」[77]則應指西周之前，而世風衰敗，乃起於東周，如果再配合〈飲酒〉之二十，更可以印證這種看法：

> 羲農去我久。舉世少復真。汲汲魯中叟。彌縫使其淳。鳳鳥雖不至。禮樂暫得新。洙泗輟微響。漂流逮狂秦。詩書復何罪。一朝成灰塵。區區諸老翁。為事誠殷勤。如何絕世下。六籍無一親。終日馳車走。不見所問津。若復不快飲。空負頭上巾。但恨多謬誤。君當恕醉人。[78]

在這首詩中，陶淵明嚴厲譴責當代社會早已失去民風純樸的風氣，而其衰敗跡象，實起於東周，所以春秋時代，孔子雖「彌縫使其淳」，只是暫時得到平穩而已，從秦始皇以下，社會已經形成「閭閻懈廉退之節，市朝驅易進之心」[79]，民間不在重視廉潔退讓的節操，在朝廷、市集走上爭名奪利。從這樣看來，陶淵明所崇尚的上古，當指西周以上的年代，本文在下文中各小項的資料，更可以說明此點。

2. 三皇五帝時期

---

76 陶淵明〈感士不遇賦〉，陶淵明撰、逯欽立校注《陶淵明集》頁145。
77 陶淵明〈詠二疏〉，陶淵明撰、逯欽立校注《陶淵明集》頁128。
78 陶淵明〈飲酒詩〉之二十陶淵明撰、逯欽立校注《陶淵明集》頁99。
79 陶淵明〈感士不遇賦〉，陶淵明撰、逯欽立校注《陶淵明集》頁145。

　　三皇五帝之說，學者見解不一，陶淵明於〈神釋〉有句「三皇大聖人，今復在何處？」亦無明指其人，且此非本文主題，故不一一辯解。於陶淵明詩文所見有伏羲、神農、黃帝、唐堯、虞舜、禹等，茲羅列如下：

〈飲酒〉之二十：
羲農去我久。舉世少復真。

〈與子儼等疏〉：
常言五六月中，北窗下臥，遇涼風暫至，自謂是羲皇上人。

〈感士不遇賦〉：
哀哉！士之不遇，已不在炎帝帝魁之世。（琴按：炎帝即神農氏。帝魁指神農之後。）

〈時運〉其四：
斯晨斯夕，言息其廬。花藥分列，林竹翳如。清琴橫牀，濁酒半壺。黃唐莫逮，慨獨在餘。（琴按：黃唐指黃帝、唐堯二帝。）

〈讀山海經〉之四：
豈伊君子寶，見重我軒黃。（琴按：軒黃指黃帝。）

〈贈羊常史〉：
愚生三季後，慨然念黃虞。得知千載外，正賴古人書。（琴按：黃虞指黃帝、虞舜二帝。）

〈讀山海經〉之十三

何以廢共鯀，重華為之來。（琴按：重華指虞舜。）

〈詠貧士〉之三：

重華去我久，貧士世相尋。

〈勸農〉其二：

舜既躬耕，禹亦稼穡。

3. 西周后稷時期

　　陶淵明隱居而躬耕，此舉與一般隱者不同，也與一般士子的認知不同，在門閥森嚴的年代，士子齒於躬耕，即使是後代之詩人，真正從事耕作者亦不多，謝靈運在政治上被排擠，而出任永嘉太守時說：「進德智所拙，退耕力不任。徇祿反窮海，臥痾對空林。」[80]出身謝姓門第，只能以「退耕力不任」推諉。而淵明的躬耕，固然有歸隱的象徵意義，但也是迫於生活需求上的無奈，如〈勸農〉說：「民生在勤，勤則不匱。宴安自逸，歲暮奚冀？儋石不儲，飢寒交至。顧餘儔列，能不懷愧。」[81]所謂「儋石不儲，飢寒交至」，是生活中首先要解決的問題，再如〈庚戌歲九月終於西田穫早稻〉[82]說：「人生歸有道，衣食固其端。孰是都不營，而

---

[80] 謝靈運〈登池上樓〉，謝靈運撰、顧紹柏校注《謝靈運集校注》頁95。
[81] 陶淵明〈勸農〉之五，陶淵明撰、逯欽立校注《陶淵明集》頁25。
[82] 陶淵明〈庚戌歲九月終於西田穫早稻〉，陶淵明撰、逯欽立校注《陶淵明集》頁84。

以求自安。」所以陶淵明說：「衣食當須紀，力耕不吾欺。」[83]這是面對現實的解決之道。為瞭解釋躬耕是人人可力行之事，所以〈勸農〉說：

> 哲人伊何？時惟后稷；贍之伊何？實曰播植。舜既躬耕，禹亦稼穡，遠若周典，八政始食。

本詩起首一問一答，「誰是聖哲之人？那就是后稷。」，「他如何使人民過著充裕的生活？就是靠播種百穀。」此二句道出「播植」可以解決衣食問題，使人民過著比較寬裕的生活。為了強化躬耕的正當性，其後又提出「舜躬耕」、「禹稼穡」與《尚書》洪範談八政，就是從「食」開始，所以「后稷」也成為上古時代的典範。

　　從以上資料觀察，陶淵明嚮往的理想世界，並不拘泥於「羲皇」一人，凡是能帶給人民生活安適、衣食無缺的年代，就是「羲皇年代」，而羲皇「繼天而王」，所以成為這種生活的代稱，唐詩人陸龜蒙〈和同潤卿寒夜訪襲美，各惜其志次韻〉說：「醉韻飄飄不可親，掉頭吟側華陽巾。如能跂腳南窗下，便是羲皇世上人。」[84]也是以「羲皇年代」來概括。至於政治的衰敗，實源於東周。

---

[83] 陶淵明〈移居〉之二，陶淵明撰、逯欽立校注《陶淵明集》頁 57。
[84] 《全唐詩》卷六八二。羅鳳珠、張智星、許介彥《全唐詩檢索系統》，網址：http://cls.lib.ntu.edu.tw/tang/Database/index.html 本文引《全唐詩》皆依此，不另出網址。

參、陶淵明的羲皇情結

至於羲皇年代的具體意象，在《莊子·胠篋》有具體說明：

> 子獨不知至德之世乎？昔者容成氏、大庭氏、伯皇氏、中央氏、
> 栗陸氏、驪畜氏、軒轅氏、赫胥氏、尊盧氏、祝融氏、 伏犧氏、
> 神農氏，當是時也，民結繩而用之。甘其食，美其服，樂其俗，
> 安其居，鄰國相望，雞狗之音相聞，民至老死而不相往來。[85]

在莊子眼中，從「容成氏」至「神農氏」是一個「至德」的年代，當其
時，人民「甘其食，美其服，樂其俗，安其居」，正是詩詞歌賦中被詩人
所傳頌的典範，也是陶淵明所追求的理想世界。在先秦諸子中，對於理
想世界描述的最為具體的包括老子的「小國寡民」與孔子「大同世界」，
而陶淵明「桃花源」也與二者頗多雷同之處。

一、老子「小國寡民」的理想

老子「小國寡民」的理想社會，出自〈老子〉第八十章：

> 小國寡民，使有什伯之器而不用。使民重死而不遠徙。雖有舟輿，
> 無所乘之；雖有甲兵，無所陳之。使民復結繩而用之。甘其食，
> 美其服，安其居，樂其俗。鄰國相望，雞犬之聲相聞，民至老死
> 不相往來。[86]

---

85 莊周《莊子·胠篋》，莊周撰、王先謙集解《莊子集解》頁 88。
86 朱謙之〈老子校釋〉第八十章，頁 307。

在這段文字描述中，老子「小國寡民」的理想，實與春秋以來，大國與大國相互兼併有關，大國為了發展勢力，不惜發動戰爭，挑戰傳統，使得銜繫周王朝的禮樂制度，一夕之間，全盤崩壞，而戰爭的結果，也使得老百姓流離失所，謝柳青說：

> 老子關於小國寡民的政治設計，或說是對現實社會的改造方案，是針對當時廣土眾民的社會現實提出的。春秋時期，兼併戰爭激烈，出現所謂的 "春秋五霸"，土地的兼併，戰亂的頻繁，人民流離失所，陷入深重的苦難之中。而這些在老子看來，都是欲望橫流的政治所造成的惡果，因此，老子主張國小民寡，無為而治，設計出了一個沒有戰爭，人民互不干擾，相安無事，安貧樂道，充滿和平與歡樂的烏托邦。[87]

所以希望鄰國之間，能和平相處，彼此沒有戰爭，不相互干擾。甚至依循自然法則，去除「有什伯之器而不用。雖有舟輿，無所乘之；雖有甲兵，無所陳之」，老子以為能製造出人類十倍、百倍功能的工具，製造舟車、製造兵器，都是人為的巧智，如果過度發展，都足以危害人類，所以陶淵明說：「悠悠上古，厥初生民，傲然自足，抱樸含真。智巧既萌，資待靡因。」[88]莊子也說：

> （圃者）曰：「有機械者必有機事，有機事者必有機心。」機心存

---

[87] 謝柳青〈論老子《小國寡民》與陶淵明《桃花源詩並記》〉，《青年文學家‧文學評論》頁 20。
[88] 陶淵明〈勸農〉之一，陶淵明撰、逯欽立校注《陶淵明集》頁 24。

於胸中，則純白不備；純白不備，則神生不定；神生不定者，道之所不載。[89]

莊子的「機心」，也就是陶淵明所謂的「智巧」，當智巧取代了自然純樸之後，就容易破壞維持正常運作的力量，所以老子正治國的理念是：

以正治國，以奇用兵，以無事取天下。吾何以知其然哉？以此。天下多忌諱，而民彌貧；民多利器，國家滋昏；人多伎巧，奇物滋起；法令滋彰，盜賊多有。故聖人雲：我無為而民自化，我好靜而民自正，我無事而民自富，我無欲而民自樸。

換言之，治國之道在於民風純樸，這也是陶淵明在〈感士不遇賦〉中疾呼「真風告逝，飾偽萌生」的原因。

二、孔子「大同世界」的理想

孔子「大同世界」的理想社會，出自《禮記‧禮運‧大同》：

大道之行也，天下爲公，選賢與能，講信修睦。故人不獨親其親，不獨子其子，使老有所終，壯有所用，幼有所長，矜、寡、孤、獨、廢疾者皆有所養，男有分，女有歸。貨惡其棄於地也，不必藏於己；力惡其不出於身也，不必爲己。是故謀閉而不興，盜竊亂賊而不作，故外戶而不閉，是謂大同。[90]

---

[89] 莊周《莊子‧天地》，莊周撰、王先謙集解《莊子集解》頁 106。
[90] 戴聖編纂、鄭玄注《禮記鄭注》頁 281。

這「理想世界」的建構，並非孔子所獨創，孔子說：「大道之行也，與三代之英，丘未之逮也，而有志焉。」[91]鄭玄就直指五帝之時，孔子只是想恢復到五帝時代的和諧社會。在「大同世界」裡，所呈現的和諧的世界，是經由齊家、治國、平天下所完成的政治藍圖，他藉由人倫三綱五常的君臣、父子、夫婦，來維繫和諧的世界，韓非說：「臣事君，子事父，妻事夫，三者順，天下治；三者逆，天下亂。」[92]也是基於此道理而言。在實踐大同世界的過程上，儒家有其一貫的順序，由內而外，以自身仁義禮智信的修為出發，進而推展父子、夫婦、兄弟的和諧相處，以達到「不獨親其親，不獨子其子」的境界，這也是儒家仁愛精神的具體呈現。

此外「天下為公」也是實踐大同世界的重要條件之一，馬國水、黃增輝說：

> 中國傳統文化講修身、齊家、治國、平天下，怎樣來修身，這需要正心、誠意、格物、致知，是對天道、天理的真誠與不懈追求，用天地間的法則幫助自己修身，平天下追求人類美好的社會是天下為公，世界大同。實現了世界大同也就達到了至公無私，從而實現普天之下全人類的和諧。[93]

這種去從文化修養做起，去除以家為中心的私利行為，而以一種「人與社會和諧」的方式，漸次達成世界大同的理想，否則僅能做到「小康」

---

[91] 同上注。
[92] 韓非《韓非子‧忠孝》，韓非撰、王先謙集解《韓非子集解》頁 466。
[93] 馬國水、黃增輝〈儒家大同世界的哲學探析〉，《明日風尚》

的社會，所以孔子又說：

> 今大道既隱，天下為家，各親其親，各子其子，貨力為己，大人
> 世及以為禮。城郭溝池以為固，禮義以為紀，以正君臣，以篤父
> 子，以睦兄弟，以和夫婦，以設制度，以立田里，以賢勇知，以
> 功為己。故謀用是作，而兵由此起。禹湯文武成王周公，由此其
> 選也。此六君子者，未有不謹於禮者也。以著其義，以考其信，
> 著有過，刑仁講讓，示民有常。如有不由此者，在勢者去，眾以
> 為殃，是謂「小康」。[94]

總而言之，孔子「大同世界」的建構，是以己身修養的「仁」為中心，而推己及人，再擴大為天下為公、講信修睦，進而達成人與社會和諧的目標。

三、陶淵明「桃花源」的理想

陶淵明建構「桃花源」的理想世界，有其社會背景與個人生活的體驗關係，也就是在在政治動盪的年代，陶淵明只能辭去彭澤令，歸隱鄉里，完成生命的「自我實現」。因而，桃花源是他在田園生活與實踐躬耕中具體領會出來的結果。他是人與自然和諧、人與社會和諧的混合體。以人與自然和諧來說，我們可以透過他的詩作中得到相當多的訊息，在〈時運〉這首詩中，最值得關注：

---

[94] 戴聖編纂、鄭玄注《禮記鄭注》頁 282。

延目中流，悠想清沂。童冠齊業，閒詠以歸。我愛其靜，寤寐交揮。但恨殊世，邈不可追。[95]

詩人由春遊賞景入手，在一片寧靜的流水中，回想當年孔子在沂水之濱聽取弟子子路、曾皙、冉有、公西華各言爾志的那一幕，而曾點的說法，受到孔子的高度肯定：

「點！爾何如？」鼓瑟希，鏗爾，舍瑟而作。對曰：「異乎三子者之撰。」子曰：「何傷乎？亦各言其志也。」曰：「莫春者，春服既成。冠者五六人，童子六七人，浴乎沂，風乎舞雩，詠而歸。」夫子喟然歎曰：「吾與點也！」[96]

在這章中，孔子欣賞曾點在人與自然中，達到和諧的境界，冠者、童子在春遊中無拘無束，一路輕鬆的歌詠而歸，表現出一幅寧靜的景致，所以陶淵明說「我愛其靜，寤寐交揮」，而類似這種情境的捕捉，在〈飲酒〉詩中發揮到極致：

結廬在人境，而無車馬喧。問君何能爾？心遠地自偏。采菊東籬下，悠然見南山。山氣日夕佳，飛鳥相與還。此中有真意，欲辨已忘言。[97]

在詩篇中，陶淵明以寧靜之心去觀察自然，一切都如此的和諧，沒有車

---

[95] 陶淵明〈時運〉之三，陶淵明撰、逯欽立校注《陶淵明集》頁 14。

[96] 何晏注、邢昺疏《論語注疏》，阮元《十三經注疏》頁 2500。

[97] 陶淵明〈飲酒詩〉之五，陶淵明撰、逯欽立校注《陶淵明集》頁 89。

馬的干擾，亦即沒有世俗功利之情，飛鳥朝出而夕回，彼此偕伴而行，而陶淵明與南山、飛鳥，彼此無權力利害糾葛，完整呈現出在世俗環境中體現出「人與自然的和諧」。

　　就人與社會和諧來說，陶淵明始終沒有脫離社會，他與自然的和諧的建立在於「結廬在人境」的基礎上，即使就〈桃花源〉的撰寫來看，還是沒有脫離社會，離群索居，蔡瑜說：

> 從「樂園圖像」而言，陶淵明將上古的種種樂園圖像重新匯聚成「桃花源」。陶淵明曾自喻為羲皇上人、葛天氏之民、無懷氏之民，而東戶季子、赫胥氏以及唐虞之世，都是其具體緬懷的時代。這些上古之世有不攖擾、不斲人的政治環境，成為桃花源的藍本。但陶淵明由現實的園田經驗出發，更進一步將這個藍本風土化、人境化，具現出鄉村共同體的理型，成為一種具有積極意義的烏托邦。[98]

將〈桃花源〉視為人境，而以上古「不攖擾、不斲人的政治環境」去營造積極意義的烏托邦，這種以「風土化、人境化」為中心去推敲〈桃花源〉的形成，同時「承此歷史縱深，還聚集了現世的經驗與對亂象的超越」[99]，確實吸引著後人，給予詩人心靈上無限的寬慰，而「羲皇」現象，成為人人嚮往的境界，如唐高適「溪水堪垂釣，江田耐插秧。人生只為

---

[98] 蔡瑜《陶淵明的人境詩學》頁 320。
[99] 同上注。

此，亦足傲羲皇。」[100]柳宗元「霞散眾山迥，天高數雁鳴。機心付當路，聊適羲皇情。」[101]白居易「高臥閒行自在身，池邊六見柳條新。幸逢堯舜無為日，得作羲皇向上人。」[102]在這幾首作品中，可以嗅出「羲皇」現象是由「閒、靜」，表現出一種無為的氣氛來。如果再往下延伸至宋代也是如此，譬如宋詩人陸游：

> 鏡湖有隱者，莫知何許人。出與風月游，居與猿鳥鄰。似生結繩代，或是葛天民。我欲往從之，煙波浩無津。[103]

詩人聽說鏡湖有位隱者，他「出與風月游，居與猿鳥鄰」，展現出人與自然和諧的關係。詩人推測他或許是上古羲皇時代或葛天氏時代的遺民，雖然想要拜訪他，但是在千里煙波的江面上，實在找不到途徑。再如宋詩人曹勳：

> 晨起冒清露，筍輿出城闉。原野回舊色，花柳搖新春。眷言山林性，常與魚鳥鄰。恬然適襟抱，自謂羲皇民。[104]

曹勳也是放情於山水，與魚鳥為鄰，一幅人與自然相融合的景象。

---

100 高適〈廣陵別鄭處士〉，《全唐詩》卷二一四。
101 柳宗元〈旦攜謝山人至愚池〉，《全唐詩》卷三五二。
102 白居易〈池上閒吟〉二首之一，《全唐詩》卷四五四
103 陸游《冬日讀白集愛其貧堅志士節病長高人情之句作》，網址：
https://baike.baidu.com/item/%E5%86%AC%E6%97%A5%E8%AF%BB%E7%99
%BD%E9%9B%86%E7%88%B1%E5%85%B6%E8%B4%AB%E5%9D%9A%E5
%BF%97%E5%A3%AB%E8%8A%82%E7%97%85%E9%95%BF%E9%AB%98
%E4%BA%BA%E6%83%85%E4%B9%8B%E5%8F%A5%E4%BD%9C
104 曹勳〈山居雜詩〉，網址：http://www.shicimingju.com/chaxun/list/1254386.html

　　羲皇現象若僅僅成為一種現象，則必流於虛幻而不切實際，而陶詩之所以可貴，在於他落實於「人境」之中，淵明經由人與自然和諧與人與社會和諧的過程中，建構了「桃花源」的境界，他說：

贏氏亂天紀，賢者避其世。黃綺之商山，伊人亦云逝。往跡浸復湮，來徑遂蕪廢。相命肆農耕，日入從所憩。桑竹垂餘蔭，菽稷隨時藝；春蠶收長絲，秋熟靡王稅。荒路曖交通，雞犬互鳴吠。俎豆獨古法，衣裳無新制。童孺縱行歌，班白歡游詣。草榮識節和，木衰知風厲。雖無紀曆志，四時自成歲。怡然有餘樂，於何榮智慧！奇蹤隱五百，一朝敞神界。淳薄既異源，旋復還幽蔽。借問遊方士，焉測塵囂外。願言躡清風，高舉尋吾契。[105]

在這首詩中，有人根據「春蠶收長絲，秋熟靡王稅」二句說陶淵明是「無君主義」者，是從老子「小國寡民」的思想發展而來，陳鼓應說：

　"小國寡民"乃是基于對現實的不滿而在當時散落農村生活基礎上所構幻出來的"桃花源"式的烏托邦。在這個小天地裡，社會秩序無需鎮壓來維持，單憑各人純良的本能就可相安無事。在這個小天地裡，沒有兵戰的禍難，沒有重賦的逼迫，沒有暴戾的空氣，沒有兇悍的作風，民風淳樸真質，文明的污染被隔絕。故而，人民沒有焦慮、不安的情緒，也沒有恐懼、失落的感受。這

---

105 陶淵明〈桃花源詩〉，陶淵明撰、逯欽立校注《陶淵明集》頁167。

單純樸質的社區，實為古代農民生活理想化的描繪。[106]

這一段話中，只有「民風淳樸真質」切中〈桃花源〉詩的要旨，在前文引在《莊子‧胠篋》說明陶淵明緬懷上古時代，主要在於「甘其食，美其服，樂其俗，安其居」的表現上，或者引〈擊壤歌〉：「日出而作，日入而息，鑿井而飲，耕田而食，帝力于我何有哉。」更來得貼切些。劉勰《文心雕龍‧時序》說：「昔在陶唐，德盛化鈞，野老吐何力之談，郊童含不識之歌。」[107]將「德盛」視為百姓安居樂業的指標，確實要高明些。然而，〈桃花源詩〉寫於劉裕篡晉之際，淵明對於灰暗政權的不滿，或許心中確實　股憤恨不平之志，但總歸而言，陶淵明的思想是比較偏向於儒家，他以「羲皇現象」為主軸，再採集道家「小國寡民」的概念與儒家「大同世界」的理念，形成所謂的「桃花源」，理路相當明確。

肆、結論

本文以「羲皇情結」為命題，欲探訪陶淵明心中的桃花源，依據《陶淵明集》所載詩文分析，「羲皇」是泛論性的標題，他不只單指羲皇一人，而是涵蓋整個三皇五帝時期，甚至還涉及西周的后稷。在淵明看來，「真風告逝」是從東周開始，因而緬懷上古時代，應由西周往上推，而形成所謂「羲皇現象」，他代表「甘其食，美其服，樂其俗，安其居」的安適生活。其次，陶淵明將這股「羲皇現象」，藉由人與自然和諧、人與社會

---

106 陳鼓應《老子注譯及評介》頁 360。
107 劉勰撰、范文瀾注《文心雕龍注》卷九第二二。

和諧的過程，編織出「桃花源」的藍圖，「桃花源」並不反社會，只是將人性的本質推回純樸任真時代而已。

（本文作者：蔣妙琴、葉建廷、李文斐）

參考文獻

司馬遷撰、楊家駱主編《史記》臺北：鼎文書局，1979 年 11 月

朱謙之〈老子校釋〉北京：中華書局，2000 年 9 月

何晏注、邢昺疏《論語注疏》，阮元《十三經注疏》本，北京：中華書局 1982 年 12 月

紀昀總編纂《文淵閣四庫全書》電子版　香港：迪志文化出版有限公司，1999 年

范曄撰、楊家駱主編《後漢書》　臺北：鼎文書局，1979 年 11 月

莊周撰、王先謙集解《莊子集解》北京：中華書局，2000 年 9 月

班固撰、楊家駱主編《漢書》臺北：鼎文書局，1979 年 11 月

馬國水、黃增輝〈儒家大同世界的哲學探析〉，《明日風尚》2016 年 9 月 8 日

陳鼓應《老子注譯及評介》北京：中華書局，1984 年

羅鳳珠、張智星、許介彥《全唐詩檢索系統》，網址：http://cls.lib.ntu.edu.tw/tang/map.htm

劉勰撰、范文瀾注《文心雕龍注》，台北：開明書局，1975 年九月

戴聖編纂、鄭玄注《禮記鄭注》臺北：學海出版社，1979 年 5 月

韓非撰、王先謙集解《韓非子集解》北京：中華書局，2003 年

謝靈運撰、顧紹柏校注《謝靈運集校注》臺北：里仁書局，2009 年 9 月

謝柳青〈論老子《小國寡民》與陶淵明《桃花源詩並記》〉，《青年文學家》

　　2013 年 6 月 20 日，頁 20～21。

魏王弼、韓康伯注、唐孔穎達正義《周易正義》北京：中華書局 1982 年

　　11 月

陶詩中的孤獨感

壹、前言

　　孟子有言：「頌其詩，讀其書，不知其人，可乎？是以論其世也。」[108]乃明確指出頌其書觀其形跡的重要性，是以歷代詩評家往往從詩文中捕捉詩人「自我身影」的寫照，蓋詩人搦翰揮筆，將複雜抽象的情感思維訴之筆端，使其有了視覺感官的具體描繪與聽覺感官抑揚頓挫的聲律之美，將詩人的具體形象，落實於字裡行間。宋吳儆《摩蒼軒記》說：

> 靜之（吳儆字靜之）臞然山澤之儒，其志甚高，其行甚峻，其文如其人，一言一字，痛自約束，而其氣振作揭厲，憤勇激烈，譬之虎豹不可維之。[109]

吳儆將文章塑造自我身影的作用，形容為「其文如其人，一言一字，痛自約束」，那種意氣風發的勇猛氣勢，就宛如虎豹的凶猛，來不可遏，去不可止。明馮時可《雨航雜錄》也說：

> 九奏無細響，三江無淺源。文豈率爾哉？永叔侃然而文溫穆，子固介然而文典，蘇長公達而文道暢，次公恬而文澄蓄，介甫矯厲

---

[108] 孟子《萬章下》第八　十三經清人注疏　焦循撰、沈文倬點校《孟子正義》頁 726。
[109] 吳儆《摩蒼軒記》　收錄於《竹洲集》附錄，文淵閣四庫全書第 1142 冊，頁 297。

而文簡勁，文如其人哉！[110]

馮時可評論宋代文學家的文學風格，莫不振葉尋根，探其源流，而將人品、詩品結合為一體，是以歐陽修（永叔）秉性剛直而溫潤，故其文風溫和；曾鞏（子固）為人耿介，故其文風典則俊雅；蘇軾（長公：指蘇洵長子）秉性曠達，故其文風遒勁而朗暢；蘇轍（次公：指蘇洵次子）為人平和恬淡，故其文風澄澈含蓄；王安石（介甫）為人矯情厲色，故其文風簡練有力。馮時可綜合人品與文品的評論方式，完全切和傳統思維，若以西漢司馬遷《史記》編寫〈孔子世家〉與〈屈原列傳〉來看，也莫不依循此理。

〈孔子世家．贊〉：太史公曰：《詩》有之：「高山仰止，景行行止。」雖不能至，然心鄉往之。余讀孔氏書，想見其爲人。[111]

〈屈原列傳．贊〉：太史公曰：余讀《離騷》、《天問》、《招魂》、《哀郢》，悲其志。適長沙，觀屈原所自沈淵，未嘗不流涕，想見其為人。[112]

司馬遷「想見其為人」的慨然而歎，實結合文品與人品而言，當他受到偉大人格的感召，豈能不涕泣以對。若沿此思路追想陶淵明的詩境與人品，也應無所差忒，然而常人欣賞陶詩的特質，大致停滯於詩中沖淡自

110 馮時可《雨航雜錄》 文淵閣四庫全書第 867 冊，頁 329。
111 司馬遷撰、楊家駱主編《史記附札記》頁 1945。
112 司馬遷撰、楊家駱主編《史記附札記》頁 2503。

然的情境，予人一種身在世俗之中，卻不沾染世俗習氣，而保有自我純樸的本質，此即「大隱隱於市」的豁然大器，因而〈飲酒詩〉說：

> 結廬在人境，而無車馬喧。問君何能爾？心遠地自偏。採菊東籬下，悠然見南山。山氣日夕佳，飛鳥相與還。此中有真意，欲辨已忘言。[113]

那種結廬人境、採菊東籬以及與大自然融合一片的寧靜世界，千古傳唱，令人稱羨，成為隱士高風亮節的典型風範。這讓我聯想起詩經〈衛風·考槃〉詩中所說：

> 考槃在澗，碩人之寬。獨寐寤言，永矢弗諼。
> 考槃在阿，碩人之薖。獨寐寤歌，永矢弗過。
> 考槃在陸，碩人之軸。獨寐寤宿，永矢弗告。[114]

詩中道出隱者與世無爭，自得其樂地生活在山澗之中，而展現出身心極度的寬緩自在，這或許是人類追逐名利之外，生命情境上的最高享受。然而陶淵明的生命情境，是否始終如此完美？其所背負的社會責任與家庭責任，是否能像擺落塵土般的瀟灑？就有待進一步的追蹤。辛棄疾追想陶淵明的情境時曾說：

> 老來曾識淵明，夢中一見參差是。覺來幽恨，停觴不御，欲歌還

---

113 陶淵明撰、逯欽立校注《陶淵明集》頁 89。
114 毛亨撰、鄭玄注、孔穎達疏《毛詩正義》頁 321。

止。白髮西風，折腰五斗，不應堪此。問北窗高臥，東籬自醉，
應別有，歸來意。[115]

辛棄疾寫這首詞時，已是萬般無奈，他想起淵明不為五斗米折腰的氣節，
以及北窗高臥、東籬飲酒的閒適生活，陶淵明似乎在脫離政治風暴後，
已尋得精神境界上的慰藉，生活似乎過的如此美好，然而末兩句「應別
有，歸來意」卻點破辛棄疾詩句外的弦外之音，這或許是淵明在萬般無
奈下的唯一選擇，那種感受只有「老來」才有領受，所謂「夢中一見參
差是」的心境，恐怕不是常人所能體會，然而「參差是」作意為何？辛
棄疾並沒有點破，留給讀者無限遐想的空間，這或許一般所謂詩人孤獨
的情境吧！然而辛棄疾在〈賀新郎〉有一句「看淵明、風流酷似、臥龍
諸葛」[116]應與此處文意相呼應，清龔自珍在〈己亥雜詩〉中反而露骨的
說個透徹：「陶潛酷似臥龍豪，萬古潯陽松菊高；莫信詩人竟平淡，二分
梁甫一分騷。」

　　一身堅貞的松菊氣節，表現於詩中，帶有「二分梁甫一分騷」的落
寞欲無奈，直接搔著淵明的痛處，一位懷著二分諸葛亮〈梁甫吟〉與一
分屈原〈離騷〉心境的詩人，道出在陶淵明的生命情境中，隱藏著不足
與外人道的孤獨，這也是本篇命題重點所在。

---

115 辛棄疾〈水龍吟〉，辛棄疾撰、鄧廣銘箋注《稼軒詞編年箋注》頁 461。
116 辛棄疾〈賀新郎〉，辛棄疾撰、鄧廣明箋注《稼軒詞編年箋注》頁 199。

貳、詩人的孤獨情結

在這一節中，本文第分「何謂孤獨」、「陶淵明的孤獨感」、「陶淵明排遣孤獨的方式」三節來撰寫，也就是從孤獨的定義、陶詩中的孤獨感與陶淵明面對孤獨的自處之道論文三方面來撰寫。

一、何謂孤獨

「孤獨」是近代的新興名詞，而古人則喜用「寂寞」或單用「孤」、「獨」來形容詩人不融合世俗的心境，舉例來說：

> 李白〈將進酒〉：古來聖賢皆寂寞，惟有飲者留其名。
> 柳宗元〈江雪〉：千山鳥飛絕，萬徑人蹤滅。孤舟蓑笠翁，獨釣寒江雪。
> 蘇東坡〈江城子〉：十年生死兩茫茫，不思量，自難忘。千里孤墳，無處話淒涼。縱使相逢應不識，塵滿面、鬢如霜。

在這些例子中的「寂寞」、「孤」、「獨」，都娓娓道出詩人的「孤獨感」，亦即詩人本身「發自內心的一種孤單淒涼的感覺」，而這種孤獨的精神狀態，與詩人是否置身於眾人之中或歸屬於個人獨處，並沒有太大關係。而這種孤獨感的形成，大抵與常人所要求的「生命層次」有關。常人對於生命中「自我實現」的要求，也就是該如何過「生活」的需求並不相同，但都是在實現「自我」。簡單來說，可以分為以下幾個層次：

1. 基於生存的需求：維持基本的生理需求，包括吃飯、穿衣等食衣住行

方面，以維持自我生存為目的。

2. 基於安全的需求：維持生命、財產不受外來力量的侵犯。

3. 基於社會地位的需求：物以類聚，維持個人在社會中的地位，以貢獻
   個人的力量，為社會貢獻力量，為個人取得一定的地位。

4. 基於「自我實現」的需求：一個人才資有不同層次的需求。有的人非
   常強烈的表現自我，甚至超越社會道德的規範，有的人則安於現況，
   在社會道德容許的空間中，適當的表現自我。[117]

　　在上列所列舉的四類中，基於「自我實現」的需求標準最高，而傳
統文人在「自我表現」上，反應最為強烈，而這種「自我實現」的慾望，
往往超越社會道德的規範，換言之，自我生命的存在，常受種種社會行
為規範（指社會禮法所規定的價值標準與習俗）與命限（指天生富貴貧
賤與強弱夭壽等條件）的約束。而社會禮法的規範，往往受制於「他律」，
與詩人自身主觀意識無關，並且命限的條件，也非後天所能輕易改變，
使得詩人在實踐「自我實現」上，倍感束縛。當詩人「自我表現」超越
社會禮法標準，自然不見容於社會，因而形成詩人的孤獨感。蕭統在《陶
淵明傳》說陶淵明：「少有高趣，博學善屬文，穎脫不群，任真自得。」
這裡點出陶淵明的不平凡，他既博學多聞，又穎脫不群，加以本性純真，
其「自我實現」的需求，必然高於眾人，然而限於當代政治動蕩不安的
局勢，他只能辭去彭澤令，歸隱鄉里，以達成生命的「自我實現。然而

---

[117] 此為馬斯洛的說法，轉引自葉嘉瑩《漢魏六朝詩講錄》頁 474。

相對於社會和群體而言，歸隱的淵明更為孤獨，也唯有如此，才能提供詩人展現自我的獨特性。然而從當代文學思潮觀察，卻未必為眾人所接受，梁鍾嶸《詩品》評論陶詩等地，僅列為中品，反而不如謝靈運詩作，以現代話語來說，陶淵明的作品，在六朝詩人的標準而言，屬於非主流，因而鍾嶸《詩品》評為中品，也無足驚怪。我們再舉蘇軾〈卜算子〉來看：

> 缺月挂疏桐，漏斷人初靜。
>
> 誰見幽人獨往來，縹緲孤鴻影。驚起卻回頭，有恨無人省。
>
> 揀盡寒枝不肯棲，寂寞沙洲冷。[118]

這首作品寫於北宋神宗元豐五年，蘇軾被貶於黃州時，於定惠院寓居所作，詞中的「孤鴻」即是東坡自我生命的印照，詩人此刻萬般無奈的心情，卻無人可以體會，只能棲息在寂寞清冷的沙洲。東坡在生命最終階段（宋徽宗建中靖國元年，西元 1101 年）從貶謫的儋州北歸，途經鎮江金山寺，題於畫家李公麟為東坡所繪自畫像說：

> 心似已灰之木，身如不繫之舟。問汝平生功業，黃州、惠州、儋州。[119]

所謂「心似已灰之木」，沿用《莊子·齊物論》：「形固可以使如槁木，而心固可使如死灰乎？」說法，也就是《莊子·田子方》所言「哀

---

118 蘇東坡〈卜算子〉，蘇東坡撰、蘇瑞生箋證《東坡詞編年箋證》頁 242。

119 蘇軾〈自題金山畫像〉。

莫大於心死」，雖然人生旅途中，無可避免會遭受各種挫折，但使心靈
失去挑戰的意志，是何等悽愴悲涼，蘇軾人品與詩品可以用曠達二字形
容，但深藏在東坡內心的孤寂，卻非常人所能領會，從「問汝平生功業，
黃州、惠州、儋州」反諷立場，或許能體會出那股無奈之感。總體而言，
鑑賞詩人作品，除觀察其正面激勵的氣勢外，隱藏於詩後的孤獨之感，
也值得讀者留意。

二、陶淵明的孤獨感

少年的淵明，深受儒家思想薰陶，與一般士子並無不同，如「少年
罕人事，游好在六經」[120]、「憶我少壯時，無樂自欣豫，猛志逸四海，騫
翮思遠翥。」[121]、「少年壯且厲，撫劍獨行遊。誰言行遊近？張掖至幽州」
[122]，在這些詩中，呈現出陶淵明勤於讀書與強大的政治企圖心，期望能
對國家社會做出貢獻，然而處於政治動盪的年代，加以門閥等級嚴謹，
陶淵明先祖陶侃雖曾掌握兵權，位列三公，然終非出身望族，使得陶淵
明終難脫離窠臼，加以他體認出世俗「真風告逝，大偽斯興」[123]的虛偽，
也領略出「密網裁而魚駭，宏羅制而鳥驚。彼達人之善覺，乃逃祿而歸
耕」[124]方是保全生命之途，我們從〈飲酒詩〉第十六就可以體會出這種
心境：

---

[120] 陶淵明〈飲酒詩〉之十六，陶淵明撰、逯欽立校注《陶淵明集》頁96。
[121] 陶淵明〈雜詩〉之五，陶淵明撰、逯欽立校注《陶淵明集》頁117。
[122] 陶淵明〈擬古〉之八，陶淵明撰、逯欽立校注《陶淵明集》頁113。
[123] 陶淵明〈感士不遇賦〉，陶淵明撰、逯欽立校注《陶淵明集》頁145。
[124] 陶淵明〈感士不遇賦〉，陶淵明撰、逯欽立校注《陶淵明集》頁147。

少年罕人事，遊好在六經。行行向不惑，淹留遂無成。竟抱固窮節，饑寒飽所更。弊廬交悲風，荒草沒前庭。披褐守長夜，晨雞不肯鳴。孟公不在茲，終以翳吾情。[125]

陶淵明從年少勤奮讀書說起，專注於儒家經典閱讀，然而隨著政局的動盪不安，苦無機會為國效力，其間陶淵明雖也歷經十三年的官場經驗[126]，但都是無足輕重的幕僚官職，終至年過四十，一事無成。年歲四十是古人評論功業成就的轉捩點，孔子曾說：「四十、五十而無聞焉，斯亦不足畏也已！」[127]因而文人面臨四十，心中的恐懼不言而喻，所以王粲不得不登上當陽縣的城樓，抒發「冀王道之一平兮，假高衢而騁力。懼匏瓜之徒懸兮，畏井渫之莫食」[128]，劉琨也不得不望著夕陽（夕陽喻詩人生命已從人生顛峰轉至垂暮之年），發出「功業未及建，夕陽忽西流。時哉不我與，去哉若雲浮」[129]的感嘆，終至發出「何意百鍊剛，化為繞指柔」的悲情，那種悲壯淒涼英雄的窮途末路之感，情不自禁地躍然紙上。而陶淵明也多次表達出這種生命的情境，如〈榮木〉之四說：「先師遺訓，余豈云墜。四十無聞，斯不足畏！脂我名車，策我名驥，千里雖遙，孰敢不至！」在這首詩中，陶淵明積極表現出年過四十，仍擁有雄心壯志，只要有機會，即使是千里之遙，也弗敢拒絕，然而本詩「行行向不惑，

---

125 陶淵明〈飲酒詩〉之十六，陶淵明撰、逯欽立校注《陶淵明集》頁96。
126 陶淵明〈歸園田居〉之一：「少無適俗韻，性本愛丘山。誤落塵網中，一去三十年。羈鳥戀舊林，池魚思故淵。」陶淵明撰、逯欽立校注《陶淵明集》頁40。
127 引自《論語・子罕》。
128 王粲〈登樓賦〉。
129 劉琨〈重贈盧諶詩〉

淹留遂無成」二句，卻已是「何意百鍊剛，化爲繞指柔」的悲情，這種可爲智者道，難爲俗人言之苦，正是詩人孤獨心境所在。然而淵明並未完全絕望，他懷抱著「君子固窮」的節操，飽受饑寒交迫之苦，只求知己能瞭解內心世界的煎熬，然而詩人終究是失望，當年張仲蔚隱於蓬蒿沒人之處，猶有劉龔（劉龔字孟公）相知，所以陶淵明說：

> 仲蔚愛窮居，繞宅生蓬蒿。翳然絕交遊，賦詩頗能工。舉世無知者，止有一劉龔。[130]

張仲蔚得一劉龔，夫復何言，而「孟公不在茲」一句，也點出淵明內心的渴望，因此陶淵明多次在作品中點出「知己」的重要性，在〈與子儼等書〉說：「鄰靡二仲，室無萊婦。」詩中二仲是引用蔣詡與羊仲、求仲相知相惜的典故，蔣詡因王莽篡位，而告病歸鄉，終身不出，唯有羊仲、求仲兩位隱士與之往來，彼此相知相惜。而萊婦是引用老萊子妻不受楚王利誘的典故。陶淵明引蔣詡以明外無知心之友以相挺，內無賢妻可依靠，而用一「恨」字表達內心的遺憾，這就是孤獨心境的描寫。如果翻閱〈飲酒〉第九：

> 清晨聞叩門，倒裳往自開。問子爲誰與，田父有好懷。壺漿遠見候，疑我與時乖。襤縷茅簷下，未足爲高棲。一世皆尚同，願君汩其泥。深感父老言，稟氣寡所諧。紆轡誠可學，違己詎非迷。

---

130 陶淵明〈詠貧士〉之六，陶淵明撰、逯欽立校注《陶淵明集》頁 127。

　　　且共歡此飲，吾駕不可回。[131]

詩中的「田父」並非一般的村野農夫，而是文人價值觀的典型代表，在學而優則仕的年代，淵明的隱居耕作，確實引人質疑，他並非品德超然的隱士，倍受社會敬重，如劉遺民、周續之之流，不事生產而隱於廬山，而是從事士人鄙視的勞力耕作，這在六朝文士中所罕見。這種不為他人所諒解的內外交戰，更凸顯陶淵明的孤寂之感。唐代詩人孟浩然〈留別王侍御維〉說：

　　　寂寂竟何待，朝朝空自歸。欲尋芳草去，惜與故人違。當路誰相假，知音世所稀。只應守寂寞，還掩故園扉。[132]

這首詩的意境，拿來譬喻陶淵明的心境，頗為相近，特別是「當路誰相假，知音世所稀」指出當權者有誰能賞賜而相牽引，這樣的知己恐怕很少吧！因而詩人只能守住寂寞，隱沒於園田之中。這一句「還掩故園扉」，與陶淵明作品中的「野外罕人事，窮巷寡輪鞅；白日掩荊扉，虛室絕塵想」[133]有著相同的情境。

　　　其次，在詩集中還可看到「孤松」、「孤雲」自況的作品，如〈詠貧士〉之一：

---

[131] 陶淵明〈飲酒〉之九，陶淵明撰、逯欽立校注《陶淵明集》頁 91。
[132] 羅鳳珠、張智星、許介彥《全唐詩檢索系統》，網址：
　　　http://cls.lib.ntu.edu.tw/tang/map.htm
[133] 陶淵明〈歸園田居〉之二，陶淵明撰、逯欽立校注《陶淵明集》頁 41。

萬族各有託，孤雲獨無依。曖曖虛中滅，何時見餘暉。朝霞開宿霧，眾鳥相與飛。遲遲出林翮，未夕復來歸。量力守故轍，豈不寒與饑。知音苟不存，已矣何所悲！[134]

　　這首作品中，雲是孤獨、鳥是孤獨，都是陶淵明自況之詞，看見萬族皆有相伴的知己，唯有自己如浮雲般的孤獨無依，而淹沒在昏暗的天空。淵明看到眾鳥攜伴飛行，而自己宛如失群的孤鳥，遲遲不肯迎著朝霞飛翔，即使勉強離巢，尚未黃昏就已經歸林，那種孤單無依的感覺，躍然紙上，無怪乎淵明以「知音苟不存，已矣何所悲」來收結。如果再看陶淵明〈飲酒〉之四：

栖栖失群鳥，日暮猶獨飛。徘徊無定止，夜夜聲轉悲。厲響思清遠，去來何依依。因值孤生松，斂翮遙來歸。勁風無榮木，此蔭獨不衰。託身已得所，千載不相違。[135]

　　在這首詩裡，出現「孤松」與「孤鳥」的意象，淵明以「栖栖失群鳥」的徘徊無依，來表達白我的孤獨，與本文前言引蘇東坡「揀盡寒枝不肯棲，寂寞沙洲冷。」是相當的意境，在世俗之中，尋找不得知音，只得轉身託付與孤松，作者雖說「託身已得所，千載不相違」，但話語中的蒼涼感已不言而喻。

三、陶淵明排遣孤獨的方式

---

[134] 陶淵明〈詠貧士〉之一，陶淵明撰、逯欽立校注《陶淵明集》頁 123。

[135] 陶淵明〈飲酒〉之四，陶淵明撰、逯欽立校注《陶淵明集》頁 84。

　　從前言論述可知，陶淵明滿腹心志，無法於世俗中尋得相知相惜之
人，因而只能託付他物以慰藉孤獨的心靈，在方法上，或從古籍尋找慰
藉的對象，或從自然景物中尋找慰藉的對象，或從神話人物中尋找慰藉
的對象，茲分別敘述如下：

（一）從古籍尋找慰藉的對象

　　陶淵明從世俗中訪求知音而不可得，遂從古籍中尋找慰藉的對象，
在詩集中提及的知音，譬如前面所提及的「蔣詡與羊仲、求仲」、「張仲
蔚與劉龔」之外，如陶淵明〈詠荊軻〉[136]：

> 燕丹善養士，志在報強嬴。招集百夫良，歲暮得荊卿。君子死知
> 己，提劍出燕京；素驥鳴廣陌，慷慨送我行。雄髮指危冠，猛氣
> 衝長纓。飲餞易水上，四座列羣英。漸離擊悲筑，宋意唱高聲。
> 蕭蕭哀風逝，淡淡寒波生。商音更流涕，羽奏壯士驚。心知去不
> 歸，且有後世名。登車何時顧，飛蓋入秦庭。凌厲越萬里，逶迤
> 過千城。圖窮事自至，豪主正怔營。惜哉劍術疏，奇功遂不成。
> 其人雖已沒，千載有餘情。

本詩以荊軻感燕國太子丹的知遇之恩，因而以死相許，詩中「君子死知
己，提劍出燕京」點出士為知己者死，而慷慨赴義，其後刺秦王未成，
然仍留有千載美名。又陶淵明〈擬古〉之八說：

---

136 陶淵明〈詠荊軻〉，陶淵明撰、逯欽立校注《陶淵明集》頁 131。

少時壯且屬，撫劍獨行遊。誰言行遊近？張掖至幽州。饑食首陽
薇，渴飲易水流。不見相知人，惟見古時丘。路邊兩高墳，伯牙
與莊周。[137]

在這首詩中，陶淵明引出俞伯牙與與鍾子期、莊子與惠施兩組相知相惜
的知己，俞伯牙因失去鍾子期而，乃「謂世再無知音，乃破琴絕弦，終
身不復鼓。」莊子因失去惠施，而發出「自夫子之死也，吾無以為質矣，
吾無與言之矣」的感嘆。

（二）從自然景物中尋找慰藉的對象

在陶淵明詩集中，有借外物之特質，以自況者，如前文所說之「孤
松」、「孤雲」、「孤鳥」之外，亦有以「松菊」表其堅貞之個性，如〈歸
去來兮〉：「三徑就荒，松菊猶存」，以「三徑就荒」來譬喻性愛丘山的本
志因外出游宦生涯，幾乎消磨殆盡，而「松菊猶存」則強調本性依然存
在，而「松菊」的特性，在詩集中更有進一步的描述，如《和郭主簿二
首》之二：

和澤週三春，清涼素秋節。露凝無遊氛，天高肅景澈。陵岑聳逸
峰，遙瞻皆奇絕。**芳菊開林耀，青松冠岩列**。懷此貞秀姿，卓為
霜下傑。銜觴念幽人，千載撫爾訣。檢素不獲展，厭厭竟良月。
138

---

137 陶淵明〈擬古〉之八，陶淵明撰、逯欽立校注《陶淵明集》頁 113。
138 陶淵明《和郭主簿二首》之二，陶淵明撰、逯欽立校注《陶淵明集》頁 61。

這是一首描述秋景的詩作，而「松菊」不畏蕭殺的秋霜，依然**「芳菊開林耀，青松冠岩列」**，依舊展現堅貞秀美的英姿，那種孤高傲世，就宛如古代高潔隱士。又如〈飲酒〉之七：

> 秋菊有佳色，裛露掇其英；汎此忘憂物，遠我遺世情。一觴雖獨進，杯盡壺自傾。日入群動息，歸鳥趨林鳴。嘯傲東軒下，聊復得此生。[139]

這是一首以描述「秋菊」的作品，陶淵明喜愛菊花的芳香與顏色，更點出「酒能祛百慮，菊為制頹齡」[140]的特質，引用菊花酒，不但能排解孤獨，也能暫時遺忘世俗人情。在「採菊東籬下，悠然見南山」，更達到物我兩忘，兩相映襯的知己境界，難怪宋代詩人楊萬里〈賞菊〉說：「菊生不是遇淵明，自是淵明遇菊生。歲晚霜寒心獨苦，淵明元是菊花精。」直指淵明是菊花精轉世。又〈飲酒〉之八：

> 青松在東園，眾草沒其姿。凝霜殄異類，卓然見高枝。連林人不覺，獨樹眾乃奇。提壺挂寒柯，遠望時復為。吾生夢幻間，何事紲塵羈。[141]

這是一首吟詠青松的詩作，淵明強調在平日並不感到松樹的孤高傲世，只有等待秋冬之際，萬物瑟縮之時，才顯現出松樹的獨特，他並不依附

---

139 陶淵明〈飲酒〉之七，陶淵明撰、逯欽立校注《陶淵明集》頁 90。
140 陶淵明〈九日閑居〉。
141 陶淵明〈飲酒〉之八，陶淵明撰、逯欽立校注《陶淵明集》頁 91。

世俗，隨波逐流，而是孤傲的挺立著，這亦是淵明人格的特徵，這也與〈飲酒〉之九，淵明回絕田父「一世皆尚同，願君汨其泥」的說法相吻合。如果再從〈停雲〉：「東園之樹，枝條載榮，競用新好，以怡余情。人亦有言，日月于征，安得促席，說彼平生。」詩中所謂「東園之樹」，毋庸置疑是指「松樹」而言，松樹如知己般「競用新好」，來歡迎淵明，彼此怡情養性，因而淵明快樂的能與松樹促膝而談，聊聊生活的近況，由此可見松是淵明的真知己。

此外，淵明亦經常藉由欣賞大自然之良辰美景，而將情緒沈潛的詩作，譬如在〈時運·序〉說：「時運，遊暮春也。春服既成，景物斯和，偶景獨遊，欣慨交心。」[142] 這種入情於景，物我合一的境界，在詩集中多見，以〈時運〉之二來說：

> 洋洋平潭，乃漱乃濯。邈邈遐景，載欣載矚。人亦有言，稱心易足。揮茲一觴，陶然自樂。

這一首詩描寫詩人望著廣闊的大野水澤，想到它能洗滌我一身受世俗污染的污濁，心中就不知不覺地高興起來，既然能讓內心寬慰滿足，就應該乾一杯，而陶然自樂。再如〈歸園田居〉之一：

> 少無適俗韻，性本愛丘山。誤入塵網中，一去三十年。羈鳥戀舊林，池魚思故淵。開荒南野際，守拙歸園田。方宅十餘畝，草屋八九間。榆柳蔭後簷，桃李羅堂前。曖曖遠人村，依依墟里煙。

---

142 陶淵明〈時運〉序，陶淵明撰、逯欽立校注《陶淵明集》頁13。

> 狗吠深巷中，雞鳴桑樹顛。戶庭無塵雜，虛室有餘閒。久在樊籠
> 裡，復得返自然。

這一首詩是陶淵明從混亂的世局中，能夠全身而退，而回歸於田園，那
種清新自然的景象，使得陶淵明有歸返自然的喜悅之感。在陶淵明的心
中，大自然的景物充滿生命，當詩人走入大自然，就能走入超功利、超
社會的形態，而逐漸反璞歸真，並體會出大自然與詩人相處的寧靜之美，
並滿足人格的自足，以〈時運〉之三來說：

> 延目中流，悠想清沂。童冠齊業，閒詠以歸。我愛其靜，寤寐交
> 揮。但恨殊世，邈不可追。[143]

這首作品是陶淵明從暮春的景物中所體會出的「寧靜」之感，而聯
想到《論語·先進》曾點所說：「暮春者，春服既成。冠者五六人，童子
六七人，浴乎沂，風乎舞雩，詠而歸。」這是詩人「寤寐交揮」的理想，
只是遺憾沒有趕上孔子的年代。在詩句的字裡行間，隱約透露出唯有孔
子、曾點才是我的知己啊！當然陶淵明在作品中也呈現了與之相同的境
界，像〈飲酒〉詩的「採菊東籬下，悠然見南山」，就是陶詩最高境界的
寫照。

（三）從神話人物中尋找慰藉的對象

本文前言曾引龔自珍〈己亥雜詩〉說陶淵明的性格是「陶潛酷似臥

---

143 陶淵明〈時運〉之三，陶淵明撰、逯欽立校注《陶淵明集》頁 14。

龍豪，萬古潯陽松菊高；莫信詩人竟平淡，二分梁甫一分騷。」說明詩人的內心是澎湃洶湧，而非平淡，而魯迅也說淵明是「怒目金剛」型的人物，因而詩人內心那種社會關懷與對抗惡勢力的心志，始終在內心蕩漾，因而〈讀山海經〉十三首是值得注意的作品，它是陶淵明神遊仙境後所表現出來的社會關懷。我在〈試論陶淵明的社會關懷〉一文就曾經引用〈讀山海經〉之十的「精衛銜微木」與「刑天舞干戚」的故事說：

> 這類藉由精衛與刑天雖身死而仍強力對抗的精神，表現出陶淵明內心對於當代社會環境的不滿，這正顯現出針對社會現況，提出較為強烈的人文關懷。

所以我們可以這麼說，陶淵明是關心當代政治，對於殘暴動盪不安的時代，是具有相當程度的反叛性，發之於詩文中，則是慷慨悲壯。然而，迫於現實的壓力，陶淵明並沒有明確指明這股憤怒之氣，只是藉由反諷的手法來呈現，譬如〈桃花源記〉是寫於劉裕簒位之時，從作品中呈現詩人的理想世界的輪廓，表達對當代政治環境的徹底失望。如果說具體表現陶淵明反抗與不滿，〈讀山海經〉十三首與〈詠荊軻〉應是具體的代表。〈讀山海經〉十三首是詩人晚年的作品，詩人第一首說：

> 孟夏草木長，繞屋樹扶疏。眾鳥欣有托，吾亦愛吾廬。既耕亦已種，時還讀我書。窮巷隔深轍，頗回故人車。歡言酌春酒，摘我園中蔬。微雨從東來，好風與之俱。泛覽周王傳，流觀山海圖。

俯仰終宇宙，不樂復何如？[144]

本詩起首相當平和，表達出詩人生活寧靜的一面，然而「泛覽周王傳，流觀山海圖。俯仰終宇宙，不樂復何如？」則話鋒一轉，一種失意落寞的心境，不斷從內心湧出，從第九首、第十首連續引用夸父逐日、精衛填海與刑天爭神三個故事，而夸父逐日故事來自《山海經·海外北經》：

> 夸父與日逐走，入日；渴，欲得飲，飲於河、渭；河、渭不足，
> 北飲大澤。未至，道渴而死。棄其杖，化為鄧林。[145]

《山海經》所描述的夸父是一位不知量力的巨人，欲與太陽競走，最後渴死於道，而化為鄧林。陶淵明推崇夸父那種對夢想追求的執著與至死不渝的精神，實則引夸父以自況，表達出為實踐自我美好的追求，從未放棄。精衛填海故事來自《山海經·北山經》：

> 發鳩之山，其上多柘木，有鳥焉，其狀如烏，文首白喙赤足，名
> 曰精衛。其鳴自詨，是炎帝之少女，名曰女娃。女娃遊於東海，
> 溺而不返，故為精衛，常銜西山之木石，以堙於東海。[146]

故事描寫炎帝之女精衛與東海龍王爭鬥而溺死，然而精衛並不因此罷休，死後經常銜西山木石，立志要將東海填平，陶淵明引精衛以自況，表達出詩人「誕宏志」的志向，即使面對艱困的環境，始終無悔。刑天爭神

---

144 陶淵明〈讀山海經〉之一，陶淵明撰、逯欽立校注《陶淵明集》頁 133。
145 馬昌儀《古本山海經圖說》頁 470。
146 馬昌儀《古本山海經圖說》頁 252。

的故事來自《山海經·海外西經》：

> 刑天與帝至此爭神，帝斷其首，葬之常羊之山，乃以乳為目，以
> 臍為口，操干戚以舞。[147]

故事描寫刑天不滿黃帝打敗炎帝，而出面與之相抗衡，後來落敗，被黃
帝砍下頭顱，然刑天仍不氣餒，以乳頭為眼睛，以肚臍為嘴巴，繼續舞
弄著干戚與黃帝對抗。夸父、精衛、刑天都是神話中的失敗英雄，但他
們為實踐理想，至死不渝，與陶淵明雖身懷儒家大濟蒼生之志，然而經
十三年的努力，依然壯志未酬，然詩人始終懷抱著希望，等待明君，所
以在第十二首說：

> 巖巖顯朝市，帝者慎用才。何以廢共鯀，重華為之來。仲父獻誠
> 言，姜公乃見猜；臨沒告饑渴，當復何及哉！

所謂「巖巖顯朝市，帝者慎用才」，指高高在上的上天，對於世間事
看的一清二楚，身為帝王者，任用人才需謹慎小心。所謂「何以廢共鯀，
重華為之來」，指當年舜所以罷黜共工與鯀，目的是為民除害。而「仲父
獻誠言，姜公乃見猜；臨沒告饑渴，當復何及哉」，是指當年齊桓公猜忌
管仲的建言，終至招來殺身之禍，而後悔莫及。詩人透過神話點出企盼
明君再現之情，這才是寫作〈讀山海經〉詩的目的所在。

---

[147] 馬昌儀《古本山海經圖說》頁 438。

參、結論

　　總體而言，陶淵明詩集中所欲表達的企盼與理想是沈重的，他與同為潯陽三隱的劉遺民、周續之是完全不同的心境，詩集中處處表現出身處江湖之遠，而心在魏闕之上的情境，其孤獨無奈的心情，了然可知。後人若將陶淵明於「採菊東籬下，悠然見南山」，宛若不問世事的山野漁樵，則不免有得其小而失其大者之譏，魯迅說淵明是「怒目金剛」，龔自珍說「陶潛酷似臥龍豪，萬古潯陽松菊高；莫信詩人竟平淡，二分梁甫一分騷。」恐怕才是淵明知己，而陶淵明「結廬在人境，而無車馬喧」之句，實有待後人的反覆咀嚼個中含意吧！本文最後以葉嘉瑩的評論收結：

> 一個真正的詩人，其所思、所感必有常人所不能盡得者，而詩人的理想又極高遠，一方面既對彼高遠之理想境界懷有熱切追求之渴望，一方面又對此醜陋罪惡而且無常之現實懷有空虛不滿之悲哀，而此渴望與悲哀更不復為一般常人所理解。所以真正的詩人，都有一種極深的寂寞感。[148]

葉氏「（詩人）渴望與悲哀更不復為一般常人所理解。所以真正的詩人，都有一種極深的寂寞感」當為閱讀古今詩作的重要依據。

（本文作者：蔣妙琴、葉建廷、李文斐）

---

[148] 葉嘉瑩《迦陵論詩叢稿》頁 279。

參考文獻

毛亨撰、鄭玄注、孔穎達疏《毛詩正義》北京：中華書局，1982 年 11 月

司馬遷撰、楊家駱主編《史記札記》台北：鼎文書局，1979 年 11 月

辛棄疾撰、鄧廣銘箋注《稼軒詞編年箋注》北京：中華書局，1962 年 10
　　月

紀昀總編纂《文淵閣四庫全書》電子版　香港：迪志文化出版有限公司，
　　1999 年

馬昌儀《古本山海經圖說》濟南，山東畫報出版社，2003 年 6 月

焦循撰、沈文倬點校《孟子正義》北京：中華書局，1987 年 10 月

葉嘉瑩《漢魏六朝詩講錄》合肥：河北教育出版社，1997 年 7 月

葉嘉瑩《迦陵論詩叢稿》北京：北京大學出版社，2014 年

蘇東坡撰、蘇瑞生箋證《東坡詞編年箋證》西安：三秦出版社，1998 年
　　9 月

羅鳳珠、張智星、許介彥《全唐詩檢索系統》，網址：

　　http://cls.lib.ntu.edu.tw/tang/map.htm

陶詩中的俠客精神

壹、前言

陶淵明本性「閑靜少言，不慕榮利」，生活趨於恬靜寡淡，〈時運〉：「人亦有言，稱心易足。揮此一觴，陶然自樂。」[149]正是淵明本性最真實的寫照。加以「少無適俗韻，性本愛丘山」的任真情性，最終歸隱於田園，成為我國第一位田園詩人，詩風沖淡自然，而意境深遠，如「採菊東籬下，悠悠見南山」，傳唱千古，為陶淵明人格與詩境的特徵。然而，淵明在寧靜的心境下，詩中隱然透露出一股壯志未酬的剛猛氣息，與沖淡自然的詩風形成強烈的對比，亦即性格上的剛烈與溫和對比，詩風上的豪情與自然對比。朱熹說：

> 李太白詩不專是豪放，亦有雍容和緩底，如首篇「大雅久不作」，多少和緩！陶淵明詩，人皆說平淡，據某看他自豪放，但豪放得來不覺耳。其露出本相者，是《詠荊軻》一篇，平淡底人，如何說得這樣言語來？[150]

朱熹將李白、陶淵明的作品詩風區分為二，是比較合於現實的作為。舉例來說，歐陽修的詞作，也是婉約與冶艷並陳，「淚眼問花花不語，亂

---

[149] 陶淵明撰、逯欽立校注《陶淵明集》頁 13。

[150] 朱熹《朱子語類・論文下詩》。資料出處網址：中國哲學書電子化計劃 https://ctext.org/zhuzi-yulei/140/zh

紅飛過鞦韆去」意境渾厚[151]、「人生自是有情癡，此恨不關風與月」豪放沉著[152]，皆是婉約詞風的代表；而「月到柳梢頭，人約黃昏後」寫情人愁苦心境[153]、「等閒訪了繡功夫，笑問鴛鴦兩字怎生書」寫新婚夫妻的恩愛甜蜜，皆是冶艷詞風，二者併陳，不相衝突。換言之，詩人雙重詩風的呈現，乃是生活經歷與生命體會的真實呈現，一顯一隱相互映襯。因而，宋代詩人黃庭堅〈宿舊彭澤懷陶令〉：「潛魚願深渺，淵明無由逃。彭澤當此時，沈冥一世豪。」[154]與辛棄疾〈賀新郎〉：「把酒長亭說。看淵明酷似臥龍諸葛。」[155]正是朱熹「豪放」觀點的啟蒙，而清代詩人龔自珍：

> 陶潛詩似臥龍豪，萬古潯陽松菊高。莫信詩人竟平淡，二分梁甫一分騷。
> 陶潛詩喜說荊軻，想見《停雲》發浩歌。吟到恩仇心事涌，江湖俠骨恐無多。[156]

直以「俠骨」風範讚美淵明，深透詩人心靈底處。而近代學者張學

---

[151] 歐陽修〈蝶戀花〉。張夢機、張子良《唐宋詞選注》頁 68。孫月坡《詞勁》：「以渾厚見長。詞至渾，功候十分矣。」
[152] 歐陽修〈玉樓春〉。張夢機、張子良《唐宋詞選注》頁 70。王國維《人間詞話》：「於豪放之中，有沉著之致，所以尤高。」
[153] 歐陽修〈生查子〉。 張夢機、張子良《唐宋詞選注》頁 68。
[154] 傅璇琮《全宋詩》卷 979，第十八冊，頁 11331。
[155] 鄧廣銘《稼軒詞編年箋注》卷二，頁 199
[156] 龔自珍《舟中讀陶潛詩》三首之一與之二。資料出處網址：中國哲學書電子化計劃 https://ctext.org/wiki.pl?if=gb&chapter=906316

君亦形容陶淵明是：

> 隱士也是正統的體制之外的人。如果說俠客是用暴力對抗政權，
> 那麼隱士則是對政權採取非暴力不合作的態度。[157]

以體制外的觀點，將隱士與俠客合體，通盤的觀察陶淵明的詩風。
高思莉、池夢潔「這是現實境遇與詩人內心深處隱匿的俠義精神相碰撞
的最終產物」，也以現實環境與內心隱性俠義精神相衝撞而出現另一類
剛烈作品。而魯迅將這種相衝突的心境講得最透徹：

> 就是詩，除論客所佩服的「悠然見南山」之外，也還有「精衛銜
> 微木，將以填滄海，形天舞干戚，猛志固常在」之類的「金剛怒
> 目」式，在證明著他并非整天整夜的飄飄然。這「猛志固常在」
> 和「悠然見南山」的是一個人，倘有取捨，即非全人，再加抑揚，
> 更離真實。譬如勇士，也戰鬥，也休息，也飲食，自然也性交，
> 如果只取他末一點，畫起像來，掛在妓院裡，尊為性交大師，那
> 當然也不能說是毫無根據的，然而，豈不冤哉！我每見近人的稱
> 引陶淵明，往往不禁為古人惋惜。[158]

魯迅以「金剛怒目」形容淵明，頗能洞鑑詩人作意。本文延續以上
諸家觀點，以「俠客精神」為題，梳理陶淵明詩文中相關作品，以窺陶

---

[157] 張學君〈論陶淵明亦隱亦俠的雙重人格〉頁 79。太原師範學院學報 2005 年第
4 卷第 2 期。
[158] 魯迅《且介事雜文二集‧題未定六》。資料網址出處：
http://www.millionbook.net/mj/l/luxun/qjtz1/008.htm

淵明隱性性格。

貳、俠的定義

「俠」的出現，有其特殊的社會背景，大抵發生於政治動盪、社會混亂的年代，因此，韓非子說：「儒以文亂法，俠以武犯禁，而人主兼禮之，此所以亂也。」[159]韓非子從傳統禮制規範，將俠的地位歸納為「以武犯禁」，不為社會所接受，而東漢荀悅《兩漢紀》也說：

> 世有三遊，德之賊也：一曰遊俠，二曰遊說，三曰遊行。立氣勢，作威福，結私交以立強於世者，謂之遊俠。飾辯辭，設詐謀，馳逐於天下以要時勢者，謂之遊說。色取仁以合時，好連黨類，立虛譽以為權利者，謂之遊行。此三遊者，亂之所由生也。傷道害德，敗法惑世，夫先王之所慎也。[160]

將遊俠、遊說、遊行三遊歸為「亂之所由生」，乃基於傳統制度的因素，在漢代中央集權政權出現後，游俠不見容於當權者，而逐漸式微。因此，余英時說：

> 從社會秩序中游離出去的自由分子無論如何總是一股離心的力量，這和代表「法律與秩序」的政治權威多少是處在相對立的位

---

[159] 韓非子撰、王先謙集解《韓非子集解》頁449。
[160] 荀悅撰，張烈點校《兩漢紀》頁158 中華書局2002年版， 第158頁。

置。[161]

所以游離於制度外的游俠，與「法律與秩序」為基準的社會相碰撞時，其相對立的型態，終將難以被當權者所接受。然而司馬遷撰寫《史記》時，卻給予游俠極高的評價，他說：

> 其形雖不軌於正義，然其言必信，其行必果，已諾必誠，不愛其軀，赴士之厄困。[162]
> 游俠救人於厄，振人不贍，仁者有采；不既信，不倍言，義者有所取焉。[163]

而塑造出言出必行、重諾守信、重義輕利、不愛其軀的游俠形象，特別是「赴士之厄困」、「救人於厄，振人不贍」的精神，恍若拯救苦難群眾的救世主，帶給人們無限希望，石燕聰說：

> 其次司馬遷從歷史和現實的角度，闡釋了遊俠產生的社會原因。「竊鉤者誅，竊國者侯，侯之門仁義存……要以功見言信，俠客之義又曷可少哉！」司馬遷認為，人生在世或多或少都會有危急困厄之時，再加上亂世中到處都有不公正、不公平的現象存在，在這種情況下，「俠客之義」就成為必不可少的。在政治社會活動乃至一切人生裡，人們都渴望公平、嚮往正義，因此他們謳歌聖

---

[161] 余英時《士與中國文化》頁 80 。
[162] 司馬遷撰、楊家駱主編《正史全文標校讀本：史記附札記》頁 3181。
[163] 司馬遷撰《正史全文標校讀本：史記附札記》頁 3318。

君、賢相、君子與俠士。其中俠是一個特例，他們本不應該為社
會不公負實際責任，但他們卻自願成為正義和公道的維護者，因
此更受到人們的尊敬和崇拜。[164]

石燕聰以「人們都渴望公平、嚮往正義」解釋游俠的存在價值，確
實切中要旨，因而，歷代游俠之風，並未全然消失。因此，本文所謂「俠
客」，乃依從司馬遷「然其言必信，其行必果，已諾必誠，不愛其軀，赴
士之厄困」為標準。

參、六朝俠客的精神

游俠之風的沒落，大抵起於集權專制的年代，從兩漢至魏晉南北朝
逐漸從現實社會中消逝，在正史史籍中失去舞台，[165]然而「游俠」的精
神並未退出人群活動，人們對於集權專制的不滿，對於理想社會的期待，
仍需宣洩的窗口，於是游俠由正史立傳轉而由文人歌詠接手，在文壇上
發揮作用。石燕聰《唐代"少年游俠"詩研究》說：

> 文人與遊俠的關係，是一個十分有趣的話題。他們都有匡時淑世、
> 書劍人生的社會良知和人格理想，這使他們有了某種共同的人格
> 精神。[166]

的確，「匡時淑世」、「社會良知」、「人格理想」是文人俠客的基本態度，

---

[164] 石燕聰《唐代"少年游俠"詩研究》頁1。
[165] 《漢書》仍有游俠傳，此後正史已無游俠之記載。
[166] 石燕聰《唐代"少年游俠"詩研究》頁1

六朝文人未必實際具有高超武藝，技蓋群雄，亦未必逞能的赴士之厄，不愛其軀的酬謝知己，但是「匡時淑世」、「建功立業」的精神依舊，而文學園地，是足以揮灑豪情。換言之，從社會層面需求來看，游俠有其存在的價值性，楊春時、彭勇說：

> 因此，在俠作為社會角色漸漸逝去的過程中，俠的形象成為了人們心目中對正義、公正、合理等的慰藉，成為了一種對美好生活的寄託，成為了一種社會理想，從而進入文學想像、文學闡釋的空間。特別是文人、知識分子，他們往往不得志，處於社會邊緣，於是在現實與理想的矛盾中，在苦悶與彷徨中，或以俠客自許，或以俠客許人，在文學的想像中作著所謂的"千古文人俠客夢"。[167]

「千古文人俠客夢」的確是文人從游俠身上建構出的一種美的生命境界。[168]李鵬、魏耕原在討論南北朝文人俠客特質時就說：

> （南朝士人）俠之個性張揚，驅馳自恣，亦成為南朝士人借俠言志，抒情發意的理想載體。……袁淑《效曹子建白馬篇》中的 "宛

---

[167] 楊春時、彭勇〈俠之想像與中國知識份子的身份認同——金庸小說的社會學意義〉吉首大學學報(社會科學版)第 28 卷第 2 期，頁 134。

[168] 蔡翔《知識份子與江湖文化—中國文學中的 "任俠" 問題》：「俠者的‘趨人之急’、赴士厄困’與文人渴望拯救的心理相合拍；俠者的主持公道與正義和文人知識份子的理性要求相一致；俠者‘酬知己’的觀念與知識份子的‘明主情結’相呼應；與此同時，知識份子在俠者身上發現了一種美的生命方式。」《上海文論》1992 年第 5 期，頁 10。

洛富少年＂，既具有獨立的人格特徵（＂意氣深自負，肯事郡邑
權＂），又有重義守諾的高貴品格（＂義分明於霜，信行直如弦＂；
＂一朝許人諾，何能坐相捐＂）。更重要是，還有投身報國的美好
宏願（＂縹節去函穀，投佩出甘泉。暖此務遠圖，心為四海懸。
但營心意遂，豈校耳目前。＂）顯示了詩人心中俠士形象的高度
理想化。[169]

石燕聰也提到六朝文人俠客的作品說：

> 魏晉南北朝是中國歷史上著名的亂世，時代社會需要英雄的出現
> 來力挽狂瀾，正是這種時代背景和社會需求激發了人們的功業追
> 求和英雄意識，使得英雄輩出，因此歌詠遊俠成為這一時期樂府
> 詩歌的重要主題之一。曹植《白馬篇》、《結客篇》、《名都篇》，孔
> 稚珪、徐悱《白馬篇》，吳均《邊城將》、《入關》、《胡無人行》，
> 張華《壯士篇》、《遊俠篇》，鮑照《代結客少年場行》、陶淵明《詠
> 荊軻》等，皆為歌詠遊俠的名篇，描繪出不同的遊俠形象。[170]

李鵬、魏耕原、石燕聰觀察六朝文人作品，提出遊俠形象之說，從政治
背景而言，確實有其存在的意義，此期的俠客精神，稍別於司馬遷所提
的定義，比較傾向於「建立功業」與「抒發憤恨」為考量，[171]而以表現

---

[169] 李鵬、魏耕原〈論南朝士人階層"俠"人格特徵〉頁 221。《索求》2009 /2。

[170] 石燕聰《唐代"少年游俠"詩研究》頁 13。

[171] 李鵬、魏耕原〈論南朝士人階層"俠"人格特徵〉：「借俠之形象抒發自己建功
立業志向者有之，以詠俠表達個人激憤者有之。俠成為一個載體，寄託著南朝

詩人個人人格特質為考量。

肆、陶淵明詩文中的俠客精神

　　陶淵明詩文中除《詠荊軻》為學者所公推的詠俠客的代表作，除此之外，在其他詩文中，也或多或少蘊含著相似的精神，本文將一併列入討論。談起詩人俠客精神，有其特殊人格特質，因而，在討論俠客主題時，本文先從陶淵明人格特質說起。

一、陶淵明的人格特質

　　詩人者，必有其特立獨行而異於眾人之處，而陶淵明的人格亦復如此，以俗人觀之，難以通情達理，所謂「性剛才拙，與物多忤。自量為己，必貽俗患」[172]，性情剛烈，堅守原則，不同流合汙，遂至與物多忤，而〈飲酒〉其九，最能呈現此中滋味：

> 清晨聞扣門，倒裳往自開。問子為誰與？田父有好懷。壺漿遠見
> 候，疑我與時乖。繿縷茅檐下，未足為高棲。一世皆尚同，願君
> 汩其泥。深感父老言，稟氣寡所諧。紆轡誠可學，違己詎非迷！
> 且共歡此飲，吾駕不可回！[173]

陶淵明在詩中表現出寧可繿縷茅檐，甘為高棲，也不可於世俗中汩泥揚

　　士人的種種感懷。」頁 222。汪仕輝〈論俠的階段性特徵〉：「他們均有俠氣，
　　但卻都以事功自期。」頁 10。
[172] 陶淵明《與子儼等疏》，陶淵明撰、逯欽立校注《陶淵明集》頁 187。
[173] 陶淵明撰、逯欽立校注《陶淵明集》頁 91。

波，就怕違背自我良知，在整首詩的畫面流轉中，將詩人高度理想化的人格展露無遺。而「貞剛自有質，玉石乃非堅」[174]更說明詩人剛正不阿，不隨波逐流的個性，這種人格特質，有時寄託時松樹，而寫出「青松在東園，眾草沒其姿；凝霜殄異類，卓然見高枝」[175]；有時寄託於孤鳥，而寫出「栖栖失群鳥，日暮猶獨飛。徘徊無定止，夜夜聲轉悲」[176]；有時寄託於孤雲，而寫出「萬族各有托，孤雲獨無依。曖曖空中滅，何時見餘暉」[177]，這種自我人格的建立與自我價值的建構，都是游俠精神所不可或缺的基礎。

二、陶淵明詩文中的俠客作品

陶淵明的詩文雖不以俠客命篇，而俠客精神卻處處可見，如〈詠荊軻〉、〈詠三良〉、〈讀山海經〉、〈讀史述九章〉、〈擬古〉、〈感士不遇賦〉、〈怨詩楚調〉皆是此類作品的代表，本文將分「千古文人俠客夢」、「節義的人格特質」、「士為知己，慷慨赴義的情操」三部分，茲分述如下：

（一）千古文人俠客夢

文人滿腹抱負，希望能為國家、社會做事，然而大多事與願違，只得將崇高的理想投射在詩文中，在淵明作品中也是如此，在〈擬古〉說：

> 少時壯且厲，撫劍獨行遊。誰言行遊近？張掖至幽州。饑食首陽

---

174 陶淵明撰、逯欽立校注《陶淵明集》頁 82。
175 〈飲酒〉其八，陶淵明撰、逯欽立校注《陶淵明集》頁 91。
176 〈飲酒〉其四，陶淵明撰、逯欽立校注《陶淵明集》頁 88。
177 〈詠貧士〉其一，陶淵明撰、逯欽立校注《陶淵明集》頁 123。

薇,渴飲易水流。不見相知人,惟見古時丘。路邊兩高墳,伯牙與莊周。此士難再得,吾行欲何求![178]

陶淵明寫作此詩,已年近五十六,[179]回憶起年少意氣風發的作品。蓋陶淵明自幼受儒學薰陶,本有匡濟世俗的雄心壯志,因而起首寫道「少時壯且厲,撫劍獨行遊。誰言行遊近?張掖至幽州」,他與〈雜詩〉:

憶我少壯時,無樂自欣豫。猛志逸四海,騫翮思遠翥。荏苒歲月頹,此心稍已去。值歡無復娛,每每多憂慮。氣力漸衰損,轉覺日不如。壑舟無須臾,引我不得住。前途當幾許,未知止泊處。古人惜寸陰,念此使人懼。[180]

理念完全契合。然而,時光稍縱即逝,知己難遇,使得中年的淵明,頓時迷失於蒼茫的人海,失去人生努力的方向。然而「俠客夢」的情結,依然在心中縈繞,戀戀難捨。

（二）節義的人格特質

　　節義是陶淵明理想人格精神的主要指標,在〈詠貧士〉就提到「朝與仁義生,夕死復何求」,[181]可見「仁義」在陶淵明的心中,佔有極重要

---

178 〈擬古〉其八,陶淵明撰、逯欽立校注《陶淵明集》頁 113。

179 本文關於陶淵明生平,採逯欽立《陶淵明事跡詩文繫年》之說。逯欽立說:「《擬古》詩第九首當作於是年（宋永初元年,陶淵明五十六歲。）。」《陶淵明集》頁 226。

180 陶淵明撰、逯欽立校注《陶淵明集》頁 117。

181 陶淵明撰、逯欽立校注《陶淵明集》頁 125。

的地位。〈擬古〉其二說：

> 辭家夙嚴駕，當往至無終。問君今何行，非商復非戎。聞有田子
> 泰，節義為士雄。斯人久已死，鄉里習其風。生有高世名，既沒
> 傳無窮。不學狂馳子，直在百年中。[182]

在這首作品中，陶淵明極力推崇田疇的「節義」，認為他是士君子的表率，這種崇高的節操，即使經過百年，依然傳聞鄉里。假如推敲陶淵明的詩旨，其實是要表達在當代亂世中，實在缺乏像田疇那樣高風亮節的人，而〈感士不遇賦〉所說：

> 自真風告逝，大偽斯興，閭閻懈廉退之節，市朝驅易進之心。懷
> 正志道之士，或潛玉於當年；潔己清操之人，或沒世以徒勤。[183]

正是〈擬古〉詩寫作的背景，無怪乎淵明心中不得不如此感觸。

（三）士為知己，慷慨赴義的情操

在陶淵明詩文中，不少篇幅談到「知己」一詞，而為知己，不惜其軀，以成就忠義精神，完全合乎俠客精神的要求，而〈詠荊軻〉、〈詠三良〉、〈讀史述九章‧程杵〉三篇最具代表，如〈詠荊軻〉：

> 燕丹善養士，志在報強嬴。招集百夫良，歲暮得荊卿。君子死知
> 己，提劍出燕京；素驥鳴廣陌，慷慨送我行。雄髮指危冠，猛氣

---

[182] 陶淵明撰、逯欽立校注《陶淵明集》頁110。
[183] 陶淵明撰、逯欽立校注《陶淵明集》頁145。

衝長纓。飲餞易水上，四座列羣英。漸離擊悲筑，宋意唱高聲。
蕭蕭哀風逝，淡淡寒波生。商音更流涕，羽奏壯士驚。心知去不
歸，且有後世名。登車何時顧，飛蓋入秦庭。凌厲越萬里，逶迤
過千城。圖窮事自至，豪主正忪營。惜哉劍術疏，奇功遂不成。
其人雖已沒，千載有餘情。[184]

在這首詩中，淵明以輕快筆法將荊軻刺秦王的歷史事件敘述一遍，雖然
最後因事跡敗露，未能如願，但君子有厄，以身酬謝知己的精神，卻千
載流傳。在本詩中，淵明將荊軻壯志未酬的主因，歸咎於劍術疏略，表
達俠客精神不在於武藝是否高強，而在於重然諾、輕死生的不朽精神。
而這種崇高理想的人格，無非是陶淵明自我人格的映照，所以朱熹評價
說：

其露出本相者，是《詠荊軻》一篇，平淡底人，如何說得這樣言
語來？[185]

直道出箇中滋味。清溫汝能《陶詩匯評》也說：

荊軻刺秦王不中，千古恨事，先生目擊禪代，時具滿腔熱血，觀
此篇可以知其志矣。人只知先生終隱柴桑，安貧樂道，豈知卻別

---

[184] 陶淵明撰、逯欽立校注《陶淵明集》頁 131。

[185] 朱熹《朱子語類・論文下詩》。資料出處網址：中國哲學書電子化計劃
https://ctext.org/zhuzi-yulei/140/zh

有心事在。[186]

溫汝能從淵明「滿腔熱血」觀其心志，而說其「別有心事」，是深明本詩作意，因而，若將《詠荊軻》當作單純歷史事件的鋪述，則失淵明意旨所在。陶淵明也曾自身說法：

蕭索空宇中，了無一可悅。歷覽千載書，時時見遺烈。高操非所攀，謬得固窮節。平津苟不由，棲遲詎爲拙！寄意一言外，茲契誰能別？[187]

他從典籍中看到無數「遺烈」，這些品德高超的人格，就是淵明終身奉守的信念，他要讀者瞭解「寄意一言外，茲契誰能別」，莫為詩文表面字意所牽絆。

這種藉先賢以明志的作品，在《陶淵明集》中有不少篇章，如〈詠三良〉表現出義士為知己殉葬的歷史故事：

彈冠乘通津，但懼時我遺。服勤盡歲月，常恐功愈微。忠情謬獲露，遂為君所私。出則陪文輿，人必侍丹帷。箴規響已從，計議初無虧。一朝長逝後，願言同此歸。厚恩固難忘，君命安可違！臨穴罔惟疑，投義志攸希。荊棘籠高墳，黃鳥聲正悲。良人不可贖，泫然沾我衣。[188]

---

[186] 溫汝能《陶詩匯評》語，轉引至《陶淵明研究資料彙編》下冊，頁 285。

[187] 〈癸卯歲十二月中作與從弟敬遠〉，陶淵明撰、逯欽立校注《陶淵明集》頁 78。

[188] 陶淵明撰、逯欽立校注《陶淵明集》頁 130。

陶淵明描述春秋秦穆公臨終找子車氏的三個兒子奄息、仲行、針虎殉葬的歷史事件，而表現出三良受秦穆公的賞識，而建立了功業，因而，在秦穆公下葬時，「穴罔惟疑，投義志攸希」，以酬謝知遇之恩。從詩句「忠情謬獲露」、「投義志攸希」，即可表達淵明重視「忠義」的精神，也就是俠客的精神。在東晉末的官場上，淵明就未曾如此幸運，能受到君上賞識，一展長才，可見逢見知音，何其不易，若能如三良之巧遇秦穆公賞識，實踐平生抱負，即時以身殉葬，又有何疑慮呢？在〈讀史述九章‧程杵〉說：

> 遺生良難，士為知己。望義如歸，允伊二子。程生揮劍，懼茲餘恥。令德永聞，百代見紀。[189]

本詩以程嬰、杵臼為救知己趙朔之子，而犧牲生命的歷史事件，表達出士為知己的俠義精神，這種忠義情操與解人困厄，不計個人生死，慷慨赴義的精神，正符合俠客的精神。

伍、結語

研究詩人作品，往往是一串動態變化的歷程，他與詩人的性格、人生境遇、當代文風有著密不可分的關係，因而，只將陶淵明的詩風定調於隱逸詩人，是過著「採菊東籬下，悠然見南山」的優雅生活，不問人間世事，無異於假一隅之解，以窺萬端之變，難得其實境。羅秀美說：

---

[189] 陶淵明撰、逯欽立校注《陶淵明集》頁 181。

淵明早年，如同一般讀書人擁有慷慨大志，於民生社稷之業，也曾有過嚮往。「猛志逸四海」的淵明，也有儒家用世的觀念。一般讀者常以他中年之後的歸隱，做為他一生的寫照，其實只是片面的印象。士人的出處進退往往因時制宜，其間的變化轉折實有複雜的歷程。[190]

所謂「士人的出處進退往往因時制宜，其間的變化轉折實有複雜的歷程」，正足以說明詩人作品是隨生命變化而轉折，呈現動態變化的規範。本文以「俠客」精神，探索詩人較不為人知之一面，其概念繼承黃庭堅、辛棄疾、朱熹之說而來，立論契合，足以勾勒淵明心境之深處，聊為研究陶學之參考。

（本文作者：蔣妙琴、葉建廷）

參考文獻

石燕聰《唐代"少年游俠"詩研究》陝西師範大學碩士論文，2012 年 05 月

司馬遷撰、楊家駱主編《史記札記》台北：鼎文書局，1979 年 11 月

辛棄疾撰、鄧廣銘箋注《稼軒詞編年箋注》北京：中華書局，1962 年 10 月

汪仕輝〈論俠的階段性特徵〉《宜賓學院學報》2008 年第 3 期，9-11 頁

---

[190] 羅秀美《宋代陶學研究：一個文學接受史個案的分析》頁 136。

余英時《士與中國文化》上海：上海人民出版社 1987 年

李鵬、魏耕原〈論南朝士人階層"俠"人格特徵〉《索求》2009 年 2 月
　　第 220 頁至 222 頁

倪美玲〈論陶淵明人格的雙重性〉《理論觀察》2005 年第 6 期第 54-55 頁

荀悅撰，張烈點校《兩漢紀》北京：中華書局 2002 年版

張夢機、張子良《唐宋詞選注》台北：華正書局，1980 年 07 月

張學君〈論陶淵明亦隱亦俠的雙重人格〉太原師範學院學報　2005 第 4
　　卷第 2 期 2005 年 6 月

傅璇琮《全宋詩》北京：北京大學出版社，1995 年 3 月

楊春時、彭勇〈俠之想像與中國知識份子的身份認同――金庸小說的社
　　會學意義〉吉首大學學報（社會科學版）第 28 卷第 2 期 2007 年 3
　　月，頁 133-139。

蔡翔《知識份子與江湖文化―中國文學中的"任俠"問題》《上海文論》
　　1992 年第 5 期。

魯迅《且介事雜文二集》 http://www.millionbook.net/mj/l/luxun/qjtz-
　　1/008.htm

韓非子著、王先謙集解《韓非子集解》北京：中華書局，2003 年

羅秀美《宋代陶學研究：一個文學接受史個案的分析》台北：秀威出版，
　　2007 年 1 月 1 日

《陶淵明研究資料彙編》北京大學、北京師範大學主編，北京：中華書
　　局，1962 年

陶淵明示兒詩文中的親情

壹、前言

　　東晉詩人陶淵明為我國首位田園作家，他不只躬耕於田畝，過著恬淡的隱士生活，同時也留下一百多首的詩作與多篇雜文，引領後人進入靈性與自然融合的境界，「採菊東籬下，悠然見南山」、「此中有真意，欲辯已忘言」都是士子們琅琅上口的名句。而陶淵明擺落人間榮利如塵泥的高潔情操，更為千萬士人所景仰，白居易說：「我從老大來，竊慕其為人。其他不可及，且效醉昏昏。」[191]豈非泛泛之語。筆者曾發表多篇有關陶淵明的論文，從多角度來觀察詩人的人品、生平抱負、詩作，試圖從不同層面去理解淵明心境的變化的歷程，也就是將動態的人生境遇與文學創作結合，以立體觀點去說明詩人內在變化的心境。本文以陶淵明示兒詩文為討論主題，以《陶淵明集》的〈責子詩〉、〈命子詩〉與〈與子儼等疏〉三篇討論核心，將詩人心境變化與作品相結合，藉以觀察詩人寫作的意圖。在傳統文化思維裡，兒輩具有極其重要的地位，他不只扮演著傳宗接代、繁衍家族的重大責任，同時也肩負著父子之間的傳承關係，父親在命名上、示兒詩文上都表達無限期許。換言之，父親是兒子的背影，在背影中映照著父親未完成的理想與期待，以陸游〈示兒〉

191　白居易〈效陶潛詩〉第十二首。資料引至維基文庫，網址：
　　https://zh.wikisource.org/zh-hant/%E9%83%8A%E9%99%B6%E6%BD%9B%E9
　　%AB%94%E8%A9%A9%E5%8D%81%E5%85%AD%E9%A6%96

為例「死去元知萬事空,但悲不見九州同。王師北定中原日,家祭無忘告乃翁」,短短二十八字,卻道出詩人崇高愛國情操與國家統一的無限期望。因而,從這角度觀察陶淵明的人格與詩文作品,正是詩人人生態度的反面映照,更別具意義。

貳、古聖賢示子詩文的教子意義

從古人示兒詩文的內容觀察,可以看出對子女期望的多元目標,劉鑫《陸游親情詩研究》分析陸游「以兒孫為創作物件的心態分析」的詩作,將其歸為三類:其一,承載人生理想的寄託;其二,詩心與童心相得益彰;其三,身為父親的偏愛。[192]而朱君《宋代教子詩研究》則區分為五類:

一、 "人生各有業,唐虞本吾事"——憂國憂民、報效國家
二、 "戒爾遠恥辱,恭則近乎禮"——修身潔行、為人正直
三、 "學自辛勤富,名從曠怠休"——珍惜時光、發奮讀書
四、 "奉身須節約,接物要謙虛"——勤儉簡約、安貧守志
五、 "通經本訓詁,講字極聲形"——為文之道、作詩之法[193]

總上所論,古人對於示兒詩文的內容,不外理想抱負、讀書之道、人格養成、親情幾點,茲分述如下:

---

192 劉鑫《陸游親情詩研究》目錄 頁1。
193 朱君《宋代教子詩研究》目錄 頁1。

一、教育之薰陶

　　古人教導兒子之道，在於培養子女遠大抱負，實踐崇高理想，而此則往往肩負著社會對士子的期許，同時也包括父親在兒子的期許在內，劉鑫說：

> 陸游對兒孫的教育涉及人生的方方面面，他將自己生命的全部感悟和智慧都注入數量眾多的"示兒詩"中，希望後代堅守"富貴苟求終近禍，汝曹切勿墜家風"
>
> 總之，陸游對子孫人生價值所引導的方向，不是追求"賞千金，封萬戶侯"，而是期望他們能心懷天下，保持自己的人格，追求高尚的道德品行，並且繼承和弘揚家族文化，經久不衰，才是最寶貴的財富。[194]

　　劉鑫雖然評述的對象為陸游，但也是古往今來為人父的重要心聲，一方面要子女秉承家訓，為家族帶來無上的榮耀；一方面又要保有自我健全的人格，追求高尚的節操。然而要實踐這重理想，唯有重視教育一途，他既是人格養成，也是光宗耀祖、實踐遠大理想的礎石，故杜甫〈示宗武〉說：

> 覓句知新律，攤書解滿牀。試吟青玉案，莫帶紫羅囊。假日從時飲，明年共我長。應須飽經術，已似愛文章。十五男兒志，三千

---

[194] 劉鑫《陸游親情詩研究》頁 31。

弟子行。曾參與游夏，達者得升堂。[195]

從這首作品中，可以看出杜甫對次子的期許相當高，勉勵宗武十五之年當立志向學，應當誦詠張衡〈四愁詩〉那一類的作品，而避免如謝玄般虛擲時光的玩弄香囊。而能飽讀經書，喜愛文章，並以孔子三千子弟中的曾參、子夏、子游為學習的對象。由此可見，杜甫相當重視孩童教育，這在古時萬般皆下品，唯有讀書高的年代，當是唯一的選擇。再如于謙《賀長子于冕生日》：

阿冕今年已十三，耳邊垂髮綠鬖鬖。好親燈光研經史，勤向庭闈奉旨甘。銜命年年巡塞北，思親夜夜想江南。題詩寄汝非無意，莫負青春取自慚。

于謙在詩中訓示十三歲的于冕，在年少青春時光，宜「好親燈光研經史，勤向庭闈奉旨甘」，也就是熟讀經史，努力功名科舉一途。

二、人格教育養成

以人格教育為出發點的目的，在於培養正直的人格、清廉的節操與應對進退的規矩。西漢東方朔〈戒子詩〉就說：

明者處世，莫尚於中；優哉游哉，於道相從。首陽為拙，柱下為工；飽食安步，以仕代農；依隱玩世，詭時不逢。才盡身危，好名得華。有群累生，孤貴失和。遺餘不匱，自盡無多。聖人之道，

---

195 引至網路資料。網址：http://fanti.dugushici.com/ancient_proses/11194

一龍一蛇；形現神藏，與物變化；隨時之宜，無有常家。

〈戒子詩〉是一篇父親告誡兒子處世之道的詩篇，東方朔認為一位有智慧者，當守住中庸之道而行，就能優哉游哉地過生活。因而他批評伯夷、叔齊為笨拙，而以老子無可、無不可的處世態度為公巧。凡是為官、待人之道，當都順應時變，有所進退，一如聖人或龍或蛇，隨時制宜，才是保平安之道。從整首詩的內容分析，這是人格教育的養成之道，將個人智慧內斂，處事從容不迫，幫自我留有轉圜空間，以避免落入困窘的處境，而蘇東坡〈洗兒詩〉說：「人皆養子望聰明，我被聰明誤一生。惟願孩兒愚且魯，無災無難到公卿。」正是這種心境的寫照。李康〈運命論〉說：

> 夫忠直之迕於主，獨立之負於俗，理勢然也。木秀於林，風必摧之；堆出於岸，流必湍之；行高於人，眾必非之。前監不遠，覆車繼軌。然而志士仁人，猶蹈之而弗悔，操之而弗失，何哉？（昭明文選卷 53）[196]

李康在文章中直接點出與人生境遇順遂與否，除需具備才學與智慧外，更應該謙和內斂，以避免他人的嫉妒、指責與陷害，而蘇東坡檢討自我，在〈洗兒詩〉中正是說明這層道理，由此可見，人格教育的養成，正是以謙謙君子為重要指標。

---

[196] 李康〈運命論〉，引自蕭統編、李善注《昭明文選》卷 53，頁 2302

三、親情之樂

本節以敘述父子親情與兄弟孝悌情誼為中心，日治時代嘉義詩人林臥雲〈示兒輩〉說：

> 茫茫人海等浮萍，何幸今朝結弟兄。有限精神須共惜，無多黃白莫紛爭。和怡同賞荊花麗，離散方知手足情。深願汝曹追祖德，克臻既翕振家聲。[197]

詩人於詩句中點出兄弟孝悌情誼的重要性，希望彼此同心協力，追述祖德，重振家聲。在平鋪的話語中，流露出父子之間的深厚情感。再如陸游〈喜小兒輩到行在〉：

> 阿綱學書蚓滿幅，阿繪學語鶯囀木，截竹作馬走不休，小車駕羊聲陸續。書窗涴壁誰忍嗔，啼呼也復可憐人。卻思胡馬飲江水，敢道春風無戰塵。傳聞賊棄兩京走，列城爭為朝廷守。從今父子見太平，花前飲水勿飲酒。

這首詩表達陸游對太平盛事到來的渴望，唯有在太平盛事時，才容易表現出家庭和樂的氣氛，看著孩兒天真無邪的讀書、嬉戲，點出詩人對子女真摯之愛，極盡天倫之樂。

---

[197] 〈示兒輩〉，林臥雲《臥雲吟草》第 62 頁。

參、陶淵明示子詩文的教子意義

關於陶淵明示子詩文的教子意義的探討，主要在於〈責子詩〉、〈命子詩〉、〈與子儼等疏〉三篇，從篇名可知陶淵明是專為舒儼、宣俟、雍份、端佚、通佟五個孩子所寫。此外〈和郭主簿二首〉、〈擬挽歌辭〉也略有觸及，亦併入討論。關於作品中所呈現的教子意義，依內容可區分為以下幾類，茲分述如下：

一、繼承祖先的優良傳統與崇尚儒學

〈命子詩〉的寫法，起筆於追述先祖功德，有意讓舒儼能再次光耀門楣的用意，至於陶家優良傳統為何？大抵在品德上發揮，詩中對於先祖的描述「穆穆司徒，厥族以昌」、「亹亹丞相，允迪前蹤」、「桓桓長沙，伊勳伊德」、「肅矣我祖，慎終如始」、「於穆仁考，淡焉虛止」，所謂「穆穆、亹亹、桓桓、肅、穆」都是偏向於品德節操方面的頌揚，而陶淵明也是以人品見稱於世人，蕭統說：「余愛嗜其文，不能釋手，尚想其德，恨不同時。」[198]由此可見一斑。

陶淵明生長在魏晉儒家思想衰微，莊老興盛，同時又雜揉佛家思想的時代，但陶淵明出身書香世家，自幼承其庭訓，尤重教育，陶淵明說：「少年罕人事，游好在六經」[199]、「詩書敦宿好，林園無俗情」[200]，詩人年少時曾專注於儒家學問，奉守「六經」，追隨孔學步趨，是無庸置疑的。

---

[198] 《陶淵明集・序》，陶淵明撰、逯欽立校注《陶淵明集》頁 9。
[199] 〈飲酒〉其十六，陶淵明撰、逯欽立校注《陶淵明集》頁 96。
[200] 〈辛丑歲七月赴假還江陵夜行塗口〉，陶淵明撰、逯欽立校注《陶淵明集》頁 74。

他讚美孔子之處頗多：

> 羲農去我久，舉世少復真。汲汲魯中叟，彌縫使其淳。鳳鳥雖不
> 至，禮樂暫得新。[201]

此詩讚美孔子在真風告逝的時代，明知其不可為而為，那種席不暇暖的
精神，至少讓世風不至於完全墮落。再如：

> 延目中流，悠想清沂。童冠齊業，閒詠以歸。我愛其靜，寤寐交
> 揮。但恨殊世，邈不可追。

此詩以《論語·先進》曾點「莫春者，春服既成。冠者五六人，童子六
七人，浴乎沂，風乎舞雩，詠而歸」為本所撰寫。表面看來，曾點似乎
不關注在政治上，但孔子卻贊同曾點的觀點，他與孔子推行仁政，推行
禮治社會的終極目標卻完全相同，彷彿進入到羲皇堯舜的德治年代。我
在〈陶淵明的羲皇情結〉曾說：

> 在莊子眼中，從「容成氏」至「神農氏」是一個「至德」的年代，
> 當其時，人民「甘其食，美其服，樂其俗，安其居」，正是詩詞歌
> 賦中被詩人所傳頌的典範，也是陶淵明所追求的理想世界。[202]

這個理想世界，以孔子來說就是《禮記·禮運》所談的大同世界，至於
這個理想世界的架構，與三代之治，有其深厚的淵源，孔子說：「大道之

---

[201] 〈飲酒詩〉其二十，陶淵明撰、逯欽立校注《陶淵明集》頁 99。
[202] 《2018 安全管理與工程技術國際研討會論文集》頁 1。

行也,與三代之英,丘未之逮也,而有志焉。」[203]若從陶淵明所營構世界的具體表現,就是桃花源,就是〈飲酒〉所說:

> 結廬在人境,而無車馬喧。問君何能爾?心遠地自偏。采菊東籬下,悠然見南山。山氣日夕佳,飛鳥相與還。此中有真意,欲辨已忘言。[204]

「在詩篇中,陶淵明以寧靜之心去觀察自然,一切都如此的和諧,沒有車馬的干擾,亦即沒有世俗功利之情,飛鳥朝出而夕回,彼此偕伴而行,而陶淵明與南山、飛鳥,彼此無權力利害糾葛,完整呈現出在世俗環境中體現出「人與自然的和諧」[205]。回到〈命子詩〉來觀察陶淵明對長子舒儼的企盼,是否也延續著這種精神:

> 卜云嘉日,占亦良時。名汝曰儼,字汝求思。溫恭朝夕,念茲在茲。尚想孔伋,庶其企而![206]

取名為「儼」,取至《禮記・曲禮》「儼若思」,鄭玄注:「儼,衿莊貌。人之坐思,貌必儼然。」[207]希冀舒儼能成為一位舉止莊重溫和恭敬的謙謙君子,尾句則勉勵舒儼要向孔伋看齊,努力向學,這既是父親對兒子

---

203 戴聖編纂、鄭玄注《禮記鄭注》頁281。
204 陶淵明〈飲酒詩〉之五,陶淵明撰、逯欽立校注《陶淵明集》頁89。
205 《2018安全管理與工程技術國際研討會論文集》頁2。
206 〈命子〉,陶淵明撰、逯欽立校注《陶淵明集》頁29。
207 戴聖編纂、鄭玄注《禮記鄭注》頁1。《論語・子張》:「子夏曰:君子有三變:望之儼然,即之也溫,聽其言也厲。」同此意。

的最大期待，也是師學孔門的直接證據。

二、父親對子女的眷愛

在示子詩文中，陶淵明時時表露出對子女的慈愛，極盡天倫的享樂之情，如〈和郭主簿〉其一：

> 藹藹堂前林，中夏貯清陰；凱風因時來，回飆開我襟。息交遊閑
> 業，臥起弄書琴。園蔬有餘滋，舊穀猶儲今。營己良有極，過足
> 非所欽。舂秫作美酒，酒熟吾自斟，弱子戲我側，學語未成音。
> 此事真復樂，聊用忘華簪。遙遙望白雲，懷古一何深。[208]

這首詩寫於晉安帝義熙四年（408 年），詩人已四十四歲，為陶淵明辭官歸園田後第三年的作品，表現出生活寧靜、安逸的作品，所以詩人說是「營己良有極」，此時的生活型態，除了「起弄書琴」、「舂秫作美酒」之外，同時也享受「弱子戲我側，學語未成音」的天倫之樂。由此可見，詩人相當重視家庭和樂的氣氛，以及與孩子的相處時光。在〈歸去來兮辭並序〉曾敘述辭官歸鄉的初見景象為：「乃瞻衡宇，載欣載奔。僮僕歡迎，稚子候門。三徑就荒，松菊猶存。攜幼入室，有酒盈罇。」陶淵明的眼光，除了投射在吾廬衡宇之外，就是在稚子、幼兒身上。而當初所以出遠門為官，也是因「幼稚盈室，缾無儲粟」，因而本詩「弱子戲我側，學語未成音」二句，道盡詩人心靈的滿足之感。他如〈止酒〉「坐止高蔭下，步止蓽門裡。好味止園葵，大懽止稚子」，也是詩人對子女眷愛的表

---

[208] 〈和郭主簿〉，陶淵明撰、逯欽立校注《陶淵明集》頁 60。

現。而著名的〈責子詩〉，更是父親對子女慈愛表現的具體呈現：

> 白髮被兩鬢，肌膚不復實。雖有五男兒，總不好紙筆。阿舒已二八，懶惰故無匹。阿宣行志學，而不愛文術。雍端年十三，不識六與七。通子垂九齡，但覓梨與栗。天運苟如此，且進杯中物。[209]

這首詩寫於晉安帝義熙十一年（415年），詩人已五十一歲，年來多病，自覺大限將近，回首省視諸子，多不嗜學，乃以天運結語，藉酒以自娛。後人從所述內容，持有正反兩面的看法，杜甫〈遣興〉詩評之：

> 陶潛避俗翁，未必能達道。觀其著詩集，頗亦恨枯槁。達生豈是足，默識蓋不早。有子賢與愚，何其掛懷抱。

杜甫從文字正面的意思去批評陶淵明雖能避開世俗，從容隱居，但對於子女的賢愚，卻耿耿於懷，牽腸掛肚，不夠豁達。然而黃庭堅〈書陶淵明責子詩後〉則持正面論點評論此事：

> 觀淵明之詩，想見其人豈弟慈祥、戲謔可觀也。俗人便謂淵明諸子皆不肖，而淵明愁歎見於詩，可謂癡人前不得說夢也。

黃庭堅認為陶淵明此詩是以戲謔口吻書寫，非必指責諸子不肖而愁歎見於詩，反而是一種愷悌慈祥的表現手法，唐詩人李嶠〈上雍州高長

---

[209] 陶淵明撰、逯欽立校注《陶淵明集》頁106。

94

史書〉：「愷悌之慈允洽，敷腴之好不忘。」正同此說。其實，從父親的眼神觀察子女，確實是慈愛多於指責，即使子女的現況不如預期，也不至於數落苛責。左思〈嬌女詩〉也同樣以戲謔手法呈現：

> 吾家有嬌女，皎皎頗白皙。小字爲紈素，口齒自清歷。鬢髮覆廣額，雙耳似連璧。明朝弄梳臺，黛眉類掃跡。濃朱衍丹脣，黃吻爛漫赤。嬌語若連瑣，忿速乃明集。握筆利彤管，篆刻未期益。執書愛綈素，誦習矜所獲。其姊字惠芳，面目粲如畫。輕妝喜樓邊，臨鏡忘紡績。舉觶擬京兆，立的成復易。玩弄眉頰間，劇兼機杼役。從容好趙舞，延袖象飛翮。上下弦柱際，文史輒卷襞。顧眄屏風書，如見已指摘。丹青日塵暗，明義爲隱賾。馳騖翔園林，果下皆生摘。紅葩綴紫蒂，萍實驟柢擲。貪華風雨中，眴忽數百適。務躡霜雪戲，重綦常累積。並心注餚饌，端坐理盤槅。翰墨戢閒案，相與數離逖。動爲壚鉦屈，屐履任之適。止爲茶荈據，吹噓對鼎立。脂膩漫白袖，煙燻染阿錫。衣被皆重地，難與沉水碧。任其孺子意，羞受長者責。瞥聞當與杖，掩淚俱向壁。

　　左思在描述兩位嬌女惠芳與紈素行徑，已無淑女嬌憨之態，仿若男孩的調皮的素行，但讀者讀來，並無厭惡之感，反而覺得自然逗趣，詩中一股父親慈愛嬌女之心，躍然紙上，所以劉石評論本篇寫作技巧說：

> 從題材和寫法說，陶詩自有淵源。早于陶百十年左右的左思，在《嬌女詩》中專寫兩個女兒紈素與蕙芳，一一數落她們的調皮，

如在母親的梳粧檯前胡亂化妝，把自己弄得一塌糊塗；拿著筆不好好寫字，卻誇耀自己讀會了什麼書；在果園裡摘未成熟的果實不算，還用果於打仗；聽見街上響起吹吹打打的音樂，就坐不住往外跑看熱鬧；對著烹茶的爐子吹火，弄得衣服全髒，實是幫倒忙；表面是責女，其實是愛憐，陶翁的《責子》的總體面目與其雖不一致，題材（寫孩子）、寫法（外責內愛）和情調（幽默詼諧，拿孩子開心取樂）還是很有相似之處的。[210]

劉石從戲謔手法分析〈責子〉寫作手法，確實較合乎人情常理。假如再以陶淵明〈乞食〉來說，也是一種戲謔手法，只是對象為詩人本身：

饑來驅我去，不知竟何之！行行至斯里，叩門拙言辭。主人解余意，遺贈豈虛來？談諧終日夕，觴至輒傾杯；情欣新知歡，言詠遂賦詩。感子漂母惠，愧我非韓才。銜戢知何謝，冥報以相貽。

這首詩寫於宋文帝元嘉三年（426 年），陶淵明六十二歲，為詩人晚年生活困頓之作，蘇軾〈書陶淵明乞食詩後〉說：

淵明得一食，至欲以冥謝主人。哀哉！哀哉！此大類丐者口頰也。非獨余哀之，舉世莫不哀之也。饑寒常在身前，聲名常在身後。二者不相待，此士之所以窮也。

---

210 劉石〈責子與譽兒— 也談陶淵明《責子》詩及其他〉頁 107，《古典文學知識》2010 年 01 期

　　東坡從現實面來閱讀〈乞食〉一詩，而相信淵明真為生活窘困，不得不出門乞食，以圖一餐溫飽。從陶淵明同年作品〈有會而作〉來看序言：

> 舊穀既沒，新穀未登，頗為老農，而值年災，日月尚悠，為患未已。登歲之功，既不可希，朝夕所資，煙火裁通。旬日已來，始念飢乏，歲云夕矣，慨然永懷，今我不述，後生何聞哉！[211]

　　這一年適逢災年，五穀歉收，詩人感到飢乏，有感而發，就紀錄這件事情，因而〈乞食〉「饑來驅我去」，亦非捏造之語，從〈乞食〉全詩來看，淵明真情自然流露，絲毫不鑿斧之痕，就飢乏來說為可信，然乞食行為則未必真實，或有親友接濟，詩人內心感觸頗多，因借〈乞食〉為題，略書己懷而已。這如同〈責子〉借現實生活孩了某些真實景象，去蘊育愷悌慈愛的父愛，或者，進一步就社會現實而言，這首詩是本於父母對子女的擔憂，擔憂其未來的發展，擔憂其是否能適應紛亂的社會，所謂「丈夫雖有志，固為兒女憂」[212]而蘇軾〈和頓教授見寄用除夜韻〉說：「我笑陶淵明，種秫二頃半。婦言既不用，還有責子嘆。」而「責子嘆」確實為淵明的甜蜜的負擔，顏之推說：「人之愛子，罕亦能均。自古及今，此弊多矣。賢俊者自可賞愛，頑魯者亦當矜憐，有偏寵者，雖欲以厚之，更所以禍之。」[213]正說明子女的賢俊或頑魯，都是內心掛念而難以割捨

---

[211]　〈有會而作〉，陶淵明撰、逯欽立校注《陶淵明集》頁106。

[212]　〈詠貧士〉其七，陶淵明撰、逯欽立校注《陶淵明集》頁127。

[213]　顏之推撰、王利器集解《顏氏家訓集解》卷一〈教子〉頁34。

的親情。

三、重視教育與人格薰陶

　　教育養成與人格薰陶為陶淵明所特別重視的項目，在〈與子儼等疏〉對於兄友弟恭的德行交代的相當清楚：

> 然汝等雖不同生，當思四海皆兄弟之義。鮑叔、管仲，分財無猜；歸生、伍舉，班荊道舊；遂能以敗為成，因喪立功。他人尚爾，況同父之人哉！穎川韓元長，漢末名士，身處卿佐，八十而終，兄弟同居，至於沒齒。濟北氾稚春，晉時操行人也，七世同財，家人無怨色。《詩》曰：「高山仰止，景行行止」。雖不能爾，至心尚之。汝其慎哉！吾復何言。

　　在這段文句中，陶淵明對於志同道合者，都親愛如兄弟，所謂「落地為兄弟，何必骨肉親」[214]，對於同父異母的五位子女，應比「四海皆兄弟」更加親近，並以鮑叔、管仲、歸生、伍舉為典範，同時舉出韓元長與兄弟同居，而不分家，氾稚春與兄弟七世同財，而無怨言，唯有兄弟同心，互相扶持，才是家庭倫理的最佳典範，所謂「親戚共一處，子孫還相保」[215]，就是詩人最為期待的事。結尾，陶淵明以「高山仰止，景行行止」為精神指標，即使不能完全做到，然內心嚮往之志不可廢。

　　此外，在教育子女生活方面，要能對自己負責，陶淵明不願生活在

---

[214] 〈雜詩〉其一，陶淵明撰、逯欽立校注《陶淵明集》頁 115。
[215] 〈雜詩〉其四，陶淵明撰、逯欽立校注《陶淵明集》頁 116。

污穢的政治環境中，而選擇隱居生活，自當有生活的依靠，憑勞力養活自己，否則將何以面對飢寒的現實問題，故〈飲酒〉其十九就已經提到對策：

> 疇昔苦長飢，投耒去學仕。將養不得節，凍餒固纏己。是時向立
> 年，志意多所恥。遂盡介然分，拂衣歸田裡。冉冉星氣流，亭亭
> 復一紀。世路廓悠悠，楊朱所以止。雖無揮金事，濁酒聊可恃。
> 216

此詩起筆就以家貧，耕植不能自給自足，生生所資，卻找不到好門路，因而飢餓受凍常伴隨而來，而只好投入官場。然而官場所見，卻是「志意多所恥」，為了保有本質，只好「拂衣歸田裡」，由此可見，躬耕是陶淵明尋求自保與解決凍餒的不歸路。而像創作於晉安帝義熙十四年（418年）的〈怨詩楚調示龐主簿鄧治中〉就曾記錄陶淵明晚年（54歲）遭逢生活困頓的窘境，這是詩人最不願意見到的場景：

> 天道幽且遠，鬼神茫昧然。結髮念善事，黽勉六九年。弱冠逢世
> 阻，始室喪其偏。炎火屢焚如，螟蜮恣中田。風雨縱橫至，收斂
> 不盈廛。夏日長抱飢，寒夜無被眠；造夕思雞鳴，及晨願烏遷。
> 在己何怨天，離憂悽目前。籲嗟身後名，於我若浮煙。慷慨獨悲
> 歌，鍾期信為賢。217

216　〈飲酒〉其十九，陶淵明撰、逯欽立校注《陶淵明集》頁 98。
217　〈怨詩楚調示龐主簿鄧治中〉，陶淵明撰、逯欽立校注《陶淵明集》頁 49。

這一年炎火焚如，螟蜮恣虐，風雨縱至，使得作物歉收，讓陶淵明一家人過著飢寒交惡的日子，「夏日長抱饑，寒夜無被眠；造夕思雞鳴，及晨願烏遷」的困境，豈是常人所能忍受。如果是一人飢餓，尚能忍受，而一家大小同遭此厄，這也是陶淵明內心最為痛苦的感受，在〈與子儼等疏〉說：

> 吾年過五十，少而窮苦，每以家弊，東西遊走，性剛才拙，與物多忤。自量為己，必貽俗患，僶俛辭世，使汝等幼而飢寒，余嘗感孺仲子賢妻之言，敗絮自擁，何慚兒子？[218]

「使汝等幼而飢寒」一句，最能道出詩人在抉擇中最痛苦的掙扎。因而，靠著勞力養活自我，是詩人隨時警惕自我的話語，如〈勸農〉其四：

> 氣節易過，和澤難久。冀缺攜儷，沮溺結耦。相彼賢達，猶勤壟畝，矧伊眾庶，曳裾拱手！[219]

這首詩以古代賢人冀缺夫婦田畝分工、長沮桀溺耦耕，而自食其力，常人豈能拖曳長襟、拱手作揖而養尊處優，不事生產。又如〈勸農〉其五：

> 民生在勤，勤則不匱。宴安自逸，歲暮奚冀？儋石不儲，飢寒交至。顧余儔列，能不懷愧。[220]

---

[218] 〈與子儼等疏〉，陶淵明撰、逯欽立校注《陶淵明集》頁 187。
[219] 〈勸農〉其四，陶淵明撰、逯欽立校注《陶淵明集》頁 25。
[220] 〈勸農〉其五，陶淵明撰、逯欽立校注《陶淵明集》頁 25。

這首詩以歲末儲糧過冬，當於春秋之際，努力生產，如果只是「宴安自逸」，又何能自處。又如〈庚戌歲九月中於西田穫早稻〉：

> 人生歸有道，衣食固其端。孰是都不營，而以求自安？開春理常業，歲功聊可觀。晨出肆微勤，日入負禾還。山中饒霜露，風氣亦先寒。田家豈不苦？弗獲辭此難。四體誠乃疲，庶無異患干。盥濯息簷下，斗酒散襟顏。遙遙沮溺心，千載乃相關。但願長如此，躬耕非所嘆。[221]

本詩以「營生」起筆，是相當務實的想法，隱居生活雖然閒逸，能「悅親戚之情話，樂琴書以消憂」[222]但日子總要過下去，因而詩人毫無怨言的選擇了躬耕。到了「農人告余以春及」[223]則有事於西疇，而「歲功聊可觀」。由此可見，詩人心中始終惦記著「衣食當須紀，力耕不欺吾」[224]，唯有自食其力，才是隱居的王道。從這觀點往下延伸，陶淵明對於子女的人格養成，也是如此，在〈與子儼等疏〉說：「汝輩稚小家貧，每役柴水之勞，何時可免？念之在心，若何可言！」[225]從「每役柴水之勞」之說來看，淵明家中子女除讀書之外，也必須從事農耕勞役，養成自我謀生基本能力。清代詩人鄭板橋教育子女的方法：

---

221 〈庚戌歲九月中於西田穫早稻〉陶淵明撰、逯欽立校注《陶淵明集》頁 84。
222 〈歸去來兮辭並序〉，陶淵明撰、逯欽立校注《陶淵明集》頁 161。
223 〈歸去來兮辭並序〉，陶淵明撰、逯欽立校注《陶淵明集》頁 161。
224 〈移居〉其二，陶淵明撰、逯欽立校注《陶淵明集》頁 57。
225 〈與子儼等疏〉，陶淵明撰、逯欽立校注《陶淵明集》頁 188。

> 余五十二歲始得一子,豈有不愛之理!然愛之必以其道,雖嬉戲玩耍,務令忠厚,毋為刻急也。平生最不喜籠中養鳥,我圖娛悅,彼在囚牢,何情何理,而必屈物之性以適吾性乎![226]

在這封信裡,鄭板橋說我五十二歲才得一子,哪有不溺愛的道理,但是「愛之必以其道」,並且要適性教養,不可「屈物之性以適吾性」。此外,在鄭板橋臨終遺言:「淌自己的汗,吃自己的飯,自己的事情自己幹,靠天,靠地,靠祖宗,不算是好漢。」[227]讓子女學會「動手」,學會求生計能,靠自己的力量養活自己,從實踐中學會自立,這是培養孩子優良品格的一個有效方法。總結而言,陶家生活雖不富裕,但淵明給子女豎立了一個學習的典範,就是學做自我。

肆、結語

父親對子女的親情本於天成,古往今來,莫不如此,然「譽兒」之作,遠勝於「責子」之失,大抵因於對兒輩的殷殷期待。本文除略述前人對兒孫的期待,撮其要旨,區分為「教育之薰陶」、「人格教育養成」、「親情之樂」三方面,而梳理陶淵明與五子之間的親情關係,則〈責子詩〉、〈命子詩〉與〈與子儼等疏〉三篇為主,依其內容,第分為「繼承祖先的優良傳統與崇尚儒學」、「父親對子女的眷愛」、「重視教育與人格薰陶」三項。從述論的過程,可以得知,陶淵明因身處政治動盪的亂世,

---

[226] 鄭燮《濰縣署中與舍弟墨第二書》,網址:https://kknews.cc/baby/2z4rqqe.html
[227] 鄭板橋臨終教子:靠人不如靠自己,網址:
https://rufodao.qq.com/a/20131204/015542.htm

對於鼓勵兒輩從政的意圖不大，反而著重「德行」的涵養，因而對於「人格薰陶」方面，反而成為敘述的重點。其次，陶淵明相當重視家庭倫理，對於兒輩的眷愛，實遠勝於常人，尤其〈責子詩〉一篇，看似批評五子的不成材，其實是一種戲謔反諷的手法，全篇無疾言厲色之語，反倒充滿慈愛之心，這就如同左思〈嬌女詩〉。總體而言，陶淵明一生雖官場失意，難成壯志，但是在父子親情方面，相處卻十分融恰，雖然生活清苦些，倒也是和樂融融。

（本文作者：蔣妙琴、葉建廷）

參考文獻

朱君《宋代教子詩研究》內蒙古師範大學碩士論文，2018 年 5 月

林臥雲：《臥雲吟草》初集，台北，龍文出版社股份有限公司，1992 年 6 月

陶淵明撰、逯欽立校注《陶淵明集》台北：里仁書局，1985 年 4 月

蔣妙琴〈試論陶淵明的羲皇情結〉，《2018 安全管理與工程技術國際研討會論文集》，嘉義，吳鳳科技大學，2018 年 11 月。

劉鑫《陸游親情詩研究》西南大學碩士論文，2018 年 4 月

劉石〈責子與譽兒— 也談陶淵明《責子》詩及其他〉，《古典文學知識》2010 年 01 期

戴聖編纂、鄭玄注《禮記鄭注》，台北：學海書局，1979 年 5 月

顏之推撰、王利器集解《顏氏家訓集解》台北：明文書局，1984 年 1 月

蕭統編、李善注《昭明文選》上海：上海古籍出版社，1986 年 8 月

試論陶淵明的社會關懷

壹、前言

　　古代文人對於生命情境的思維，大都秉承著儒家悲天憫人的社會關懷，更以立德、立言、立功[228]三目標督促著自我心靈的成長。因而曾子曰：「士不可以不弘毅，任重而道遠。」[229]孔子曰：「士志於道，而恥惡衣惡食者，未足與議也。」[230]這種以天下國家興亡為己任的宏大胸襟，並不因居廟堂之上，抑或處江湖之遠，而有所區別。「因而在詩人作品中，往往透出詩人的人文關懷意識，這種感覺在社會發生動亂、國家發生安危與異族的入侵時，表現的更加突出，一種悲天憫人的胸懷，便不自覺地躍然紙上。」[231]陶淵明身處晉末劉宋之際，不得不歸隱於園田，回歸任真自我的本性，完全踐履儒家「天下有道則現，無道則隱」[232]、「危邦不入，亂邦不居」[233]與「窮則獨善其身，達則兼善天下」[234]的處事之道，

---

[228] 《左傳・襄公二十四年》云：「大上有立德，其次有立功，其次有立言，雖久不廢，此之謂不朽。」

[229] 《論語・泰伯》第八，阮元《十三經注疏・論語注疏》第 115 頁上欄。

[230] 《論語・里仁》第四，阮元《十三經注疏・論語注疏》第 54 頁上欄。本文引《論語》均用此本，後出之文均標注為《論語・XX》第 X 頁，不另出註腳。

[231] 蔣妙琴〈林玉書社會關懷詩初探〉，2010 安全管理與工程技術國際研討會論文集。

[232] 《論語・泰伯》第八，阮元《十三經注疏・論語注疏》第 116 頁下欄。

[233] 同上註。

[234] 《孟子・盡心上》，阮元《十三經注疏・孟子注疏》第 418 頁上欄。。

而成為「古今隱逸詩人之宗」[235]。因而歷來陶學研究之方向，亦多環繞於田園詩作為主軸，亦即以「隱逸人格」、「田園詩」為議題，將陶淵明塑造為不問世事的隱者。雖然從陶淵明作品所呈現表面內涵而言，大抵以田園山水為宗，加以陶淵明也表明自己「少無世俗韻，性本好丘山。誤入塵網中，一去三十年」[236]的園田性格，然而潛在於作品背面的深沈含意，似乎沒有表面所呈現的如此簡單，在這方面的論述，也遠不及討論田園詩般的豐富。近人魯迅曾說：

> 據我的意思，即使是從前的人，那詩文完全超於政治的所謂「田園詩人」，「山林詩人」，是沒有的。……既然是超出於世，則當然詩文也沒有。詩文也是人事，既有詩，也可以知道於世事未能忘情。……由此可知，陶潛總不能超於塵世，而且于朝政還是留心……這是他詩文中時時提起的。[237]

魯迅「陶潛總不能超於塵世，而且于朝政還是留心」的說法，是可以就此問題再深入思索的必要性，是以本文擬以「社會關懷」為題，討論陶淵明雖為隱逸之人，而內心實充滿對當代社會的關懷，這些涉及對政治的批評、對當代社會現象的不滿意的話語，雖不似杜甫詩的寫實，如「朱

---

[235] 鍾嶸《詩品·宋徵士陶潛》：「其源出於應璩，又協左思風力。文體省淨，殆無長語。篤意真古，辭興婉愜。每觀其文，想其人德。世歎其質直。至如『懽言醉春酒』、『日暮天無雲』，風華清靡，豈直為田家語邪？古今隱逸詩人之宗也。」http://www.cll.ncnu.edu.tw/hpoet/ha2.html
[236] 陶淵明〈歸園田居〉第一，陶淵明著，逯欽立校注《陶淵明集》第 40 頁。
[237] 魯迅〈魏晉風度及文章與藥及酒之關係〉《魯迅全集》第三卷，第 538 頁。

門酒肉臭，路有凍死骨。」(〈自京赴奉先縣詠懷五百字〉)[238]「兔絲附蓬麻，引蔓故不長。嫁女與征夫，不如棄路旁。」(〈新婚別〉)[239]，直接鋪寫社會現狀，然而亦足以為從政者所戒。本文論述之順序以「陶淵明的人文關懷意識」、「陶淵明亦仕亦隱的雙重性格」、「陶淵明的社會關懷意識」為綱，次第鋪陳於下。

貳、陶淵明的人文關懷意識

在中華文化中，「士」的定義，乃指具有傳統文化性格的知識分子，而傳統文人也多以「士」的身份自居，因此，在《論語》書中經常提及「士」所應擔當的責任感，例如：

1. 子曰：「士志於道，而恥惡衣惡食者，未足與議也。」(《論語・里仁》，第 54 頁)

2. 曾子曰：「士不可以不弘毅，任重而道遠。仁以為己任，不亦重乎？死而後已，不亦遠乎？(《論語・泰伯》，第 115 頁)

3. 子貢問曰：「何如斯可謂之士矣？」子曰：「行己有恥，使于四方，不辱君命，可謂士矣。」(《論語・子路》，第 201 頁)

4. 子路問曰：「何如斯可謂之士矣？」子曰：「切切偲偲，怡怡如也，可謂士矣。朋友切切偲偲，兄弟怡怡。」(《論語・子路》，

---

[238] 杜甫著、仇兆鰲詳注《杜詩詳注》第 264 頁。
[239] 杜甫著、仇兆鰲詳注《杜詩詳注》第 530 頁。

雙魚齋讀書劄記

第 205 頁）

　　1 至 3 條強調士者具有仁義禮智信的修為，第 4 條所謂「切切偲偲，怡怡如也」則表現於行事謙恭，二者合一，始為內外兼修的知識份子。胡俊修、涂耀威說：

> 中國的「士」一出現，就是以關懷社會的面貌呈現在歷史舞台上，從來沒有將「世間」與「超世間」相分離，既重天，又重人。對知識、真理的追求最終落實在日常生活事務上。[240]

　　此文中將「關懷社會」視為士子的天職，並不因居廟堂或處江湖，而有所分別，可謂一針見血之說。身處晉末、劉宋之際的陶淵明也是如此，他服膺儒家學說，以「士」自稱，而寫下《感士不遇賦》之作，在詩作中亦屢屢恪守孔子之言，譬如：

1. 少年罕人事，遊好在六經。行行向不惑，淹留遂無成。竟抱固窮節，飢寒無所更。[241]

2. 先師遺訓，餘豈云墜！四十無聞，斯不足畏。脂我名車，策我名驥。千里雖遙，孰敢不至！[242]

---

[240] 胡俊修、涂耀威〈知識份子的社會關懷—中國與西方的比較〉，湖北行政學報 2008 年第 2 期第 14 頁。

[241] 陶淵明〈飲酒詩〉第十六，陶淵明著，逯欽立校注《陶淵明集》第 42 頁。

[242] 陶淵明〈榮木〉第四，陶淵明著，逯欽立校注《陶淵明集》第 16 頁。

3. 先師有遺訓，憂道不憂貧。瞻望邈難逮，轉欲思長勤。[243]

4. 羲農去我久，舉世少復真。汲汲魯中叟，彌縫使其淳。鳳鳥雖
   不至，禮樂暫得新。[244]

　　從這四首作品中，可以看出陶淵明本出身儒家，奉守六經，期望能
學有所用，無奈處於「真風告逝，大偽斯興」的時代，壯志難伸，在〈榮
木〉說：「先師遺訓，余豈云墜？四十無聞，斯不足畏！脂我名車，策我
名驥。千里雖遙，孰敢不至！」[245]即呈現心中的焦慮與蹙破，即使一展
抱負的機會在千里之遠，豈敢推辭不受。而〈飲酒〉第二十：「羲農去我
久，舉世少複真。汲汲魯中叟，彌縫使其淳。」更表達出孔子雖身處於
羲農久去，真風告逝的時代，還能盡心盡力地去彌合修補，多少還能保
存一絲絲的禮樂風氣，這已讓陶淵明羨慕不已。其實孔子的作為，就是
盡一己去關懷社會的表現。余英時曾說：

　　所謂「知識分子」，除了獻身於專業工作以外，同時還必須深切地
　　關懷著國家、社會以至世界上一切有關公共利害之事，而且這種
　　關懷又必須是超越於個人（包括個人所屬的小團體）的私利之上
　　的。所以有人指出，「知識分子」事實上具有一種宗教承當的精

---

[243] 陶淵明〈癸卯歲始春懷古田舍〉之一，陶淵明著，逯欽立校注《陶淵明集》第
　　　79 頁。
[244] 陶淵明〈飲酒〉第二十，陶淵明著，逯欽立校注《陶淵明集》第 99 頁。
[245] 陶淵明〈榮木〉，陶淵明著，逯欽立校注《陶淵明集》第 16 頁。

神。[246]

　　從余英時的話語中，正可以呼應儒家的思想中，士當以天下興亡為己任，即使隱身於鄉野，亦無所迴避。從這種觀點，也就容易瞭解范仲淹在〈岳陽樓記〉所說：「先天下之憂而憂，後天下之樂而樂。」而陸游〈示兒〉說：「死去原知萬事空，但悲不見九州同。王師北定中原日，家祭無望告乃翁。」完全表現出「士」之職責，乃終身的職志，即使是黃泉之下，仍念念不忘，無怪乎被稱為「愛國詩人」。總而言之，觀察陶淵明的作品，如：

> 結廬在人境，而無車馬喧。問君何能爾？心遠地自偏。采菊東籬下，悠然見南山。山氣日夕佳，飛鳥相與還。此中有真意，欲辨已忘言。[247]

　　這類回歸自然的清新作品，確實能代表陶淵明脫離污濁官場後，回歸本性，聽任自然的代表佳作，也是《陶淵明集》中最為可貴之處。然而，淵明在詩作中也偶而會感慨社會亂離的現象，如〈歸園田居〉：

> 久去山澤遊，浪莽林野娛。試攜子姪輩，披榛步荒墟。徘徊丘壟間，依依昔人居。井竈有遺處，桑竹殘朽株。借問采薪者，此人皆焉如？薪者向我言，死沒無復餘。一世異朝市，此語真不虛。

---

[246] 余英時《士與中國文化》引言第 2 頁。
[247] 陶淵明〈飲酒〉第五，陶淵明著，逯欽立校注《陶淵明集》第 79 頁。

人生似幻化，終當歸空無。[248]

　　這是陶淵明歸隱後的作品，內容描述陶淵明與子姪輩同遊山水時，無意間發現昔日有人居住的房舍，已空無一人。淵明借問往來的樵夫，得到的答案卻是「死沒無復餘」，表面上淵明似乎是借題表達「人生似幻化，終當歸空無」的思維。然而這也隱隱透出生於戰亂之中的無奈與淵明的人文關懷。次外，也還需關注到如〈讀山海經〉的作品：

精衛銜微木，將以填滄海。刑天舞干戚，猛志固常在。同物既無慮，化去不復悔。徒設在昔心，良辰詎可待！」[249]

這類藉由精衛與刑天雖身死而仍強力對抗的精神，表現出陶淵明內心對於當代社會環境的不滿，這正顯現出針對社會現況，提出較為強烈的人文關懷。

參、陶淵明亦仕亦隱的雙重性格

　　既然陶淵明學養脫胎於儒家，在思維與行事方面，自然就吻合儒家的作為，孔子雖然強調士志於道，在《論語‧憲問》上說：「士而懷居，不足以為士矣。」[250]這些都是積極地尋求有所作為。然而孔子也非常明白表示「隱」的特質，如《論語‧公冶長》上說：「道不行，乘桴浮於海。

---

[248] 陶淵明〈歸園田居〉第四，陶淵明著，逯欽立校注《陶淵明集》第42頁。
[249] 陶淵明〈讀山海經〉第十，陶淵明著，逯欽立校注《陶淵明集》第138頁。
[250] 《論語‧憲問》第十四，阮元《十三經注疏‧論語注疏》第207頁上欄。

從我者其由與！」[251]孔子認為如果他所推行道不受到世人的重用，他將筏木桴隨波逐流，消失在人群之中，而蘇東坡〈臨江仙〉說：「小舟從此逝，江海寄餘生。」就是承襲此意而來。而孔子在《論語・先進》的一段話，更是發人省思：

> 子路、曾皙、冉有、公西華侍坐。子曰：「以吾一日長乎爾，毋吾以也。居則曰：『不吾知也！』如或知爾，則何以哉？」子路率爾而對曰：「千乘之國，攝乎大國之間，加之以師旅，因之以饑饉；由也為之，比及三年，可使有勇，且知方也。」夫子哂之。「求！爾何如？」對曰：「方六七十，如五六十，求也為之，比及三年，可使足民。如其禮樂，以俟君子。」「赤！爾何如？」對曰：「非曰能之，願學焉。宗廟之事，如會同，端章甫，願為小相焉。」「點！爾何如？」鼓瑟希，鏗爾，舍瑟而作。對曰：「異乎三子者之撰。」子曰：「何傷乎？亦各言其志也。」曰：「莫春者，春服既成。冠者五六人，童子六七人，浴乎沂，風乎舞雩，詠而歸。」夫子喟然歎曰：「吾與點也！」[252]

這是一次孔子聽弟子發表志向的一段對話，孔子對於子路發表兼濟天下的抱負，只是微笑以對；對於冉求與公西華的說法，也未加讚賞，唯獨對於曾點陶情於大自然寧靜的和諧大家讚賞，這也是陶淵明回歸本

251　《論語・公冶長》第四，阮元《十三經注疏・論語注疏》第 62 頁上欄。
252　《論語・先進》第十一，阮元《十三經注疏・論語注疏》第 171 頁下欄。

性,回歸自然的最高作為。陶淵明在〈時運〉上說:

> 邁邁時運,穆穆良朝。襲我春服,薄言東郊。山滌餘靄,宇曖微
> 霄。有風自南,翼彼新苗。[253]

　　從序文上說:「時運,遊暮春也。春服既成,景物斯和,偶景獨遊,
欣慨交心。」就已經點出孔子與陶淵明的想法並無二致,唯一的區別在
於陶淵明親自去實踐了這個理想罷了。換言之,儒家雖講求積極進取,
但是骨子裡仍有一股「隱」的本質。若擴大推論,文士的心中都隱藏著
隱士的伏流,只是都為種種因素所牽絆,未能遂其願而已。因而從性格
觀點分析陶淵明的作品,大抵可以分為兩種絕然不同的類型:一種是脫
離現實獨善其身的隱士性格;一種是關懷社會的儒士性格。而這兩種不
同性格類型,有時候在某些作品中交織地呈現出來,譬如〈擬古〉第八:

> 少時壯且厲,撫劍獨行遊。誰言行遊近?張掖至幽州。饑食首陽
> 薇,渴飲易水流。不見相知人,惟見古時丘。路邊兩高墳,伯牙
> 與莊周。此士難再得,吾行欲何求![254]

這首作品一開始即有著俠客仗劍行義天下的氣勢,也是儒者為國家、為
社會積極做事的形象,這種積極用世的壯志,也在其他詩篇中呈現出來,
譬如〈雜詩〉第五:「憶我少壯時,無樂自欣豫;猛志逸四海,騫翮思遠

---

253 陶淵明〈時運〉第一,陶淵明著,逯欽立校注《陶淵明集》第 13 頁。
254 陶淵明〈擬古〉第八,陶淵明著,逯欽立校注《陶淵明集》第 113 頁。

薾。」[255]然而下句話鋒一轉而為「饑食首陽薇」,借伯夷、叔齊隱居首陽
山採薇而食的故事,點出當今局勢之不可為,即實踐儒者「天下有道則
見,無道則隱。」的信念。而「渴飲易水流」一句,又借荊軻刺秦王,
點出自我高風亮節的俠客情懷,陶淵明在〈詠荊軻〉說:「惜哉劍術疏,
奇功遂不成。其人雖已沒,千載有餘情。」[256]詩中雖說荊軻刺秦王雖未
成功,但是其俠義之舉,已千古流芳。張學君說:

> 陶淵明自然是一個隱士,但隱士還不足以完全概括他的人格。他
> 的精神中還有俠客的影子,這是他極為嚮往的另一種人生境界。
> 值得注意的是,陶淵明在寫俠客的時候,時時給人一種與隱士糾
> 纏不清的感覺。兩種身份之間的界線顯得模糊不清。[257]

張學君觀察陶淵明作品具有雙重性格的呈現,在基本上是沒問題的,至
於是否可以將其概括為「俠客」,或許還有討論的空間。如果再從陶淵明
飲酒之旨趣觀察,也可以呈現出多重用意來,蕭統說:

> 有疑陶淵明詩,篇篇有酒。吾觀其意不在酒,亦寄酒為迹焉。其
> 文章不群,詞采精拔,跌宕昭彰,獨超眾類;抑揚爽朗,莫之與
> 京。橫素波而傍流,干青雲而直上。語時事則指而可想,論懷抱
> 則曠而且真。加以貞志不休,安道苦節,不以躬耕為恥,不以無

---

[255] 陶淵明〈雜詩〉第五,陶淵明著,逯欽立校注《陶淵明集》第 117 頁。
[256] 陶淵明〈詠荊軻〉,陶淵明著,逯欽立校注《陶淵明集》第 131 頁。
[257] 張學君〈論陶淵明亦隱亦俠的雙重人格〉第 77 頁

財為病，自非大賢篤志，與道污隆，孰能如此呼！[258]

蕭統「吾觀其意不在酒，亦寄酒為迹焉。」確實能道出陶淵明的真正心聲。我在〈試論陶淵明詩中的酒趣〉一文中，[259]曾將陶淵明飲酒的目的區分為「縱酒避禍」、「酒以解憂」、「酒以養真」三個主題，其實也是雙重性格的呈現，譬如〈飲酒詩〉第九：

清晨聞叩門，倒裳往自開。問子為誰與？田父有好懷。壺漿遠見候，疑我與時乖。「襤褸茅簷下，未足為高棲。一世皆尚同，願君汩其泥。」深感父老言，稟氣寡所諧。紆轡誠可學，違己詎非迷！且共歡此飲，吾駕不可回。[260]

詩中田父：「一世皆尚同，願君汩其泥。」正是對當前局勢的批評，此句實取意於楚辭〈漁父〉：「屈原曰：舉世皆濁我獨清，眾人皆醉我獨醒，是以見放。」然而陶淵明作品中確實存在著「養真」的特質，作者聽任自己的本心去面對現實的社會，去過自然的生活，而不受外物的牽絆。白居易在〈效陶潛體詩〉說陶淵明：「歸來五柳下，還以酒養真。人間榮與利，擺落如泥塵。」確實能點出陶詩的真正價值所在。從飲酒看來，陶淵明還是擺脫不了雙重性格的特徵。

[258] 蕭統《陶淵明集·序》陶淵明著、逯欽立校注《陶淵明集》第 10 頁。

[259] 蔣妙琴〈試論陶淵明詩中的酒趣〉，《藝見學刊》第 12 期，2016 年 10 月，第 1 頁至第 11 頁。

[260] 陶淵明〈飲酒〉第九，陶淵明著，逯欽立校注《陶淵明集》第 91 頁。

肆、陶淵明的社會關懷意識

陶淵明雖隱居潯陽,而成為潯陽三隱之一,[261]然而陶淵明與周續之、劉遺民不同,周、劉隱居於廬山,與世俗斷絕往來,而陶淵明卻隱居於世俗之中,在〈飲酒〉第五說:

> 結廬在人境,而無車馬喧。問君何能爾?心遠地自偏。採菊東籬下,悠然見南山。山氣日夕佳,飛鳥相與還。此中有真意,欲辯已忘言。

陶淵明是大隱隱於世的類型,他認為只要是真心隱居,不必在乎形式的呈現,而是在於心境的調適與否,而「採菊東籬下,悠然見南山」二句,正是忘言之處。因此,他雖是隱者,同時也關懷時勢的變化,這也就不足為奇的事。民初嘉義詩人林玉書即嚮往陶淵明的隱居風格,在〈銷夏書懷〉說:「人皆隱於山,我則隱於市。所隱固不同,其揆歸一理。」[262]又〈開業廿年書感,四首之四〉云:「不隱林泉隱市廛,得逍遙處且陶然。千秋幻夢憐蕉鹿,一線橫空笑紙鳶。入座夙耽風月侶,逢場雅結酒詩緣。幾忘骨比梅花瘦,時復狂吟聳兩肩。」[263]皆是深得陶詩滋味者。

一、對當代政治紛亂的不滿

---

[261] 東晉周續之、劉遺民、陶淵明三人皆不應徵命,而隱居於潯陽,故稱為「潯陽三隱」。

[262] 林玉書《臥雲吟草初集》卷一·三·下,第12頁。

[263] 林玉書《臥雲吟草初集》卷二／十·下,第26頁。

陶淵明對於改晉為宋，相當不滿，劉宋王朝的建立，並未對「真風告逝」的時代有所改變，加以劉裕殺害退位的晉恭帝司馬德文，因而陶淵明只能以隱晦之筆，表達心中的不滿，如〈擬古〉第二：

> 辭家夙嚴駕，當往至無終。問君今何行？非商復非戎。聞有田子泰，節義爲士雄。斯人久已死，鄉里習其風。生有高世名，既沒傳無窮。不學狂馳子，直在百年中。

起首寫陶淵明一大早起身就急忙駕車出門前往無終國。有人好奇的詢問陶淵明要前往何處，淵明回答說：我既不像孔子要前往商丘，也不是老子要前往西戎，而是要前往「無終」去找田子泰。田子泰乃東漢末的田疇，根據陳壽《三國志》記載：

> （公孫瓚）謂曰：「妝何自哭劉虞墓，而不送章報於我也？」疇答曰：「漢室衰頹，人懷異心，唯劉公不失忠節。章報所言，于將軍未美，恐非所樂聞，故不進也。且將軍方舉大事以求所欲，既滅無罪之君，又仇守義之臣，誠行此事，則燕、趙之士將皆蹈東海而死耳，豈忍有從將軍者乎！」疇得北歸，率舉宗族他附從數百人，掃地而盟曰：「君仇不報，吾不可以立於世！」遂入徐無山中，營深險平敞地而居，躬耕以養父母。百姓歸之，數年間至五千餘家。

在這段文詞中，描述田疇忠於漢室，而不屈服於董卓勢力。後來幽州牧劉虞被殺，田疇也被公孫瓚所捉，反被田疇視為「既滅無罪之君，又仇

守義之臣」，公孫瓚羞愧之餘，視田疇為義士而縱遣之。其後，田疇北歸，躬耕徐無山中，而跟隨的百姓多達五千多家。陶淵明引用田泰典故，乃在於譏諷劉裕，並感嘆當世無有如田疇者。又如〈和劉柴桑〉：

> 山澤久見招，胡事乃躊躇？直為親舊故，未忍言索居。良辰入奇
> 懷，挈杖還西廬。荒塗無歸人，時時見廢墟。茅茨已就治，新疇
> 復應畬。谷風轉淒薄，春醪解饑劬。弱女雖非男，慰情良勝無。
> 棲棲世中事，歲月共相疏。耕織稱其用，過此奚所須！去去百年
> 外，身名同翳如。[264]

劉柴桑即潯陽三隱的劉遺民，嘗為柴桑令，後隱居於廬山，而時常招陶淵明前往。有一天陶淵明陶淵明造訪回西廬之後，回想到「荒塗無歸人，時時見廢墟」，這兩句表面上平淡無奇，其實是淵明描述戰爭連連，民生凋弊的情景，這就如同〈歸園田居〉第四所說：「披榛步荒墟。徘徊丘壟間，依依昔人居。井竈有遺處，桑竹殘朽株。借問采薪者，此人皆焉如？薪者向我言，死沒無復餘。一世異朝市，此語真不虛」[265]，完全是相同的心境。再如晉宋之際所撰寫的〈述酒〉：

> 重離照南陸，鳴鳥聲相聞；秋草雖未黃，融風久已分。素礫晶修
> 渚，南嶽無餘雲。豫章抗高門，重華固靈墳。流淚抱中歎，傾耳
> 聽司晨。神州獻嘉粟，西靈為我馴。諸梁董師旅，芊勝喪其身。

---

264 陶淵明〈和劉柴桑〉，陶淵明著，逯欽立校注《陶淵明集》第 57 頁。
265 陶淵明〈歸園田居〉第四，陶淵明著，逯欽立校注《陶淵明集》第 42 頁。

山陽歸下國，成名猶不勤。卜生善斯牧，安樂不為君。平王去舊
京，峽中納遺薰。雙陵甫雲育，三趾顯奇文。王子愛清吹，日中
翔河汾。朱公練九齒，閒居離世紛。峨峨西嶺內，偃息常所親。
天容自永固，彭殤非等倫。[266]

這首詩寫得相當隱晦，解詩家向來費解，所見不一，今根據宋人湯漢註
解說：

> 按晉元熙二年六月，劉裕慶恭帝為零陵王。明年，以毒酒一甕授
> 張偉，使鴆王，偉自飲而卒。繼又令兵人踰垣進藥，王不肯飲，
> 遂掩殺之。此詩所為作，故以《述酒》名篇也。[267]

而詩句中「山陽歸下國，成名猶不勤」，山陽本指曹魏降漢獻帝為「山陽
公」，而以譬況劉裕降晉恭帝為零陵王；根據謚法，不勤成名曰靈，指古
之人主不能善終者，此所以比喻晉恭帝被劉裕先降為零陵王，其後又弒
殺。陶淵明對此事件相當不滿，然又不敢直言，乃以隱晦之筆書之。根
據周振甫的研究，陶淵明作品中如《詠三良》、《詠荊軻》、《讀史述九章》
之類，也都屬於陶淵明對晉宋易代的感慨。[268]再如〈飲酒〉第二十說：

> 羲農去我久，舉世少復真。汲汲魯中叟，彌縫使其淳。鳳鳥雖不
> 至，禮樂暫得新。洙泗輟微響，漂流逮狂秦。詩書復何罪，一朝

---

266 陶淵明〈述酒〉，陶淵明著，逯欽立校注《陶淵明集》第 101 頁。
267 王光前《陶淵明和他的作品》第 209 頁
268 說詳周振甫《陶淵明和他的詩賦》第 72 頁至 84 頁。

成灰塵。區區諸老翁，為事誠殷勤。如何絕世下，六籍無一親。終日馳車走，不見所問津。若復不快飲，空負頭上巾。但恨多謬誤，君當恕醉人。

這是一首從歷史發展出發，借羲農時代的任真風氣，來批評當代社會的污濁。我在〈試論陶淵明詩中的酒趣〉中說：

> 詩中「羲農去我久，舉世少復真」，將淵明對於時事的不滿，表露無遺，身處在一個真風消逝、大偽萌生的時代，文士忙於功名利祿的追逐，對於傳統的六經之學，早已乏人問津。而結尾「但恨多謬誤，君當恕醉人」，乃作者自言酒後胡言亂語，君子們當諒解我這酣醉之人吧！其藉酒避世，韜光避禍的心境已顯而易見。[269]

其次所謂「任真」，就如〈勸農〉所說：

> 悠悠上古，厥初生民。傲然自足，抱樸含真。智巧既萌，資待靡因。誰其贍之，實賴哲人。[270]

在久遠的上古時代，最初的人民，都能安適生活而自給自足。內心都能保有純樸，而不失其本性。直到有了巧智萌生，彼此相互爭奪，而失去賴以積儲生活的方式。又如〈感士不遇賦〉所言：「自真風告逝，大偽斯興。閭閻懈廉退之節，市朝驅易進之心。」都透露出詩人對現實的強烈

---

269 蔣妙琴〈試論陶淵明詩中的酒趣〉第 4 頁。
270 陶淵明〈勸農〉，陶淵明著，逯欽立校注《陶淵明集》第 24 頁。

不滿。

二、從己身的境遇抒發對社會現實的不滿

在《陶淵明集》中亦有不少詩篇是從己身出發，表達出對社會現況的不滿，如〈雜詩〉第八：

> 代耕本非望，所業在田桑。躬親未曾替，寒餒常糟糠。豈期過滿腹，但願飽粳糧。御冬足大布，麁絺以應陽。正爾不能得，哀哉亦可傷！人皆盡獲宜，拙生失其方。理也可奈何，且為陶一觴。

這是淵明躬耕生活的寫照，雖然淵明非常努力的工作，但是所得結果卻是三餐無以為繼的「寒餒常糟糠」，他心中最大的期望就是填飽肚子的「飽粳糧」，冬天能有粗布衣服可穿，夏天有粗葛的衣服可穿，但是連這樣的基本奢望都無法滿足，生活環境真是窘困到極點。再看看陶淵明五十四歲所寫的〈怨詩楚調示龐主簿鄧治中〉：

> 天道幽且遠，鬼神茫昧然。結髮念善事，僶俛六九年。弱冠逢世阻，始室喪其偏。炎火屢焚如，螟蜮恣中田。風雨縱橫至，收斂不盈廛。夏日長抱饑，寒夜無被眠。造夕思雞鳴，及晨願鳥遷。在己何怨天，離憂悽目前。籲嗟身後名，於我若浮煙。慷慨獨悲歌，鍾期信為賢。

這首詩中「夏日長抱饑，寒夜無被眠」描寫夏天白晝太長，時時感到飢餓，多麼希望夜晚快快降臨；到了冬天夜長，又期望太陽快快升起，

每天都在「造夕思雞鳴，及晨願鳥遷」中掙扎。這樣民不聊生的日子，或許如陶淵明〈歸園田居〉第三所說：

> 種豆南山下，草盛豆苗稀。晨興理荒穢，帶月荷鋤歸。道狹草木長，夕露沾我衣。衣沾不足惜，但使願無違。[271]

屬於陶淵明個人的笨拙，然而究其根本，當時的政治局勢，或許才是問題的癥結所在。雖然陶淵明口口聲聲說：「代耕本非望，所業在田桑。」也只是無奈之中的唯一選擇吧。

三、建構心目中的理想國—桃花源

在陶淵明的認知中，東晉劉宋時代的紛亂，在於失其「任真」的本質，而如何能關懷當代的社會群眾，唯有效法田疇率領五千家民眾，躬耕於徐無山中。因此，在詩集中常見上古任真時代的君主，譬如：

> 重華去我久，貧士世相尋。〈詠貧士〉[272]

> 望軒唐而永歎，甘貧賤以辭榮。哀哉，士之不遇，已不在炎帝帝魁之世。〈感士不遇賦〉[273]

> 羲農去我久，舉世少復真。〈飲酒〉[274]

---

[271] 陶淵明〈歸園田居〉第三，陶淵明著，逯欽立校注《陶淵明集》第 42 頁。
[272] 陶淵明〈詠貧士〉第三，陶淵明著，逯欽立校注《陶淵明集》第 124 頁。
[273] 陶淵明〈感士不遇賦〉，陶淵明著，逯欽立校注《陶淵明集》第 147 頁。
[274] 陶淵明〈飲酒〉第二十，陶淵明著，逯欽立校注《陶淵明集》第 99 頁。

無懷氏之民歟！葛天氏之民歟！〈五柳先生傳〉[275]

〈勸農〉哲人伊何，時惟後稷。瞻之伊何，實曰播植。舜既躬耕，禹亦稼穡。遠若周典，八政始食。〈勸農〉第二[276]

「重華」指帝舜，「軒唐」指黃帝和帝堯，「羲農」指伏羲、神農，而陶淵明又自號羲皇上人，這種種跡象看來，都說明陶淵明嚮往的是上古太平盛世的年代，也是古〈擊壤歌〉所說：「日出而作，日落而息。鑿井而飲，耕田而食。帝力於我何有哉？」的時代。

然而這些理想世界，距離陶淵明是如此遙遠，因而在晉安帝義熙十四年劉裕弑司馬德宗，改立司馬德文為帝，又在改元元熙之後，[277]弑司馬德文。在這樣一個充滿血腥與爭權奪勢的時代，陶淵明徹底的失望了，只好從心中建構出「桃花源」以為心理上的補償。在〈桃花源記并序〉中，淵明將理想中的社會呈現出來，以〈桃花源詩〉來說：

嬴氏亂天紀，賢者避其世。黃綺之商山，伊人亦云逝。往跡浸復湮，來徑遂蕪廢。相命肆農耕，日入從所憩。桑竹垂餘蔭，菽稷隨時藝。春蠶收長絲，秋熟靡王稅。荒路曖交通，雞犬互鳴吠。俎豆猶古法，衣裳無新製。童孺縱行歌，斑白歡遊詣。草榮識節和，木衰知風厲。雖無紀曆志，四時自成歲。怡然有餘樂，于何

---

275 陶淵明〈五柳先生傳〉，陶淵明著，逯欽立校注《陶淵明集》第 175 頁。

276 陶淵明〈勸農〉第二，陶淵明著，逯欽立校注《陶淵明集》第 25 頁。

277 陶淵明〈陶淵明事詩文繫年迹〉，陶淵明著，逯欽立校注《陶淵明集》第 175 頁。本文關於詩文繫年問題，依據逯欽立〈陶淵明事詩文繫年迹〉為標準。

勞智慧。奇蹤隱五百，一朝敞神界。淳薄既異源，旋復還幽蔽。
借問游方士，焉測塵囂外？願言躡輕風，高舉尋吾契。[278]

在〈桃花源詩〉中，陶淵明從自身的生活體驗中，去建構自我最渴望的
理想世界，也就是從「農民」躬耕的經驗中所體會出，百姓的最基本要
求，就是能夠豐衣足食的過日子，再也沒有官吏的剝削，他說「春蠶收
長絲，秋熟靡王稅」，從稅制的不合理，讓我們想起柳宗元〈捕蛇者說〉
的片段記憶：

> 有蔣氏者，專其利三世矣。問之，則曰：「吾祖死於是，吾父死於
> 是，今吾嗣為之十二年，幾死者數矣。」言之貌若甚戚者。

> 吾祖居者，今其室十無一焉。與吾父居者，今其室十無二三焉。
> 與吾居十二年者，今其室十無四五焉。非死即徙爾，而吾以捕蛇
> 獨存。悍吏之來吾鄉，叫囂乎東西，隳突乎南北；譁然而駭者，
> 雖雞狗不得寧焉。吾恂恂而起，視其缶，而吾蛇尚存，則弛然而
> 臥。

> 孔子曰：「苛政猛於虎也！」吾嘗疑乎是，今以蔣氏觀之，猶信。

在這三小段文句中，可以點出捕蛇者的無奈，蔣氏冒著生命危險的捕蛇，
不是貪圖富裕的生活，只過是應付國家的重稅，而求得生活的溫飽而已。
在〈桃花源詩〉「童孺縱行歌，斑白歡遊詣。」描寫老少生活的愜意，又

---

278 陶淵明〈桃花源記并序〉，陶淵明著，逯欽立校注《陶淵明集》第 167 頁。

說「雖無紀曆志，四時自成歲。怡然有餘樂，于何勞智慧。」用以描寫一個沒有政府，不知歲月，不需要巧智，而怡然自得。總歸一句，就是回到淳樸任真的時代，這就是陶淵明的最大期待，換言之，也就是他對社會的關懷。

伍、結語

在陶淵明作品內容，大抵平和自然，表現出一種安於自然的沖淡生活，容易讓讀者忽略他也有慷慨激昂的一面。而這種相互衝突的性格，來自於陶淵明性格上的相互衝突。從家學淵源來看，他既是傳統儒生的崇拜著，有著兼善天下的雄心壯志，也希望能同遠祖陶侃一樣，闖出一番事業出來，而「少年罕人事，游好在六經」[279]就是事實的描述。然而「質性自然」[280]、「少無世俗韻，性本愛丘山」[281]也不是無病呻吟。這兩種相互衝突的人生規劃，不斷地糾結在陶淵明的內心，最後雖然屈服於「質性自然」，然仍有一股憤恨不平之氣激盪於胸臆，我們從詩集中的〈詠荊軻〉、〈詠三良〉、〈擬古〉、〈和劉柴桑〉、〈讀山海經〉等作品就可以看出一二。清代詩人龔自珍《己亥雜詩》中評論說：

> 陶潛詩喜說荊軻，想見〈停雲〉發浩歌。吟到恩仇心事湧，江湖俠骨恐無多。

---

279 陶淵明〈飲酒〉第十六，陶淵明著，逯欽立校注《陶淵明集》第 96 頁。
280 陶淵明〈歸去來兮并序〉，陶淵明著，逯欽立校注《陶淵明集》第 167 頁。
281 陶淵明〈歸園田居〉第一，陶淵明著，逯欽立校注《陶淵明集》第 40 頁。

陶潛酷似臥龍豪，萬古潯陽松菊高。莫信詩人竟平淡，二分〈梁甫〉一分〈騷〉。

龔氏說陶淵明「吟到恩仇心事湧，江湖俠骨恐無多」，點出陶淵明類於江湖俠義般的性格。又說他「二分〈梁甫〉一分〈騷〉」，將他比喻為諸葛亮隱居於臥龍坡，高唱〈梁甫吟〉，但內心卻充滿濟世的熱血；又說他像屈原，行吟澤畔吟〈離騷〉，而內心卻充滿憂國憂民的心思。本文以「社會關懷」為題，也基此點觀點，略抒陶情於一二也。或許人人心中都有一個陶淵明，也都有一個理想國的桃花源，只是這些信念都被世俗雜事糾纏的透不過氣來，屈原如此，諸葛亮如此，蘇東坡、辛棄疾……等人何嘗不是如此，這也是陶淵明難能而可貴之處吧！

（本文作者：蔣妙琴、葉建廷）

參考文獻

王光前，《陶淵明和他的作品》，高雄，前程出版社，1985 年 1 月。

阮元，《十三經注疏》，北京大學出版社，北京，2000 年。

杜甫著、仇兆鰲詳註《杜詩詳註》，北京，中華書局，1999 年。

余英時，《士與中國文化》，上海，上海人民出版社，2003 年。

周振甫《陶淵明和他的詩賦》，南京，江蘇出版社，2006 年 3 月

林玉書《臥雲吟草初集》，台北，龍文出版社股份有限公司，1992 年 6 月。

胡俊修、涂耀威〈知識份子的社會關懷─中國與西方的比較〉，湖北行政
　　學學報 2008 年第 2 期第 14 頁。

陶淵明著、逯欽立校注，《陶淵明集》，里仁書局，台北，台灣，1985 年。

張學君，〈論陶淵明亦隱亦俠的雙重人格〉，太原師範學院學報第四卷第
　　二期，2005 年 6 月，74-80 頁。

陳壽，《三國志》，台北，鼎文書局，1979 年。

魯迅《魯迅全集》第三卷，北京：人民文学出版社，2005 年 11 月

蔣妙琴〈試論陶淵明詩中的酒趣〉，《藝見學刊》第 12 期，2016 年 10 月

蔣妙琴，〈林玉書社會關懷詩初探〉，2010 安全管理與工程技術國際研討
　　會論文集，2010 年 11 月。

貳、　佛經音義篇

《新集藏經音義隨函錄》引《字樣》研究

壹、前言

　　魏晉六朝以來之文字紛亂現象，不利於漢字系統標準化之發展，本有待於書體書寫格式之統一，加以唐代為因應科舉制度之需求，特別講求文字書體之規範化，因而字樣學便順勢而生，成為當代之顯學。以今所知唐代字樣學規範之著作，即有顏師古《字樣》（或稱《顏氏字樣》）、顏元孫《干祿字書》、張參《五經文字》、唐玄度《九經字樣》、《群書新定字樣》、《正名要錄》等書，顯見唐代字樣學之發達。五代後晉可洪撰寫《新集藏經音義隨函錄》[1]，亦秉承唐代字樣學而來，對於手抄佛經於筆受與謄抄過程之訛誤部分，重新提出訓解。然辯證文字的正俗，必須有所依據，且合於當代世俗用字慣例，因而《可洪音義》中，常見可洪徵引《字統》、《說文》、《切韻》、《應和尚音義》、《孫愐韻》、《字樣》等相關字書與韻書以為依據。筆者檢索《可洪音義》引用《字樣》凡 89 例，其名稱含《字樣》、《九經字樣》、《五經字樣》、《顏氏字樣》四類，而以《字樣》為最通用之稱名。然本書所指《字樣》，究竟以何者為底本？又引用《字樣》的目的為何？未見相關討論之文章，故筆者擬就此議題，進行細部歸類，藉以瞭解可洪正俗字之觀點。

---

[1] 可洪《新集藏經音義隨函錄》，以下簡稱《可洪音義》。

貳、《可洪音義》稱引《字樣》界說

本節將針對《可洪音義》所引字例進行以下兩方面之分析，包含引用稱名分析、與《九經字樣》、《五經字樣》、《干祿字書》字例之比較，以確認本書《字樣》所依據之底本。

一、《可洪音義》引《字樣》稱名分析

考《可洪音義》全書徵引《字樣》凡 89 條，就其詳細名目而言，大抵可區分為以下四種類型：

（一）以《九經字樣》稱名：凡 2 條。

（二）以《五經字樣》稱名：凡 2 條。

（三）以《顏氏字樣》稱名：凡 1 條。（與《字樣》同出於一條）

（四）以《字樣》稱名：凡 85 條。

若從以上數據觀察，可洪以《字樣》稱名最為通用，而《九經字樣》、《顏氏字樣》、《五經字樣》之稱名，僅單獨出現於必須區別資料來源時，始特別標明，如「笑而：上私妙反。《九經字樣》作笑，亦無點。…《五經字樣》作笑也。」（K35n1257_p0008b04），此例《九經字樣》、《五經字樣》並出，故特別標明資料來源。「從冂：古營反，《字樣》從冂，音覓。…《顏氏字樣》作冥字」（K35n1257_p0516c12），此例《字樣》與《顏氏字樣》同出，故特別標明資料來源，僅《五經字樣》與《九經字樣》各有

一例例外[2]。至於《字樣》實指《九經字樣》，抑或《五經文字》，仍有待進一步推敲。

二、與《干祿字書》、《九經字樣》、《五經文字》字例之比較

　　《可洪音義》所稱引之《字樣》，經與《九經字樣》、《五經文字》、《干祿字書》三書所收字例比對後，除「味勾」一例無法確認資料來源外，其實際數據如下[3]：

（一）與《干祿字書》字例相同者：凡 10 例。然僅字頭相同，而字例內容完全不同。

（二）與《九經字樣》字例相同者：凡 15 例。字頭與字例內容完全相同。

（三）與《五經文字》字例相同者：凡 73 例。字頭與字例內容完全相同。

　　從以上歸納之資料分析，《可洪音義》所稱引之《字樣》條例，大致可得出以下三項結論：

（一）《可洪音義》所引《字樣》條例，與顏元孫《干祿字書》無關。

（二）《可洪音義》所引《字樣》條例，主要參考《五經文字》，並輔以

---

[2]　《可洪音義》：「槼薹：按《五經字樣》作薹，式甚反是也。」K35n1257_p0148c05（指高麗藏第 35 冊 108 頁 C 欄第五行。全書均如此標明出處，並附於引文之後，不另出註解。）又：「淵府：上烏玄反，水深也，正作淵。五（案當作九，傳鈔誤為五字也）經字樣作淵，以廟諱故省右畫也。」（K34n1257_p0650a01）

[3]　《可洪音義》雖徵引《顏氏字樣》一書，然該書已散佚，不列為參考。

《九經字樣》，二者字例若無重疊疑慮，則泛稱為《字樣》。

（三）若同條字條並引二書者，分別以《九經字樣》與《五經字樣》稱
之。

從本節兩項分析結果，可得知《可洪音義》所引用之《字樣》，為字
樣學專著之泛稱，主要是以《五經文字》為底本，而輔以《九經字樣》，
而著名之《干祿字書》，並未出現於《可洪音義》中，頗值得探討。

參、《可洪音義》稱引《字樣》釋例

《可洪音義》引用《五經文字》與《九經字樣》之目的，在於辯證
手抄佛經正字、通用字、俗字與訛字，以避免誤讀佛典原意，今就其所
引《字樣》89 條之內容分析，大抵可以分為以下幾類：

一、辨形構

「辨形構」者，旨在辨析正俗字體、分析字形結構、敘明字形變遷
或訛字等現象。

（一）辨析正俗字體

1. 鬥赤：上余誦反，使也。《字樣》作用，《說文》從上（案：
當作卜）從中，《切韻》作用。（K35n1257_p0665a04）

案：《說文》：「用，可施行也。从卜中。」（129 頁）[4]，《五經文

---

[4] 本文引用《說文》，皆以許慎撰、段玉裁注《說文解字注》，台北：洪業文化事業
股份有限公司，1999.11 為本，並於引文後註明頁次，不另出註釋。

字·用部》云：「用部，從卜從中，可施行。」（下卷四二）[5]，然隋唐俗寫用字常作「冉」字，如冉隋宋仲墓誌、冉唐周公祠碑[6]，故可洪以為當以「用」為正體，故云：「《字樣》作用。」

2. 蒙冥：《字樣》作蒙冥，從宀日矢作冥也，《切韻》作冥
同，莫瓶反，暗也。宀音覓，矢，阻色反，非六字也。
（K34n1257_p0655c06）

案：《說文》：「冥，窈也。从日六，从冖，冖亦聲。」（315 頁）段玉裁云：「謂甲至癸也，歷十日復加六日而月始虧，是冥之意，故从日六。」段氏敘明「冥」字從「六」，乃「歷十日復加六日而月始虧」，而可洪以為「冥」字當從「矢」字，從日矢以示陽光偏斜，日斜則漸夜而暗，故云：「按古經中冥字皆作冥也，從冖從矢，矢音側，日斜也。《字樣》及應和尚並云：從日從六日。數十、十六日而月始虧也。余謂无理矣。」考俗寫冥字作冥魏孝文帝弔比干文、冥魏元湛妻薛慧命墓誌、冥齊比丘尼慧承造像，【註 7】則「冥」字「從宀日矢」之說，當為六朝慣用之俗寫，可洪所據「古經」，乃沿襲此時期之寫法而來。又本條《字樣》之說，疑出於《顏氏字樣》，考本書云：「從冂：古螢反，《字樣》從冂，音

5　本文引用《五經文字》，皆以《中華漢語工具書書庫》第 12 冊所收《五經文字》，並於引文後註明卷次頁次，不另出註釋。
6　引自秦公《碑別字新編》頁 16。

覓。按古經作冥，字從冖從臭，臭音側，日斜也。從日矢
聲，日斜則漸夜而暗也。《顏氏字樣》作**冥**字，從（案：疑
脫漏矢字）字。」（K35n1257_p0516c12）然唐《五經文字·
冖部》云：「冥，從冖從日從六。」（中卷三十二）已從《說
文》作「從宀日六」構形，與本條《字樣》不同，而同於「《顏
氏字樣》作**冥**字」。綜上所述，「冥」字當以「從冖日六」為
正體，而以「從宀日矢」為俗寫也。

3. 何休：許牛反，人名也。正作休**休**二形，《字樣》无點。
    （K35n1257_p0524a02）

案：《說文》：「休，息止也。从人依木。」（272頁）六朝俗寫字
    喜於木上增點，如**休**魏三級浮圖頌、**休**魏蘇屯墓誌[7]，可洪
    引《五經文字·人部》：「休，象人息木陰，加點者非。」（上卷
    八），所以說明「休休」之正俗關係。

（二）正訛字

「正訛字」者，旨在修正手抄佛典訛誤字，而還原為本字，
茲舉字例如下：

1. 軌則：上居洧反。法也。《說文》、《字樣》從九。又音犯，
    恨。（K34n1257_p1003b06）

案：「軌則」者，本義為「法則」也，當以「軌」為正字。《說文》：

---

[7] 引自秦公《碑別字新編》頁112。

「軌，車徹也。从車九聲。」（735 頁）本指兩輪之間為軌，以其形制固定，引申而為「法」。字形為「從車、儿聲」，當從九聲為正，故《五經文字·車部》云：「軌，九水反。從八九之九，作軓非。」（下卷十七）可洪引《說文》、《五經文字》說明軌字當從「九」字為是，手抄佛經作「軓」字者，非也。

2. 麤堅：上倉胡反，踈也，大也，物不精也。正作麁也。麤者，行路遠也，警防也，鹿之性，患相背而食，慮人獸之害，故字從三鹿也。《字樣》云：相承以為麁，及蟲字作虫，不可施行於經典也。（K34n1257_p0659c06）

案：《說文》：「麤，行超遠也。从三鹿。」（476 頁）本指群鹿受驚嚇而跳躍之狀，可洪不從此義，而採後魏楊承慶《字統》云：「警防也。鹿之性，相背而食，慮人獸之害也。故字從三鹿。」而以「麁」字為「踈也，大也，物不精也」之本字，並引用《五經文字·鹿部》：「麤，千奴反。相承作麁，及蟲字作虫之類，不可施行於典籍。」（中卷二十九）段玉裁麤字下云：「鹿善驚躍，故从三麤。引伸之為鹵莽之偁。《篇》、《韵》云：不精也，大也，疏也。皆今義也。俗作麁，今人槩用粗，粗行而麤廢矣。粗音徂古切。」段玉裁從引申與假借之觀點說明麤為本字、麁為俗字、粗為假借之說，似較可洪之說合宜，「警防也。鹿之性，相背而食，慮人獸

之害也。故字從三鹿。」乃出於後人之推論也。

3. 不肎：音肯，《字樣》作肎。（K34n1257_p1060b05）

案：《說文》：「肎，骨閒肉肎肎箸也。」（179 頁），字體上形似「宀」字，可洪以 肎 字形變似「亼」字，乃以《九經字樣‧肉部》：「肎肯，克上骨閒肉肯著骨者。從肉從冎省。冎音寡。上《說文》下經典相承。」（頁六）以正之。

（三）釋形構之旨

「釋形構之旨」者，乃針對字形構件之造字意旨進行推敲。

1. 母邑：上莫口反，婦人總名曰母也。《字樣》作母，內兩點像乳也。（K34n1257_p1013b07）

案：《說文》：「母，牧也。从女，象裹子形。一曰象乳子也。」（620 頁）「象裹子形」者，謂兩手懷抱孩子之形，「一曰象乳子」者，則謂象女子乳房之形，許慎並存二說。可洪據《五經文字‧女部》云：「母，從女，象乳形。」（下卷十九）以「內兩點像乳也」釋「母」字形構也。

2. 笑而：上私妙反。《九經字樣》作笑，亦無點。字統云：從竹從夭，竹為樂器，君子樂然後笑也。《五經字樣》作笑也。夭音妖，舒悅也。（K35n1257_p0008b04）

案：笑字「從犬」抑或「從夭」，歷來爭議頗多，考《說文》：「笑，喜也。從竹從犬。」（200 頁）段注笑下云：

《干祿字書》云：咲通，笑正。《五經文字》力尊《說文》者也，亦作笑喜也，從竹下犬。《玉篇》竹部亦作笑。《廣韻》因《唐韻》之舊亦作笑。此本無可疑者。自唐玄度《九經字樣》始先笑後笑，引楊承慶《字統》異說云從竹從夭。竹爲樂器，君子樂然後笑。《字統》每與《說文》乖異，見玄應書。蓋楊氏求從犬之故不得，是用改夭形聲，唐氏從之，李陽冰遂云竹得風，其體夭屈如人之笑。

從段氏考證所述可知《說文》古本笑字從犬，至唐玄度《九經字樣》始改「從夭」，可洪取此說，乃謂「夭音妖，舒悅也」，而「舒悅」乃釋笑字從夭之構意也。

（四）明古今字形變遷

「明古今字形之別」者，說明二字構形皆為正體，僅為古今構形之差異而已。

1. 豪繪：《字樣》作豪，下苦外反。（K35n1257_p0650b10）

案：《說文》：「𧱭，𧱭豕，鬣如筆管者，出南郡。從希，高聲。豪，籀文從豕。」（460頁）則豪字《說文》籀文從高構形，隸變省作「從豕、高省聲」之「豪」字。可洪引《五經文字・豕部》：「𧱭豪，上《說文》，下經典相承，隸省。」（中卷二十七）以明古今字形變遷，

2. 道備：音俻，《字樣》作備，具也，皆也。《說文》從𤰇從用，

亟，居力反。（K35n1257_p0683c08）

備足：上皮秘反。具也，皆也。《字樣》作俻備二形。
（K34n1257_p0658b14）

案：《說文》云：「備，慎也。从人葡聲。」（375頁）則「備」字
　　本從「葡」字得聲。又《說文》云：「葡，具也。从用苟省。」
　　（129頁）則「葡」字又從「苟省」構形，而隸變始省作「莆」
　　也。可洪引《五經文字‧用部》：「俻備，上《說文》從亟，
　　從用。亟，己力反。下經典相承，隸省。」（下卷四三）說
　　明「俻備」古今字形之變遷業。

3. 敖慢：上五告反，矜慢在心口敖也。《字樣》作敖，《說文》
　　　　作敖，《禮記》曰：敖不可長是也。（K34n1257_p0812c07）

案：《說文》：「敖，出遊也。从出放。」敖字從「出」構形，以
　　示出遊之義，隸變後「出」字省略若「士」字。可洪引《九
　　經字樣‧攵部》：「敖敖，音翱。出遊也。上《說文》，下
　　隸省。」（頁十八）說明「敖敖」古今字形之變遷。

4. 鬀除：上他計反，除髮也。剃字同也。《字樣》及《孫愐韻》、
　　　　《說文》並作鬀也。《新韻》音弟，非。
　　　　（K34n1257_p0723c10）

　　鬀除：上他計反，除髮也。見《字樣》。又《切韻》作特計反，
　　　　　非此呼。（K35n1257_p0013b04）

剪鬀：他帝反，除髮也，正作剃。《說文》及《字樣》並作鬀，
音剃。《新韻》在弟字例中，悞。（K35n1257_p0633a05）

案：《說文》：「鬀，鬀髮也。从髟弟聲。」（433 頁）以「髟」表
頭髮，「弟」字表音，以示剃髮之義。而隋唐之時，已逐漸使
用「剃」為正字，如「剃髮：上他帝反，川音作鬀。」
（K35n1257_p0626b08）、「剃頭：上別本作鬀，非。」
（K35n1257_p0209c07），所謂「別本作鬀，非。」已說明「鬀」
已非習用之字，可洪引《五經文字·髟部》云：「鬀，他計
切。」（中卷十八），僅說明二字為古今變遷關係而已。

（五）避諱字

「避諱字」者，指因避廟諱而缺筆之字形也。

1. 水渆：烏玄反，正作淵。《字樣》云：「以諱，故省一畫。」
《字樣》作渆，作渆者訛。

案：《說文》：「淵，回水也。从水，象形。左右，岸也。中象水皃。」
（555 頁）則「淵」字當從水、𣶒聲，以避李淵之諱而缺右
筆，故可洪引《九經字樣·水部》云：「渆，深水也。從𣶒，
𣶒、古文淵。象水左水右岸中也。廟諱缺右畫作渆，訛。」
（頁十五）是也。

二、明假借

「明假借」者，所以說明二字間之假借現象也。

（一）酖毒：上直甚反。《字樣》云：借為鴆鳥之鴆也。又都合反。
　　　　（K34n1257_p0651b01）

　　酖餌：鳥名，有毒，以其毛歷飲食則煞人。《字樣》云：《春秋
　　　　傳》借為鴆鳥之鴆也。下人志反，食也。上又音躭。
　　　　（K35n1257_p0184c11）

　　酖人：上直甚反，鳥名也，正作鴆也。《字樣》作酖，《春秋傳》
　　　　借為鴆鳥字也。（K35n1257_p0649c02）

　　案：《說文》云：「酖，樂酒也。」乃以飲酒為樂也。又云：「鴆，
　　　　毒鳥也。」則所謂「酖毒」者，本指鴆鳥之羽有劇毒，以之
　　　　攪酒水中，飲之則殺人。《春秋傳》多借「酖」字表「鴆毒」
　　　　之義。可洪引《五經文字·酉部》云：「酖，丁合反，樂酒也。
　　　　今《春秋傳》借為鴆鳥之鴆。」（上卷四十五）、《五經文
　　　　字·鳥部》：「鴆，《春秋傳》以為酖。此字見酉部。」（中
　　　　卷三十一），所以明其假借之義也。

（二）虧冖：上丘隨反，下古營反。又按《字樣》音覓，按古經中冥字
　　　　皆作冥也，從冖從吳，吳音側，日斜也。《字樣》及應和尚並云
　　　　從曰從六日。數十、十六日而月始虧也。余謂无理矣。
　　　　（K35n1257_p0481c14）

　　冖聲：上古螢反，又按《字樣》音覓，謂冥字，從冖從日從六，
　　　　作冥也。（K35n1257_p0501c08）

從冂：從冂：古螢反，字樣從冂，音覓。按古經作冥，字從冖從
昊，昊音側，日斜也。從日矢聲，日斜則漸夜而暗也。
《顏氏字樣》作**冥**字，從（案：疑脫漏矢字）字。
（K35n1257_p0516c12）

案：冥字從冖日六構形，並以「冖」為聲符，手抄佛經假「冖」
為「冥」，故可洪參酌《五經文字·冖部》：「冥，從冖從日
從六。」（上卷三十二）以說明其假借關係。

（三）毒椹：正作蕈，音審，菌也。《字樣》作式甚反，《應和尚經音
義》作蕈，音審。《說文》云：似蓋蕈，《玉篇》、《切
韻》並作慈荏二反，椹又砧甚紉三音，非用也。宜依《字
樣》，音審也。

有蕈：音審，地菌也。應和尚亦音審。又按《字樣》作式甚反是
也。漢上及蜀並呼苗為審也。《玉篇》《切韻》並作懿荏
反，又作辭荏反，楚夏音訛耳。（K35n1257_p0601b10）

椹薁：上音審，菌生木上者也。亦云樹雞，亦云樹耳，如《寶林
傳》作樹耳是也。正作蕈，山南土俗亦為審。按《五經字
樣》作蕈，式甚反是也。《切韻》作慈荏反。下古盲反，
上又知林、食荏二反，並非也。律文俗用耳。
（K35n1257_p0148c05）

案：「毒椹」、「有蕈」、「椹薁」皆指「地菌」而言，當以「蕈」為
正字，可洪引《五經文字·艸部》云：「蕈，式甚反。菌也。

從冂：從冂：古螢反，字樣從冂，音覓。按古經作冥，字從冖從
昊，昊音側，日斜也。從日矢聲，日斜則漸夜而暗也。
《顏氏字樣》作**冥**字，從（案：疑脫漏矢字）字。
（K35n1257_p0516c12）

案：冥字從冖日六構形，並以「冖」為聲符，手抄佛經假「冖」
為「冥」，故可洪參酌《五經文字·冖部》：「冥，從冖從日
從六。」（上卷三十二）以說明其假借關係。

（三）毒椹：正作蕈，音審，菌也。《字樣》作式甚反，《應和尚經音
義》作蕈，音審。《說文》云：似蓋蕈，《玉篇》、《切
韻》並作慈荏二反，椹又砧甚紉三音，非用也。宜依《字
樣》，音審也。

有蕈：音審，地菌也。應和尚亦音審。又按《字樣》作式甚反是
也。漢上及蜀並呼苗為審也。《玉篇》《切韻》並作懿荏
反，又作辭荏反，楚夏音訛耳。（K35n1257_p0601b10）

椹薁：上音審，菌生木上者也。亦云樹雞，亦云樹耳，如《寶林
傳》作樹耳是也。正作蕈，山南土俗亦為審。按《五經字
樣》作蕈，式甚反是也。《切韻》作慈荏反。下古盲反，
上又知林、食荏二反，並非也。律文俗用耳。
（K35n1257_p0148c05）

案：「毒椹」、「有蕈」、「椹薁」皆指「地菌」而言，當以「蕈」為
正字，可洪引《五經文字·艸部》云：「蕈，式甚反。菌也。

《詩·覃》亦作覃。」（中卷五）為說是也。而「椹」字本義
為箭靶，假借為「桑葚」字，故《五經文字·木部》：「椹，
竹王反。射質也。見《周禮》、《詩》。或體以為桑葚字。」
（上卷八）可洪引《五經文字》之說，明其為假借字也。

三、審音讀

「審音讀」者，指辨別文字聲音異讀、誤讀之現象。以下區分為「存
異讀」與「辨誤讀」兩類述之。

（一）存異讀

《可洪音義》引《字樣》以釋其異讀者如「麑」字六條、「笒」字二
條、「艸」字二條，茲舉例如下：

1. 麑鹿：上音迷，鹿兒也。出《應和尚音義》。又《字樣》及《切韻》
   並作五兮反。（K34n1257_p0672c04）

   麑鹿：上莫兮反。又《切韻》及《字樣》並作五兮反。
   （K35n1257_p0277b13）

   麑鹿：上莫兮反。又《切韻》及《字樣》並作五兮反。
   （K35n1257_p0277b13）此例與上一字例同頁不同條。

   麑鹿：上音迷，出《應和尚經音》。又《切韻》及《字樣》並五兮反。
   （K35n1257_p0278a14）

   孤麑：上古胡反，下音迷，鹿兒也。又《字樣》及《切韻》並作五兮
   反，鹿需子也。（K35n1257_p0307b04）

麛卵：上音迷，鹿兒也，与麑字同也，出《應和尚經音義》。又《切
　　韻》、《字樣》並依五兮反。麚麛，鹿子也。

案：考玄應《一切經音義音義》云：「麛鹿：又作麑同，莫鷄反，麛
　　鹿之子也。」[8]「麛」、「麑」為一字之異體，字義為「麚鹿之子」，
　　讀為「莫鷄反」，可洪讀若「迷」字。然《切韻》、《字樣》則
　　另有有「五兮反」音讀，即為《五經文字·鹿部》：「麛，牛兮反。
　　狻麛，獸名。」（中卷二十九）「五、牛」並為《廣韻》牙音疑紐
　　字，「五兮反」讀若「倪」字，《可洪音義》云：「麛鹿：上音迷，
　　出《應和尚音義》，亦作麑也。切韻音倪。」是也。可洪引《切
　　韻》、《字樣》「五兮反」之說，所以存異讀也。

2. 為笴：古旱反，又《字樣》音槀也。（K35n1257_p0528b08）

　盖笴：古旱反，又《字樣》音槀。（K35n1257_p0533c11）

　案：《五經文字·竹部》云：「笴，音槀，箭榦也。見《周禮》」（中
　　卷十四），則《字樣》以「笴」為箭榦，讀為「槀」字，而《可
　　洪音義》則以「笴」為「古旱反」，讀為「稈」字。考《廣韻·
　　旱韻》云：「笴，古旱切。簳、同上。」與《可洪音義》同，可
　　洪引《字樣》所以存異讀也。

3. 金丱：古猛反，見《字樣》、《說文》、《孫恒韻》。《說文》亦作
　　卝，金璞也，與礦同也。又串卵二音，非呼也。
　　（K34n1257_p0685a05）

金屮：古猛反。 璞也。《字樣》作屮，《切韻》作釟砒礦鑛四形。
又戶猛反，未成器也。

案：「屮」字一形四音四義：其一，指金璞，字或作礦鑛釟三形，《廣
韻‧梗韻》：「礦，古猛反，金璞也。鑛，上同。釟，古文。」
[9]是也；其二指鬠角，《廣韻‧諫韻》：「屮，古患反，鬠角也，
幼稚也。」[10]是也；其三，指金玉未成器，《廣韻‧梗韻》：「屮，
金玉未成器也，呼瞢反」[11]是也；其四，卵生，《廣韻‧緩韻》：
「卵，《說文》云：凡物無乳者，卵生。」[12]是也。可洪以「金
屮」當只金礦而言，故引《五經文字 丫部》：「丨，古患反。見
《詩》風。《字林》不見。又古猛反，見《周禮》，《說文》以為古
卵字。」（中卷十二）而取用「古猛反」之說。

（二）辨誤讀

《可洪音義》引《字樣》以辨其誤讀者如「乾」字一條。

1. 不軋：音干，正作乾字。從乾從乙。又音軋。《字樣》云：干虔二音為
   字一體，今俗分別作軋音虔，作乾音干，悞也。乾，古案反。
   乙，烏入反。（K35n1257_p0294c01）

案：《說文》云：「乾，上出也。从乙。乙，物之達也。乾聲。」（747

---

9 陳彭年撰、余迺永校注《新校互註宋本廣韻》頁 317。
10 陳彭年撰、余迺永校注《新校互註宋本廣韻》頁 405。
11 陳彭年撰、余迺永校注《新校互註宋本廣韻》頁 317。
12 陳彭年撰、余迺永校注《新校互註宋本廣韻》頁 285。

雙魚齋讀書劄記

頁），又《干祿字書》：「乹乾乾：上俗中通下正，亦乾燥。」[13]則「乾」為正字、「乹」為通用字、「乹」為俗字，兼具「干、虔」二音，為一字之異讀。然俗讀為區別「上出」與「乾溼相對」之義，遂以「乹音虔」、「乾音干」別之，可洪引《九經字樣·難辨部》云：「乾，音虔，又音干。上從乹，乹音幹；下從乙，乙音軋。乙謂草木萌甲抽乙而生。乹謂日出乹乹也。故曰乾為陽，陽能燥物。又音干。干虔二音，為字一體，今俗別作乹，音虔；作乾，音干，誤也。」（廿六頁）所以辨其誤讀也。

四、明古今詞義變遷

「明古今詞義變遷」者，指同一字形，古今詞義隨時代而變化轉移也。

（一）僮子：上徒東反，男未冠者也。《字樣》云：「男有罪曰童，古作僮。今經典相承為僮僕字也。」（K34n1257_p0839a05）

憧真：上徒東反，正作僮也。《字樣》云：古以僮為童。（K34n1257_p0814a01）

案：《說文》：「僮，未冠也。」（369頁）又「童，男有辠曰奴，奴曰童，女曰妾。」（103頁）則古以「僮」為「僮子」，以「童」為「童僕」字，而隋唐時期則反之，故《干祿字書》云：「童

---

[13] 顏元孫《干祿字書》頁三。

僮：上童幼，下僮僕，古則反是，今所不行，」[14]而段玉裁於僮字下亦云：「按《說文》僮童之訓與後人所用正相反，如種種二篆之比。今經傳僮子字皆作童子，非古也。」可洪引《九經字樣‧人部》：「僮，音同。未冠也。從人從童。男有罪曰童，古作僮子。今經典相承以為僮僕字。」（頁三）所以明古今詞義之變遷也。

（二）暑濕：失入反，正作溼溼二形也。又他合反，兗州水名也。《字
　　　樣》云：經典相承以為燥溼之溼，則以漯為溼，非也。又
　　　川音作㗌，音習，非也。（K35n1257_p0529b07）

　案：《說文》：「濕，濕水，出東郡東武陽，入海。」（541頁）則
　　　「濕」字本指兗州水名，又《說文》云：「溼，幽溼也。从一。
　　　覆也。覆土而有水，故溼也。」（564頁）則燥溼之溼當從此。
　　　然手抄佛經多假「濕」為「溼」，故可洪引《五經文字‧水部》：
　　　「瀙濕，他市反。上《說文》，下經典相承隸省。兗州水名。
　　　經典相承以為燥濕之濕，別以漯為此字。」（下卷二）以明「濕
　　　溼」詞義之變遷。

---

[14] 顏元孫《干祿字書》頁二。

雙魚齋讀書劄記

肆、結論

　　研究唐代字樣學之發展與成果，固然需借重顏元孫《干祿字書》、張參《五經文字》與唐玄度《九經字樣》之規範化字樣，以瞭解字樣學之具體呈現，然而漢字系統之發展，本身卻是動態模式之呈現，五代後晉可洪《新集藏經音義隨函錄》，雖屬隋唐字樣學範疇，然正俗觀念已逐漸產生新思維，以本文所討論之「剃」字而言，《五經文字》猶繼承《說文》之說，奉為正體，然《可洪音義》卻以「剃」字為正，而以「鬀」為「剃」之異體字，此正異體之變動，足以說明漢字動態變化之特色。他如《干祿字書》對字樣學之發展如此重要，卻不為可洪所引用，甚為異事，都足以讓研究者多費心緒思考。本文依《可洪音義》所引用《字樣》條例之內容，區為為四大項九小類，包括「辨形構」、「明假借」、「審音讀」、「明古今詞義變遷」，或可提供研究中古語言之參考。尚祈方家，不吝賜教。

參考文獻

一、專書

〔漢〕許慎撰、〔清〕段玉裁注《說文解字注》台北：洪葉文化事業股份有限公司 1999 年 11 月

〔南梁〕顧野王《大廣益會玉篇》北京：中華書局，1987 年

〔唐〕顏元孫《干祿字書》中華漢語工具書書庫》第 11 冊　安徽：安徽教育出版社 2002 年 1 月

〔唐〕張　參《五經文字》《中華漢語工具書書庫》第 12 冊　安徽：安
　　徽教育出版社 2002 年 1 月

〔唐〕唐玄度《九經字樣》《中華漢語工具書書庫》第 12 冊　安徽：
　　安徽教育出版社 2002 年 1 月

〔後晉〕可　洪《新集藏經音義隨函錄》《高麗大藏經》第 34 冊、35 冊
　　台北：新文豐出版公司，1981 年。

〔宋〕陳彭年編纂、余迺永校注《新校互註宋本廣韻》上海：上海辭書
　　出版社 2000 年 7 月

丁福保《說文解字詁林》北京：中華書局 1988 年 04 月

秦　公《碑別字新編》北京：文物出版社 1985 年 07 月

二、網路資料

大正新脩大正藏經（電子版），中華電子佛典協會（CBETA）
　　http://buddhism.philosophers.org/

小學堂文字學資料庫 http://xiaoxue.iis.sinica.edu.tw/

中華大藏經（中華書局版）網路版，台北版電子佛典集成。
　　http://taipei.ddbc.edu.tw/

異體字字典　中華民國教育部。http://dict.variants.moe.edu.tw/

雙魚齋讀書劄記

《可洪音義》引《說文》論同形異義詞釋例

壹、前言

　　文字之功能在於記錄語言，且忠實地將語言訊息傳達於溝通之雙方，然以有限數量之文字，承載無限思維之語言，必然產生衝突與矛盾，以妥協為手段，將語言與文字之發展調整為同步，實為必然之途徑。分析先秦兩漢載籍協調語言與文字之法，不外假借與引伸二途，故訓詁闡明典籍詞義，大抵斟酌於本義、引伸義、假借義之間。然單就文字系統而言，則較語言系統背負更巨大之變動，以本文所討論之《可洪音義》而言，後晉可洪梳理方山延祚寺所藏佛家手抄佛典，年代從西晉以迄五代，前後綿延近千年之久，僅就漢字系統而言，書體亦經小篆、隸書、楷書三階段之變動，加以六朝隋唐俗字訛替滋生，過於鄙俗，漢字所承載之詞義，恐非僅以本義、引伸義、假借義即可闡釋清楚。可洪遍覽佛典，深知其蔽，遂花費十年功夫點校經典，獨立完成《可洪音義》之巨作，以供後人觀察西晉以迄隋唐文字變遷之規律與民間書手書寫習慣之軌跡，其涉及之文字聲韻訓詁之問題，既深且廣，若就本文討論之「同形異義詞」而言，即是綜合語境之變遷、漢字書體演變、書手俗字滋生鄙俗等因素，而妨礙讀者對於經意之閱讀。由於同形異義詞於其間扮演頗為重要之角色，而前人對於此議題之論述蓋寡，故本文擬以《可洪音義》引《說文》之條例為分析對象，以作為研究西晉以迄隋唐同形異義詞之試金石。

150

貳、前賢對同形異義詞之觀察

對於同形異義詞之認知，漢人於訓詁典籍時即已發現此特殊現象，而歷代學者亦或多或少有些許論述，故本節擬就同形異義詞之界說進行探討，並歸納其具體成果。

一、許慎對同形異義詞的觀察

對於「同形異義詞」現象之觀察，始於東漢許慎《說文》，然許書屬字典性質，故有關「同形異義詞」之呈現，則分述於字例之下，就其型態而言，可分為以下兩種：

（一）古今漢字書體演變所呈現的同形異義詞

《說文》收萬餘字，若依書體則「今敘篆文，合以古籀」，由於古籀篆屬歷時性之變化，而漢字造字亦非一人一時一地之作，同一形體兼容二義之情形，勢所難免，凡古文、籀文、篆文之間的造字重疊現象，即所謂歷時性之「同形異義詞」，例如：

1. 墉，城垣也。从土庸聲。𩫱，古文墉。（695 頁）[15]

   𩫱，度也。民所度居也。从回，象城𩫱之重，兩亭相對也。（231頁）

   考墉的古文作「𩫱」與「民所度居也」的𩫱城同形，是古文與篆

---

[15] 本文引用《說文》資料，除特別註明外，均為許慎撰、段玉裁注《說文解字注》。凡引用《說文》資料，均於末尾標註資料出處頁次。

雙魚齋讀書劄記

文重疊，然「城垣」的「𡍄」字已經是歷史陳跡，並不會擾亂篆文「𡍄」
的表義能力，屬於歷時性問題。

2. 沇，沇水。从水允聲。 𠫔，古文沇如此。（532頁）
   𠫔，山閒陷泥地。从口，从水敗兒。（62頁）

考「𠫔」字在古文系統為水名，在小篆系統則為「山閒陷泥地」，
是古文與篆文重疊，然沇水的「𠫔」字，「小篆作沇，隸變作兗」[16]，
故古文「𠫔」字只是歷史陳跡，並不會干擾訓為山間渥地的小篆「𠫔」
字。

3. 嬌，順也。从女 喬 聲。𡡓，籀文 嬌。（624頁）
   孌，慕也。从女 𤔔 聲。（628頁）

考「𡡓」在籀文為「順也」之義，於小篆則為「慕」意，故段玉
裁云：「此篆在籀文為 嬌，順也。在小篆為今之孌，慕也。」[17]段玉裁
體認出同形異義詞的關係，並非一字的異體，亦非誤植的重出字，乃
因漢字系統在歷時演變過程中所產生的異義同形現象， 因而建議「凡
許書複見之篆皆不得議刪」的精闢看法。他如：蕨之古文作「剔」
[18]，與銳之籀文作「剔」[19]同形；童、竊二字從古文疾作「廿」與「二十
并」之「廿」同形等，皆屬此類。

---

16 段玉裁《說文解字注》第 532 頁。
17 段玉裁《說文解字注》第 628 頁。
18 段玉裁《說文解字注》第 38 頁。
19 段玉裁《說文解字注》第 714 頁。

（二）漢字優化[20]所產生的同形異義詞

　　共時性質的同形異義詞，乃指同一漢字系統下的重形現象，在語詞運用時，多以一形多音多義的型態出現。就漢字演變過程而言，當新的漢字系統成形時，都是對於上一 漢字系統進行優化調整的結果，以達到使用最少量的漢字構件，完成最大數量的漢字，因而部分形體相近的構件，遂合為一體，以形體重疊形式出現，例如隸書系統的「暴」字，在小篆時分別為「日出廾夲」的「暴」躁與「日出廾米」的「暴」曬，二者音義不同，形體相近，在隸書系統進行優化時，將其併為「暴」字，因而形成同形異義詞的現象，就《說文》小篆而言，許慎早已發現這種現象，例如：

1. ｜，下上通也。引而上行讀若囟，引而下行讀若退。（20頁）

　　　許慎認為「｜」字在小篆系統中，為三義、三音而重形的現象，「上下通也」讀為古本切，「引而上行」讀若囟，「引而下行」讀若退，所以段玉裁云：「可上可下，故曰下上通。……凡字之直，有引而上，引而下之不同。若至字當引而下，不字當引而上，又若才中木生字皆當引而上之類是也。分用之則音讀各異。」[21]

2. 比，相與比敘也。从反人。匕，亦所以用匕[22]取飯，一名柶。（388頁）

---

20 所謂「漢字優化」，指文字演變過程中，為達成易識、易寫與易讀之目標，對漢字系統進行調整之過程。

21 段玉裁《說文解字注》第20頁。

22 匕，原作比，段玉裁《說文解字注》云：「比當作匕。」依《說文》：「柶，匕也。」（20頁）則取飯之器當作匕，段說是也，故據以改正。

考《說文》匕部所從字，「匙」字取飯器之匕，其餘「𠤕、𠤼、頃、𠤽、卬、卓、艮」等字皆取「相與比敘」或引伸為「傾側」之義，故「匕」乃同形異義詞。

3. 淟，河津也。在西河西。从水垂聲。（549頁）

　唾，口液也。从口垂聲。淟，唾或从水。（56頁）

考「淟」為「河津」，「唾」為「口液」，二者有別，然唾字小篆或體作淟」，則與「河津」之「淟」重形，蓋俗寫慣例之同形異義詞也。他如「器」字之「品」乃「象器之口」（87頁），而非「眾口」之「品」，「𠀬，舌皃。……讀若三年導服之導。一曰竹上皮，讀若沾。一曰讀若誓。弼字從此。」（88頁）皆屬此類。

總體而言，許書所陳述之同形異義詞，其產生原因有二：其一，乃歷代書體演變堆疊之結果，其同形異義詞之現象乃歷史之陳跡，並非發生於同一語言環境之中，對於當代語言環境而言，並無衝突矛盾之處，唯閱讀前代古籍時，仍須關注當代語言環境中該字所承擔之詞義。其二，漢字在書體變化過程中，均會進行漢字構形優化之調整，故同一字形，偶有必須承擔雙重詞義之問題，故同一「匕」形，既是相與比敘之傾斜義，而 與「𠤕、𠤼、頃、𠤽、卬、卓、艮」等字相關，又是「飯匕」之「柶」，而與「匙、𠤮、皂」等字相關也。

二、段玉裁對同形異義詞的觀察

段玉裁箋注《說文》時，凡遇同形異義詞者，則隨例解說，就其觀

點可分為以下三類：

（一）古今漢字書體演變所呈現的同形異義詞

1. 嬌，順也。从女喬聲。《詩》曰："婉兮嬌兮。"變，籀文嬌。
   （624頁）

   變，慕也。从女戀聲。（628頁）

   　　考「變」之形體，《說文》兩出，學者多以為重出而刪之，然段玉裁則以為此乃籀文與篆文之同形異義詞，故云：「趙本、毛本刪之。因下文有變慕也，不應複出。不知小篆之變，爲今戀字，訓慕。籀文之變，爲小篆之嬌，訓順，形同義異，不嫌複見也。」段氏以「形同義異」論之，實合於古今漢字形體演變之規律也。

2. 沇，沇水。出河東垣東王屋山，東爲泲。从水允聲。㕣，古文沇如此。（532頁）

   㕣，山閒陷泥地。从口，从水敗兒。讀若沇州之沇。九州之渥地也。（62頁）

   　　考「沇」之古文作「㕣」，本義為沇州、沇水，與篆文「㕣，山閒陷泥地。」，乃漢字書體演變所產生之同形異義詞，故段玉裁沇字云：

   > 㕣各本篆作沿，誤，今正。臣鉉等曰：口部已有，此重出。按口部小篆有㕣。然則鉉時不從水旁也。口部㕣下曰：山閒淊泥地，從口，從水敗兒。蓋㕣字在古文則爲沇水、沇州。

在小篆則訓山閒洺泥地。如變字在籀文則訓順。在小篆則訓
慕。皆同形而古今異義也。古文作㕣,小篆作沇,隸變作兖,
此同義而古今異形也。[23]

段玉裁以古文、篆文、隸書觀察「㕣、沇、兖」的變化過程,而不
歸為形體重出的同形異義詞,是極為正確的看法。

(二)古今詞義錯置而用的同形異義詞

1. 醋,客酌主人也。从酉昔聲。(756頁)

   酢,醶也。从酉乍聲。(758頁)

   考小篆詞義系統,「醋」為酬醋,「酢」為截漿,二義本別,
   然後人以「酢」為酬醋,「醋」為截漿,形成二字詞義場錯置之現
   象,故段玉裁云:「按諸經多以酢爲醋,惟禮經尚仍其舊。俗人醋
   酢互易,如種穜互易。」[24]又謂:「酢本截漿之名。引申之,凡味酸
   者皆謂之酢。……今俗皆用醋,以此爲酬酢字。」[25]是也。

(三)漢字優化所產生的同形異義詞

1. 暴,晞也。从日出廾米。(310頁)

   暴,疾有所趣也。从日出夲廾之。(502頁)

   考「暴、暴」二字,篆文形音義皆別,而隸變合而為「暴」,

---

[23] 段玉裁《說文解字注》第 532 頁。

[24] 段玉裁《說文解字注》第 756 頁。

[25] 段玉裁《說文解字注》第 758 頁。

形成一形二義二音之現象，故段玉裁云：「考工記：畫暴諸日。孟子：一日暴之。引伸爲表暴、暴露之義，與本部暴義別。凡暴疾、暴虐、暴虎皆本部字也，而今隸一之。經典皆作暴，難於諟正。」[26]又謂：「按此與二篆形義皆殊，而今隸不別。此篆主謂疾，故爲本之屬。主謂日晞，故爲日之屬。」故隸書「暴」字乃在同一漢字書體下，兼載二詞義之漢字，爲共時性合併形近二字之同形異義詞也。

三、裘錫圭對同形異義詞的觀察

裘錫圭將「同形異義詞」命名爲「同形字」，謂凡同一字形而承載不同之詞義即屬之，故云：

> 同形字這個名稱是仿照同音詞起的。不同的詞如果語音相同，就是同音詞。不同的字如果字形相同，就是同形字。同形字的性質跟異體字正好相反。異體字的外形雖然不同，實際上卻只能起一個字的作用。同形字的外形雖然相同，實際上卻是不同的字。[27]

然而裘錫圭認爲一形承載多義之情形，依其來源又可區分爲狹義之同形字與廣義之同形字兩類，凡古今造字偶然相同之字，屬狹義同形字之範疇，裘氏舉例論述云：

> 範圍最狹窄的同形字，只包括那些分頭爲不同的詞造的、字形偶

---

26 段玉裁《說文解字注》第 310 頁。
27 裘錫圭《文字學概要》第 237 頁。

然相同的字。例如：古代有一個「鉈」字，當矛講。近代有一個
「鉈」，是秤砣之砣的異體。現代化學家又造了一個「鉈」字，用
作一種金屬元素的名稱。這三個「鉈」字就是屬於最狹義的同形
字之列的。[28]

同一「鉈」字，古今共造三次，而取義分別為「矛」、「秤砣」、「金屬元
素」，彼此並無詞義引伸、假借之關係，與《說文》沇水之古文作「㕣」，
而篆文「㕣」為山間陷泥地的情形相同。然而裘氏又認為，凡一形因詞
義引伸而承載二義者，亦屬於同形字之範圍：

> 範圍最廣的同形字，包括所有表示不同的詞的相同字形。按照這
> 種理解，被借字和假借字，如表示本義的「花」和表示假借義「花
> 費」的「花」，也應該算同形字。甚至用來表示本義的和用來表示
> 派生詞性質的引申義的同一個字，如當道路講的讀ㄒㄧㄥˊ的「行」
> 和當行列講的讀ㄏㄤˊ的「行」，也可以看作同形字。[29]

裘氏此說，已涉及訓詁學範疇，若專就文字學而言，此非新造字與舊字
重疊之關係，乃詞義之擴大形式，新詞義與舊詞義保持客觀之聯想性，
為「形同義近」之詞，故裘氏「範圍最廣的同形字」與本文二詞共用一
形者不同。其次，本文雖同意裘氏狹義同形字之說，然該內容僅涉及「古
今演變關係」，而無同一語言環境之「同形異義詞」之論，內容範圍較為

---

28 裘錫圭《文字學概要》237 頁。
29 裘錫圭《文字學概要》237 頁。

狹窄。

四、何茂活對同形異義詞的觀察

　　何茂活論說見於〈從《廣韻》看漢語中的同形異義詞〉一文，乃針對《廣韻》所收字進行同形異義之觀察，何氏云：

> 《廣韻》是在隋代陸法言《切韻》的基礎上，經多次增補修訂而成的一部官修韻書，長孫訥言稱其「酌古沿今，無以加也。」其中著錄的可以說是世代相積的古今方國之字，因此在所收的兩萬多字中多有我們所說的同形異義詞。[30]

文中引用長孫訥言「酌古沿今，無以加也。」之言，強調同形異義詞之產生，乃隨時代變遷而產生，就其所舉字例而言：

> 枕 1.直深切，「繫牛杙也。」，即拴牛的木椿。枕 2.章荏切，「枕頭也。」《說文》:「枕，臥所以薦首者。」[31]

乃謂同一「枕」字，而有「繫牛杙也」與「臥所以薦首者」之別，乃古今造字重疊，而取義有別之現象，又如：

> 鍼 1.巨鹽切，又巨淹切，今音qián，姓；又指用鐵鉗鑷取。鍼 2.職深切（zhēn），「同針。」《說文》曰：「所以縫也。」按《詩·

---

[30] 北華大學學報（社會科學版）第 11 卷第 2 期第 51 頁。
[31] 北華大學學報（社會科學版）第 11 卷第 2 期第 51 頁。

　　秦風・黃鳥》：「子車鍼虎。」中的鍼為「鍼1」。[32]

同一「鍼」字，而有「用鐵鉗鑷取」與「所以縫也」之異，亦古今造字
重疊，而取義有別之現象。總體而言，何茂活僅提出「古今變遷」為同
形異義詞產生之原因。

五、章紅梅對同形異義詞的觀察

　　章紅梅論說見於〈漢魏晉南北朝碑刻同形字辨識〉一文，章氏歸結
碑刻同形字產生之原因有三：

> 造成同形字的原因是多方面的。或者由於不同時代的人給不同的
> 詞造字，而字形偶合；或者由於漢字字體演變，造成筆畫變形，
> 構件訛混，結構變異，結果使得原本不同的兩個字，混成了一個
> 字；或者由於文字在使用層面，用字者改動字形，使本不相同的
> 字，變成同形。[33]

章氏以漢魏晉南北朝碑刻文獻觀察同形異義詞，除承續前人漢字字體演
變之說與古今造字偶合之現象外，並分析出漢魏晉南北朝字形混亂所產
生，用字者任意改動字體，而形成同形現象，如脩、循之俗寫並作「循」，
官、宦之俗寫並作「官」之類，值得研究石刻文獻者之參考。

　　總結諸家之言，謂同形異義詞的產生，皆因漢字系統隨時代變遷之

---

[32] 北華大學學報（社會科學版）第 11 卷第 2 期第 51 頁。
[33] 四川理工學院學報（社會科學版）第 20 卷第 2 期第 71 頁。

故，就其性質與內涵而言，可以分為四類：其一，以漢字系統變化時所產生的同形現象最為常見，譬如《說文》兼收古文、籀文、篆文三種書體，於是就出現同一「燮」字，而籀文釋為「順也」，篆文釋為「慕也」的差異；其二，即使是在同一漢字系統，由於世代相積累，不同地區、不同造字者，亦能產生同形現象，如砣、鍼等字；其三，古今詞義錯置互用，亦可形成同形異義詞，如酢、醋之屬；其四，用字者任意更改，使本不相類之字，偶合為同形，如官宦與脩循之屬。故類聚上述之說，雖未必通觀全面，然已可供研究歷代同形異義詞之參考。

參、《可洪音義》對同形異義詞的觀察

可洪撰作《可洪音義》之書，所據佛典文獻之字形載體而言，於書體歷經隸、楷之變；於楷書歷經唐代字樣學之正，其同形異義詞的內容，非酌古沿今可以概括，今參稽諸家之說，核之可洪引《說文》之例，第分以下四類：

一、古今漢字書體演變所呈現的同形異義詞

《可洪音義》引《說文》凡二百餘例，其中有因篆文詞義與楷書詞義不相類，因而形成古今漢字書體演變的同形異義詞，茲舉例如下：

（一）癘與癩

考《說文》小篆有「癘」而無「癩」，而云：「癘，惡疾也。从疒，萬省聲。」則「癘」專指個人惡疾而言，音賴。而流行疫疾則借用「厲」

字，故《說文》云：「禳，磔禳，祀除癘殃也。」[34]其後「癘」字為「癘疫」所專，後世乃另造「癩」字，故段玉裁《說文解字注》云：「按古義謂惡病包內外言之，今義別製癩字，訓為惡瘡，訓癘為癘疫。」然可洪所見手抄藏經「癘、癩」詞義互見。茲依詞義區分為兩大類：

1. 指流行疫疾者

　　癘字用為「癘疫」者，凡 6 例，且翻譯佛經年代均出自唐代，例如：

a. 有癘：力世反，瘴疫也。古為疥癩字。（01/20/01）

　　此例出自《大般若波羅蜜多經》，為唐玄奘所譯。

b. 災癘：力世反。（07/40/ 08）

　　此例出自《不空羂索神變真言經》，為唐菩提流志所譯。

c. 大癘：力世反，又音賴。（27/114/13）

　　此例出自《續高僧傳》，為唐道宣所撰。

2. 指個人惡疾者

　　依其使用文例可區分為三類：

a.「癩、癘」並用者凡六例：

　　(a) 癩病：上《說文》作癘，同音賴。（1/39/11）[35]

　　(b) 惡癘：音賴。惡疾也，與癩同。《說文》作癘。（2/45/01）

---

34 段玉裁《說文解字注》第 7 頁。
35 本文徵引《可洪音義》出處，皆於末尾以（冊／張／行）方式標示之。

(c) 白癩：音賴，瘡也。《說文》作癘。（05/04/06）

(d) 癘疾：上音賴，疾也。今作癩。《說文》作癘也。（26/37/5）

(e) 癘疾：上郎太反，與癩字同也，見《說文》也。又音例，非。
（27/117/09）

(f) 感癘：音賴。新韻作癩，舊韻、《說文》作癘。（27/45/10）

b. 癘字用為「惡疾」者凡 12 例，翻譯經文的年代從西晉至隋唐皆有，
若細分，則唐之前為 6 例，唐代為 6 例。例如：

(a) 癘創：上郎太反。（05/38/13）
此例出自《正法華經》，為西晉竺法護所譯。

(b) 感癘：音賴，新韻作癩，舊韻、說文作癘。（27/45/10）
此例出自《高僧傳》，為梁慧皎所撰。

(c) 癘疾：上郎太反，與癩字同也，見《說文》也。又音例，非。
（27/117/09）

此例出自《續高僧傳》，為唐道宣所撰。從同為道宣所撰的 a.之(e)
觀察，唐人對於「癘」之詞義，仍有部分混用現象。

c. 癩用為「惡疾」者凡 51 例，若細分之，從西晉至隋唐之前凡 13 例，
隋唐至五代為 38 例，則隋唐「癘、癩」已逐漸分流。若比較譯經
者，則「癘、癩」分用更加明顯，例如玄奘所翻譯的《大般若波羅
蜜多經》，已經完全分用，例如：

(a)「癘疫」用「癘」字 有癘：力世反，瘴疫也。古為疥癩字。

（01/20/01）

(b)「惡疾」用「癩」字

瘃癩：上古拜反，下郎逮反。（01/23/06）

癩病：上說文作癘，同音賴。（01/39/11）

疥癩：上古拜反，下郎割反。（01/40/06）

疥癩：上古拜反，下郎達反。（01/43/05）

癩疾：上郎蓋反。（01/49/12）

疥癩：郎達反。（01/50/05）

疥癩：郎達反。（01/53/05）

疥癩：上古拜反，下郎害反。（01/57/13）

癩病：上音賴，亦作癘。（01/59/04）

此外，若依玄奘所譯佛典而言，則「癩、癘」分用，無例外現象，是二字已漸有分流趨勢，然尚未為普遍化。例如：

疫癘：上唯隻反，下力計反。（03/50/09）《大乘大集地藏十輪經》

疫癘：上唯隻反，下力計反。（03/52/0/04）《大乘大集地藏十輪經》

灾癘：力世反。（11/16/06）《瑜伽師地論　彌勒菩薩說》

「癩、癘」二字於唐代雖有分流趨勢，猶有混用情形，然從五代佛經譯典觀察，則「癘、癩」已經完全分流，據此推論，則二字應於晚唐、五代之初完成分流，例如：

甲、創癩：上楚庄反，下郎太反。（02/06/02）

164

此例出自《道行般若經》，為後漢支婁迦讖所譯。

乙、疥癩：上音介，下音刺。（13/119/11）

此例出自《佛說罪業報應教化地獄經》，為後漢安世高所譯。

總而言之，可洪箋注佛經音義時，已觀察出「癘、癩」詞義因時代變遷，而出現同形異義詞的現象，故引《說文》為證，以引導閱經文者勿誤混合為一也。

（二）躶

考可洪引《說文》以論「躶」字詞條者凡几例，而說解詳略互見，茲陳述其字例如下：

1. 躶者：上胡瓦，正作裸倮二形。又郎果反。《說文》：赤躰躶裸也。風俗以為惡凵也。（03/65/05）

2. 躶形：上戶瓦反，淨也，無衣也，正作裸也。又郎果反，《說文》云：「赤躰躶裸也。」南方謂惡口也，非此呼。（09/73/01）

3. 躶形：上戶瓦反，全身無衣也。淨——也。正作稞也。又郎果反。《說文》：赤躰躶裸。非此呼。（12/102/13）

4. 躶其（琴案：其當作者）：上戶瓦。淨躶无衣也，正作裸也。又郎果反，《說文》： 赤躰躶裸也。非此呼。（12/106/09）

5. 躶形：上戶瓦反。無衣也。正作裸也。又郎果反，撿《說文》：赤體裸。俗謂惡口也，非呼。（13/4/13）

6. 如躶：戶瓦反。无求也。正作裸也。又郎杲反，《說文》：赤躰躶也。
   方言以為惡口也，非此呼也。（13/118/2）

7. 躶形：上胡瓦反。正作裸也。又郎果反，《說文》：赤躰躶裸。非。
   （20/97/11）

8. 躶彤：上郎果反，俗謂陰囊為躶也，古文作胞，像形字也。《說文》：
   赤體。躶裸也。又肥（琴案：肥當作胞）是身之少分，亦不合偏露其
   躶也。今宜作裸，音踝。裸即全體无衣也。（25/163/10）

9. **胆膝**：上徒早反，下胡瓦反，正作袓（琴案：袓當作袒），裸也。
   下又或作保，諸師並音躶，非所用也。躶，郎果反，《說文》云：赤
   體躶裸也。風俗皆謂躶惡口也，故非經用。（21/90/11）

依可洪之意，躶字詞義有二：

(1) 躶字音胡瓦切，或作戶瓦反。音同裸，本義為赤體躶裸也。

(2) 躶字音郎果反，或作郎杲反，音同踝。俗指陰囊，南方人口
    出惡言之語，故可洪云：「俗謂陰囊為躶也，古文作胞，像形
    字也。……胞是身之少分，亦不合偏露其躶也。」

蓋「躶」字本音「郎果反」，指赤體躶裸，至隋唐之時，用以指稱「陰
囊」者，亦造「躶」字，躶字兼赤體與陰囊二義，易混用為同一詞，故
閱讀佛典者以為不雅，乃破讀為「胡瓦切」，則躶字於隋唐之時，兼具「赤
體躶裸」與「陰囊」二詞之同形異義詞也。

二、詞義錯置而用的同形異義詞

《可洪音義》論詞義錯置的同形異義詞僅 1 例，凡 6 條，其中引《說文》疏證者僅 1 條：

1. 鹹酢：上音咸，下倉故反，正作醋。孫愐韻云：《說文》作酢也。（3/13/01）

2. 酢與：上倉故反，五味之數也，又音昨非。（12/14/03）

3. 釅酢：上魚欠反，下倉故反，醋味厚也，正釅醋。（11/16/14）

4. 訓酢：音昨（15/104/08）

5. 酬酢：曹作反，主人導飲曰酬，客奉主曰酢也。（16/19/04）

6. 酬酢：才作反，客奉主人曰酢也。（16/41/14）

1 至 3 條為「酨漿」，讀為「倉故反」，4 至 5 條為「客奉主人」，讀為「昨」，二者音義皆別。考玄應《一切經音義》云：

> 酬酢：又作醻，蒼頡篇作訓，同市周反，主荅客曰酬，客報主人曰酢（C057n1163_p038b16）[36]

則「酢」字已不當「酨漿」之義。又慧琳《一切經音義》云：

> 鹹酢：下麁素反，《蒼頡篇》云：酢，酸也。《說文》：醶也。又減

---

[36] 經文出處 C 起頭者代表高麗藏，為 CBETA 電子佛典集成之編號。C057n1163_p038b16 指高麗藏 / 第 57 冊 / 經號 1163__ / 第 38 頁 / b 欄 / 第 16 行。

反,從酉乍聲也。今俗用卻為酬酢字,藏各反。經文從昔作醋,
俗傳用為酸酢之字也,酢音昨,與《說文》相反也,二字互用不
定。《說文》、《玉篇》、《字統》皆音酢,倉固反。醋音酢,《切韻》
及時俗用即反,上音醋麁素反。(T54n2128_p0379a13)[37]

慧琳明言「經文從昔作醋,俗傳用為酸酢之字也,酢音昨,與《說文》
相反也,二字互用不定。」所謂「二字互用不定」,指出在經文上,「酢」
讀「藏各反」時則為「酬酢」義,讀「倉固反」時則為截漿之「醋」,需
識經文上下文文意決定其讀法。《可洪音義》引《說文》云:「酢,醶也。
從酉、乍聲。」[38]指以米、高梁等所釀製之酸性液體,即今人用以調味之
醋,故段玉裁云:「酢本截漿之名。引申之,凡味酸者皆謂之酢。」[39]而
醋之本義《說文》云:「醋,客酌主人也。從酉、昔聲。」乃今人所為酬
酢字,則「酢醋」二字今人錯置而用,故段玉裁云:「後人醋酢互易,如
種穜互易。」可洪從時人用法,乃謂酸鹹酢淡之酢,當用「醋」字也,
唯仍標註孫愐《唐韻》、《說文》載以古義之說。

三、異字混用的同形異義詞

(一)霰與霹

---

[37] 經文出處標示方法,採用中華電子佛典學會行首資訊。起頭為 T 者,指大正藏。
如 T54n2128_p0379a13 指大正藏 / 第 54 冊 / 經號為 2128__ / 第 379 頁 / a 欄/
第 13 行。

[38] 段玉裁《說文解字注》第 758 頁。

[39] 段玉裁《說文解字注》第 756 頁。

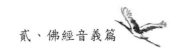

按《可洪音義》論「霰」字詞義凡 3 例，僅 1 例引用《說文》：

1. 飛霰：先見反，雨雪雜也。《說文》：積雪也。或作䨏霓二形，同。
   （30/29/04）

2. 如霰：蘇見反，雨雪雜下也。又霰星也，相摶如星也。（14/45/07）

3. 華霰：蘇見反，雨雪雜下也。（30/23/01）

考《說文》：「霰，稷雪也。從雨散聲。霓，霰或從見。」[40]「稷雪」乃積雪之貌，故段玉裁云：「稷雪，謂雪之如稷者。」而䨆字《說文》云：「䨆，小雨財零也。從雨鮮聲。」[41]乃小雨霝落之貌，二者有別。稽之玄應《一切經音義》云：

> 如霰：又作霓同，先見反。詩云：先集惟霰。傳曰：暴雪也。
> （C057n1163_p046c12）

慧琳《一切經音義》並同此說[42]，則霰為暴雪積雪之貌，《說文》或體作「霓」。然至五代後晉可洪之時，「霰」引伸而有「雨雪雜下」之意，並與小雨霝落之「䨆」字混用無別，故宋代所編字典，如《玉篇·雨部》云：「䨆，亦與霰同。」與《集韻·霰韻》云：「霰，亦作䨆。」又遼僧行均《龍龕手鑑·雨部》亦云：「䨆，蘇見反，訓同上（指訓同霰字）。又音斯，小雨也。」是以可洪乃謂「或作䨆霓二形」，則「霰、

---

[40] 段玉裁《說文解字注》第 578 頁。
[41] 段玉裁《說文解字注》第 578 頁。
[42] 慧琳《一切經音義》云：「如霰：又作霓同，先見反。詩云：先集惟霓。傳曰：暴雪也。（T54n2128_p0681b14）」

霖」二字古義不同，至五代乃形成異字混用之同形異義詞也。

四、俗寫混同的同形異義詞

六朝隋唐是文字俗寫訛字的混亂時期，因而呈現在此期的手抄佛經亦難免出現俗字訛寫的現象，形成與正字混同不清的情形，可洪箋注音義時特別標示正俗字混淆後的同形現象。

（一）瓜、苽、蓏

《可洪音義》引《說文》論「蓏、苽」俗寫混同者凡 7 例：

1. 菓蓏：郎果反。《說文》云：木上曰果，地上曰蓏。應劭云：木實曰果，草實曰蓏。張晏云：「有核曰果，無核曰蓏也。」（02/02/06）

2. 蓏：郎果反。《說文》云：「木上曰菓，地上曰蓏。」應劭云：「木實曰菓，草實曰蓏。」張晏云：「有核曰果。無核曰蓏。（04/65/04）

3. 蓏：郎果反。《說文》云：「木上曰菓，地上曰蓏。」應劭云：「木實曰菓，草實曰蓏。張宴云：「有核曰菓，無核曰蓏也。」（13/24/09）

4. 菓苽：郎果反。正作蓏也。《說文》云：「木上曰菓，地上曰蓏。」應劭云：「木實曰菓，草實曰蓏。」張晏云：「有核曰菓，無核曰蓏也。」又古花反。（08/22/13）

5. 菓苽：郎果反。正作蓏也。又古花反。《說文》作苽。（23/57/03）

6. 種蓏：古花反，正作瓜。《說文》作苽也。又郎果反，非也。（12/115/03）

7. 若苽：古花反，出《說文》。（15/66/14）

考《說文》：「蓏，在木曰果，在艸曰蓏。从艸瓜。」[43]與「苽，雕胡，一名蔣。从艸瓜聲。」[44]「瓜，蓏也。象形。」[45]有別。蓋藤生布於地者為「瓜」，而「蓏」為總名，段玉裁云：「謂凡艸結實如瓜瓞下垂者，統謂之蓏。」[46]可洪亦云：「郎果反，蔓實也。正作蓏。」[47]而「苽」則為「雕胡」專名。然「菓蓏」俗寫省瓜作「苽」者，全書凡 25 例，而俗寫「菓蓏」作「菓瓜」者，凡 3 例。「冬瓜」作「冬苽」者凡 3 例。而「種瓜」亦混同為「種蓏」，故可洪乃疏證之。

（二）鑐·鍇·揟

《可洪音義》論鍇字僅一例：

兩鍇：相朱反，如鎖中送鍇也，正作鑐字也。又相居反，鉤也。《說文》取水具也。正作揟。（13/09/07）

考《玉篇·金部》：「鑐，鎖鑐也。」《集韻·虞韻》：「鑐，鎖牡也。」《廣韻·虞韻》：「鑐，鎖中鑐也。」則鑐之本義為鎖中簧片，俗字作「鍇」。又據《廣韻·魚韻》：「揟，取水具也。相居反。」（琴案：可洪誤為《說文》[48]）則取水具當作「揟」，俗寫亦作「鍇」，故

---

[43] 段玉裁《說文解字注》第 23 頁。
[44] 段玉裁《說文解字注》第 36 頁。
[45] 段玉裁《說文解字注》第 340 頁。
[46] 段玉裁《說文解字注》第 23 頁。
[47] 可洪《可洪音義》833/06/57。
[48] 案《可洪音義》並無《廣韻》一詞，書中多以《新韻》、《舊韻》稱之，目前亦無相關之研究。然北宋陳彭年所編纂之《廣韻》，乃「廣《切韻》」之意，故《廣韻·魚韻》：「揟，取水具也。相居反。」亦前有所承，而可洪誤為《說文》也

可洪乃謂「又相居反，鉤也。《說文》取水具也。正作㪿。」是「鑐、㪿」俗寫並作「銷」，形成同形異義詞也。

（三）瞴、膴

瞴：音武，土地腴美膴〃然也。一曰：周原膴〃。字從月。從目者，《說文》微視皃也，非用也，悞。（26/32/08）

考《說文》：「瞴，瞴婁，微視也。」[49] 與「膴，無骨腊也。」[50] 有別，此云：「音武，土地腴美膴〃然也。」則當如段玉裁膴下云：「膴，無骨之腊，故其字從肉。無骨則肥美，故引伸爲凡美之偁。毛詩傳曰：膴膴，美也。」可洪以膴之俗寫作瞴，故辯證之也。

肆、結語

從第三節所論字例觀察，可洪對於「同形異義詞」的掌握相當正確，論述發前人所未發，本文以《可洪音義》爲證，雖字例不多，猶能睹見其價值者四：

一、可增補詞書辭例之不足

「躶」字詞書皆謂「赤體躶露」，如《玉篇・身部》：「躶，赤體也。亦作裸。」《廣韻》：「裸，赤體。《說文》曰：袒也。郎果切。躶，並上同。」《類篇・身部》：「躶，袒也。」而失收「陰囊」之意，可據可洪之

---

49 段玉裁《說文解字注》第 132 頁。
50 段玉裁《說文解字注》第 176 頁。

說補之。且「𩪤」字為避惡口之意，而破讀為「胡瓦切」，亦當增補。

二、可增補字典收字之不足

鎖中簧片之「鐻」與「取水具」之「𣪠」，俗寫並作作「鐍」字，而字典缺漏此字，當據補「鐍，相朱反，鎖中簧片也，正作鐻。又相居反，取水具也，正作𣪠」。

三、可增補漢字因俗寫之同形現象

如「蓏、苽、瓜」義近而有別，然「蓏」字俗寫或作「苽、瓜」，遂混為一體。「瞴、膴」因偏旁俗為「目、肉」不分，而混為一體。

四、可增補異字混用之同形現象

如「霰」為稷雪，「霳」為小雨財零，二字本別，其後霰字兼含雨雪散落之意，遂併霳於霰字之中，而形成同形現象。

參考文獻

趙克勤，古代漢語詞匯學，商務印書館，北京，2005 年。

蔣紹愚，古漢語辭匯綱要，商務印書館，北京，2005 年。

裘錫圭，文字學概要，萬卷樓圖書公司，台北，1994 年。

許慎著、段玉裁注，說文解字注，洪葉文化事業有限公司，台北，1999
年。

可洪，新集藏經音義隨函錄（高麗藏 34 冊、35 冊），新文豐出版公司，

台北，1982 年。

陳彭年著、余迺永校注，新校互註宋本廣韻，上海辭書出版社，上海，
　　2000 年。

何茂活，〈從《廣韻》看漢語中的同形異義詞〉，北華大學學報（社會科
　　學版），第 11 卷第 2 期，50 頁～55 頁，2010 年 4 月。

章紅梅，〈漢魏晉南北朝碑刻同形字辨識〉，四川理工學院學報（社會科
　　學版）第 20 卷第 2 期，71 頁～74 頁，2005 年 6 月

中華電子佛典學會 http://www.cbeta.org/index.htm [10]CBETA 電子佛典
　　集成 http://tripitaka.cbeta.org/

論《新集藏經音義隨函錄》
引《說文》之價值

壹、前言

　　傳世《說文解字》（以下簡稱《說文》）版本，以五代徐鍇《說文解字繫傳》為最早，俗稱小徐本（以下簡稱小徐本），而北宋徐鉉校正《說文解字》為官刻本，流傳最廣，俗稱大徐本（以下簡稱大徐本），二徐本為研究《說文》之重要依據。此外，坊間以段玉裁經韻樓之《說文解字注》（以下簡稱段注本）流通最廣，一般引用《說文》者，多據段氏增補刪修為說。然三本《說文》異同優劣互見，學者稱引之際，宜審慎交互參看，以免誤疑脫漏之憾。蓋許慎於東漢撰寫《說文》之後，歷經六朝、隋唐、五代，傳抄謄寫之訛，勢所不免，加以中唐李陽冰（西元 721-787）以己意刊定《說文》（以下簡稱陽冰本），則《說文》已非許氏舊貌，至五代徐鍇（西元 920-974）一意排擠陽冰本，力圖恢復許氏舊刊，故陽冰本亦不復傳於世，今僅存見於小徐本〈袪妄〉篇中所載 56 條，以及正文稱引 2 條，而大徐本稱引陽冰本者，亦不過 11 條而已，如欲一窺唐人《說文》舊貌，除唐寫本木部殘卷與口部殘卷之外，輯錄唐代典籍引用《說文》之說，實為重要津梁。而可洪《新集藏經音義隨函錄》（西元 931 至 940 間撰寫）（以下簡稱《可洪音義》）之作，早於二徐之書，書中稱引《說文》多達二百多條，其中雖以文句參差為主，然「鬥、虎、本、

175

稟、綈、骨、蓍、玄、杼」諸字例之引文，多為今本《說文》所未見，蓋可洪去唐為遠，所見當為唐代李陽冰所刊定之《說文》，實有助於《說文》版本之研究，故本文擬分釋形異文字例與釋義異文字例兩節，考論《可洪音義》引《說文》之價值，以供學者校勘《說文》之參考。

貳、釋形異文字例

　　《可洪音義》引《說文》以釋漢字形構之例頗多，如「正，《說文》從一止」、「要，《說文》云：「象人腰從臼之形也。」等均未涉及版本問題，故不在本文討論之列。而「稟，從禾，亩聲」、「本，從木從丁」、「虎，從虍几」、「鬥，從兩卂」之說，皆今本《說文》所未見，可為校勘《說文》之用。茲分述如下：

一、《可洪音義》：「之稟：兵錦反，供穀也，賜粟也，與也。按稟亦承受也，《說文》：從禾，亩聲。」（26-71-12）[51]

　　案：「稟」字釋形，大徐本作「从禾从亩」（《詁林》5562 頁），小徐本作「從亩從禾」（《詁林》5562 頁）、段注本作「从亩禾」，（《詁林》5563 頁）[52]三本皆釋為會意字，而文句語序略有不同，

---

[51] 本文註明《可洪音義》之出處，一律以「冊/張/行」表示。例如（26-71-12）為第 26 冊第 71 張第 12 行。

[52] 本文引用二徐本、段注本資料，均取用丁福保《說文解字詁林》資料。根據《說文解字詁林》纂例，大徐本採續古逸叢書影印之北宋本，即俗稱「靜嘉堂本」，小徐本採用道光十九年祁寯藻刊刻本，段注本採用經韻樓原刻本。考上述三本均為《說文》最佳之版本。本文由於引用次數甚多，為減少註釋數量，均於引文之後以 8 號字標註（《詁林》頁次），如（《詁林》5562 頁），即表示《說文解字詁林 5562 頁。所標註之頁次，以北京中華書局 1988 年 4 月出版之《說文解字

若依《說文》通例，稟入亩部，當先云「从亩」，則小徐本與段注本為佳。然細審「亩稟廩」三字，乃一字之異體，故饒炯《說文部首訂》云：「自分亩稟為二義，又从稟注广以別之（案：指廩字而言），後人遂不知亩稟為一字重文矣。」（《詁林》5562頁）是也，依饒氏之說，則「稟廩」不當為「會意」，稟字應作「从禾，亩聲」，廩字應作「從广，稟聲」為是。徵之慧琳《一切經音義》（以下簡稱《慧琳音義》）所引稟字辭例凡十則，依其文例可分類為三：

（一）「從禾，亩聲」凡七例

《說文》：從禾，亩聲也。（T54n2128_p0317a23）[53]

《說文》：從禾，亩聲也。（T54n2128_p0341b05）

《說文》：從禾，亩聲也。（T54n2128_p0351a16）

《說文》：從禾，亩聲。（T54n2128_p0418b21）

《說文》：從禾，亩聲。（T54n2128_p0500a07）

《說文》：稟，賜穀也。從禾，亩聲。（T54n2128_p0616c04）

詁林》新編頁次為準。

[53] 本文經文出處註解方式，採用「中華電子佛典學會」電子檔資料及編號，並對照原經之掃瞄圖檔。其標註方式為「藏經／冊數／經號_頁數／欄位／行數」，以「T54n2128_p0317a23」而言，「T54」表示大正新脩藏第54冊，「2128」是經號，表示第2128部經，「p0317 a23」是頁次與欄位，表示第317頁a欄第23行經文。

《說文》：從 靣，從禾聲也。（T54n2128_p0332a05）

（二）「從禾靣」凡一例

　　《說文》：從禾 靣。（T54n2128_p0345a15）

（三）「從靣從禾」凡二例

　　《說文》：從 靣從禾。（T54n2128_p0666c07）

　　《說文》云：從 靣從禾。（T54n2128_p0584c07）

　　依以上文例觀察，慧琳所引《說文》文句，版本略有差異，而二徐本作「从禾从 靣」與「從靣從禾」亦各有所本。然就其呈現之次數比例而言，當以「從禾，靣聲」為常例，故丁福保《說文解字詁林》云：

> 《慧琳音義》一卷十七頁、六卷六頁、十八卷八頁稟注引《說文》「從禾，靣聲」，蓋古本如是，今二徐本改作「从 靣从禾」。（《詁林》5562 頁）

丁福保之說，亦以《慧琳音義》為本，其說可信。今《可洪音義》稱引稟字構形為「從禾，靣聲」，與《慧琳音義》相呼應，足證唐本《說文》有如此者，可為校勘今本《說文》之用。

二、《可洪音義》：「離 夲：上力義反，下布損反，今作 夲，正作 𡴩 也。
　　《字樣作 𡴩》，《說文》云：從木十，《切韻》云：從木 丁，舊韻云從木 丁，音下，无點。」（2-1-9）

　　《可洪音義》：「夲意：上布損反。一，根也，始也，下也，舊也。

《說文》：從木從丁作帀，字體也。」（10-79-5）

案「本」字二徐本並作：「本，木下曰本。從木，一在其下。」（《詁林》5872 頁）徐鍇注云：「一，記其處也。」指明「本」為指事，而非會意也，依徐鍇文意論之，徐鍇應見過「從木從丁」之版本，恐後人誤用，遂註明之也。段注本則改為：「本，木下曰本。從木從丁。」（《詁林》5872 頁）依段注云：

> 此篆各本作本。解云從木，一在其下。今依《六書故》所引唐本正。本末皆於形得義。其形一從木上，一從木丁，而意卽在是，全書如此者多矣。一記其處之說，非物形也。（《詁林》5872 頁）

考段氏以大徐為底本，並據戴侗所見唐本改為「從木從丁」也。稽之戴侗《六書故》末字下：「唐本《說文》口：本，从木从下；末，从木从上。郭忠恕同。以朱字例之，似是而實不然。」[54]則戴侗雖箋注唐本《說文》為說，然不以為是。徐承慶《說文解字注匡謬》亦云：「《六書故》引唐本《說文》：本，從木從丁，末，從木從上。而戴氏固云：似是而非。段氏偏取之以屢改許書，亦好奇之過也。」（《詁林》5873 頁），則亦以為段氏所改，甚為不妥。至鈕樹玉《說文段注訂》乃評之云：「按《六書故》引唐本，又云郭忠恕同，疑郭所造，非出自唐本也。《玉篇》本末二字並引《說文》，不作此形。」（《詁林》5872 頁）則鈕氏又疑戴

---

[54] 引自戴侗《六書故‧卷二十一‧第五頁》，文淵閣四庫全書‧經部二二〇‧二二六冊，台灣商務印書館出版。

侗所謂唐本者，乃北宋初郭忠恕所偽造。而王筠《說文解字句讀・本》云：「戴侗引唐本，本，從木從下：末，從木從上。此必李少溫邪！而郭忠恕用之甚久矣，人之好怪也。」（《詁林》5873頁）亦疑李陽冰所改。鈕樹玉、王筠之推論，雖較合乎本字之構形，然無直接證據推說，尚屬臆測之詞，難斷其是非。考《廣碑別字》所載〈唐大智禪師碑〉[55]本字作「夲」，乃「從木從十」，核之《可洪音義》此條作「《說文》云：從木十」與「《說文》：從木從丁」，則戴侗引唐本之說，非郭忠恕所偽造可知。余意以為，依《說文》釋形慣例，「末，從木，一在其上」、「朱，從木，一在其中」，則「本」字當云「從木，一在其下」是也。然唐人俗寫本字作「夲」，與《說文》「夲，進趣也。從大十。」字形混同，遂不易辨其是非，其後又有作「從木從丅」之「夲」，以及「丅」字尾筆上鉤作「丁」之「夲」，可洪註解云「音下，无點」，蓋謂「夲」從「丅」，非從「丁」，乃「下」字去其點也。綜上所述，《可洪音義》所載「從木從丅」之說，雖未必合於《說文》通例，然實為唐代《說文》版本之一。唐代至李陽冰刊定《說文》之後，後人多據以為《說文》正宗之本，五代可洪、徐鍇當見過李陽冰本說文，因而徐鍇立志刊正《說文》，撰《說文繫傳》正其說之非，而《可洪音義》撰於《說文繫傳》之前，採錄李陽冰之說，勢所難免，王筠云：「本，從木從下：末，從木從上。此必李少溫邪！」之說，從《說文》版本之流變過程而言，允為確論。而《可洪音義》之「從木從丅」之說，足以印證戴侗所見唐本之說，非郭忠恕所偽造也。

---

55 引自秦公、劉大新《廣碑別字》第23頁。

三、《可洪音義》：「𧆛鴿：上火古反，正作虎。《切韻》作虎，《說文》從
　　虍几。」（28-109-8）

　　案「虎」字二徐本作：「𧆞，山獸之君。从虍，虎足象人足。象形」
（《詁林》5186 頁）段玉裁改為「𧆝，山獸之君。从虍从儿。虎足象人
足也。象形」（《詁林》5186 頁），故二徐本與段注本之篆文「𧆝、𧆞」
與釋形「从虍从儿」與「从虍」均有差別之別，且段注本乃據大徐修正
而來，故段氏云：

> 已上八字，鉉本妄改，張次立復以鉉本改鍇本，惟《韻會》如是，
> 此古木之眞也。从儿，韵會作从几，此其誤已久耳。（《詁林》5186
> 頁）

　　考《韻會》為元代熊忠所撰，段玉裁乃據元代《韻會》所引《說文》
以改北宋大徐之說，王筠頗不以為不然，依《說文句讀》虎下云：

> 《韻會》引云：從虍從人，虎足象人足也。無象形句。案此當出
> 兩本，但有象形二字者，古本也。《韻會》所引，乃望文為義者改
> 之也。大徐不知，合而為一，文義遂不貫，先有虎而後有虎文之
> 虍，豈可謂虎從虍。且虎足豈象人足哉！（《詁林》5187 頁）

王氏認為大徐所據《說文》當有兩本，一本作「从虍从儿。虎足象人足
也」，一本作「象形」二字，而大徐誤合之也，然此說純係推論之辭，並
無直接證據為說。考《慧琳音義》虎字文例凡四則：

（一）《說文》云：虎者，山獸之君也。足似人足，故下從人。象形亦形
　　　聲字。（T54n2128_p0318b22）

（二）《說文》：獸君也。從虍，虍音呼，虎足似人足，故下從人，象形
　　　字。（T54n2128_p0575c04）

（三）《說文》：虎從虍，虎足似人足，象形字也。（T54n2128_p0528c18）

（四）《說文》：山獸之君也。從虍，足似人足，故下從人。
　　　（T54n2128_p0929b18）

則慧琳所見唐本《說文》當作「從虍，虎足似人足。象形」然亦或見作
「山獸名也。下從古人，虍聲。」（T54n2128_p0503b04）者，唯「從人，
虍聲」之說，未稱引《說文》而已。今考《可洪音義》作「從虍兀」，
與《慧琳音義》、《韻會》所引相同，段氏改「从虍」為「从虍从儿」，確
實較大徐本為佳。然《韻會》與《可洪音義》均作「兀」字，乃人之篆
文，而非「儿」也，故段氏之說應改為「从虍从人。虎足象人足也」是
也。《可洪音義》為五代典籍，去唐未遠，可視為唐人之抄本，其價值遠
在元代《韻會》之上，足為刊正《說文》之參考。

四、《可洪音義》：「斯諍：上都豆反，競也，爭也，正作鬭鬥（琴案：
　　　門當作鬥）二形也。《說文》云：字從兩刃（琴案：刃為䟽之訛，
　　　當作䟽。）相向也。」（10-15-3）

　　案：「鬥」字二徐本作「鬥，兩士相對，兵仗在後，象鬥之形。」（《詁
林》3416頁）段注本作「鬥，兩士相對，兵杖在後，象鬥之形。」（《詁

林》3416 頁）僅「仗杖」二字略有區別。然段氏以為此非許書之舊：

> 按此非許語也。許之分部次弟，自云據形系聯。鬥 鬨 在前部，
> 故受之以鬥。然則當云爭也。兩鬥相對，象形，謂兩人手持相對
> 也。乃云兩士相對，兵杖在後，與前部說自相戾，且文從兩手，
> 非兩士也。此必他家異說，淺人取而竄改許書。雖《孝經音義》
> 引之，未可信也。（《詁林》3416 頁）

段玉裁以為「兩士相對，兵仗在後，象鬥之形」當作「兩鬥相對，象形」
為是，而《孝經音義》「兩鬥相對也，象鬥之形。一 上對戟曰鬥」，雖較
大徐為佳，然未稱引《說文》，段氏以為不足為據。段氏此說，大抵獲得
徐灝與王筠之贊同，徐氏云：

> 箋曰：段說是也。然鬥字但取鬥 鬨 相合，非象形文。又《孝經
> 音義》曰：「兩鬥相對，鬥也。象鬥之形。亦未引《說文》。」
> （《詁林》3416 頁）

徐氏僅不同意段氏「象形」之說而已。王筠則云：

> 此部承鬥部之後，鬥部有鬨，以全書通例言之，當言从鬥 鬨，
> 而不然者，鬥訓執持，鬥訓戰陳，其形偶然相似，義則不然，故
> 變其文，所謂據形系聯也。（《詁林》3416 頁）

王筠雖同意段氏之說，猶言「以全書通例言之，當言从鬥鬨」，此「變
其文」而言。由此言之，徐灝與王筠對段說猶存有疑慮。及鄭知同《說

文商議》云：

> 鬥，當云：爭也，從鬫 匝 相向。今本不知何故改作如此。據《九
> 經字樣》引已然，知改久矣。《孝經音義》云此字從鬫，音飢逆
> 反，兩鬫相對也，象鬥之形。二士對戟曰鬥。唐以前蓋有二士對
> 戟之說，因鬫讀如戟，傅會言之。改《說文》者，則又緣隸體作
> 鬥，而認 **圡** 為兩士，冂為兵仗，直等諸馬頭人為長，人持十為
> 斗之荒謬耳。段氏謂注文當作爭也，兩鬫相對，象形意，乃依《孝
> 經音義》所云，亦不合本書。（《詁林》3419 頁）

鄭氏依據《九經字樣》、《孝經音義》所引，以為《說文》原本當云：
「鬥，爭也，從鬫 匝 相向。」為是。考《九經字樣》：「《說文》從
二鬫。鬫音戟，象兩士相對，兵仗在後也。」[56]則「兩士相對，兵仗在
後」之前當有「從二鬫」之說，惜僅為孤證，並無相關辭例可尋。然今
據《可洪音義》云：「鬥，競也，爭也。《說文》云：字從兩刃（琴案：
刃為鬫之訛字。）相向也。」與《九經字樣》相互印證，當為唐本《說
文》之舊，資料彌足珍貴，故唐本《說文》當云：「鬥，爭也。從兩鬫
相向也。」與鄭知同之說相似也，《可洪音義》可用為校勘《說文》之
參考。

---

[56] 引自唐玄度《九經字樣》第 79 頁。後知不足齋叢書本。

參、釋義異文字例

本節所討論之對象，以版本參差為主，若《可洪音義》：「《說文》：倒首也。」而今本《說文》：「《說文》：「㬜，到眥也。」僅「到、倒」用字不同，不在討論之列，而涉及唐本《說文》異同之字例含「杼、玄、蓍、骨、綈」五字，茲分述如下：

一、《可洪音義》：「論文㩉杼：下直與反，梭也。《說文》：持緯者也。」

　　（11-67-11）

　　案：「杼」字說解，二徐本作「杼，機之持緯者」（《詁林》6101 頁），段注本作「杼，機持緯者。」（《詁林》6102 頁）與《可洪音義》作「持緯者也」不同。考藏經音義引《說文》說杼之字義，意頗分歧，玄應《一切經音義》（以下簡稱《玄應音義》）徵引《說文》凡二則：

（一）《說文》：機持緯者。即今筬也。（Z57n1163_p0022b10）《出曜經》

　　　第一卷。

（二）《字林》：杼，機持緯者。（Z56n1163_p0972b05）

　　　　玄應一則說出自於《說文》，一則出自於《字林》，全書僅此二則，無法定其是非。《慧琳音義》徵引《說文》凡四則：

（一）《說文》：機持緯也。從木，予聲。（T54n2128_p0590a10）

（二）《說文》：機緯者，即今筬也。（T54n2128_p0787b15）《出曜經》第

　　　一卷。

（三）《說文》：持機緯也。從木，予聲。（T54n2128_p0836a20）

（四）《字林》：機持緯者。（T54n2128_p0624a16）

慧琳所引，除《說文》《字林》互見外，引文文句並不一致，而同出於《出曜經》第一卷之註解，《玄應音義》與《慧琳音義》徵引之出處並不一致。丁福保云：

> 福保案：慧琳《一切經音義》五十八卷十一頁、七十四卷八頁杼引《說文》：「機持緯者」。考本書「縢，機持絲者」「榼，機持繒者。」與杼字同例，皆無之字，今二徐本衍之字，宜刪。」（《詁林》2564 頁）

丁福保以慧琳引文及「縢、榼」二字文例為說，贊同段注本之刪改，而謂「二徐本衍之字，宜刪」。鈕樹玉《說文解字校錄》則云：

> 《一切經音義》卷十五、卷十七引並無之字，《玉篇》注亦無。《詩・大東・釋文》引作盛緯器，蓋誤。《正義》引作持緯者也，亦非。」（《詁林》2564 頁）

鈕樹玉遍引群書，以《一切經音義》、《玉篇》為說，亦贊同段注本之看法。然又提出《詩・大東・釋文》作「盛緯器」，《詩・大東・正義》作「持緯者也」並誤之論。考《詩・大東・正義》云：「杼，持緯者也。」[57] 其下文並引《釋文》作「盛緯器」，則孔穎達所見唐本《說文》有作「持

---

[57] 引自阮元校刻《十三經注疏》第 460 頁。北京・中華書局，1982.11

緯者也」者。又據北宋希麟《一切經音義》:「《說文》:杼,持緯也。」（T54n2129_p0955b03）與《可洪音義》相比,僅脫漏「者」字,則北宋希麟稱引《說文》,亦非二徐本《說文》,而較接近五代《可洪音義》所述,當為唐本《說文》之一無疑。若據《說文》通例而言,依「縢,機持絲者」「榎,機持繒者」之文例,則「杼」字宜作「機持緯者」為佳,然《可洪音義》「持緯者也」亦非無本之說,斷不可以文句參差論之,蓋所見唐本《說文》不同故也。

二、《可洪音義》:「縣與:上音玄,古文玄字也。《說文》:幽遠,黑而有赤色者謂之玄,像幽而覆之也。」（27-24-5）

案:經文「縣與」,可洪以「縣」為「玄」之假借,當作「玄與」,並引《說文》以釋其義也。考二徐本作「玄,幽遠,黑而有赤色者謂之玄。象幽而入覆之也。」（《詁林》4330頁）段注本作「玄,幽遠也。象幽而 入 覆之也。黑而有赤色者為玄。」（《詁林》4330頁）二者文句略有參差。段氏云:

（黑而有赤色者為玄）此別一義也。凡染,一入謂之線,再入謂之禎,三入謂之纁,五入為緅,七入為緇,而朱與玄,《周禮》、《爾雅》無明文。鄭注《儀禮》曰:「朱則四入與。」注《周禮》曰:「玄色者,在緅、緇之間,其六入者與。」按纁染以黑則為緅。緅,漢時今文禮作爵,言如爵頭色也,許書作纔。纔既微黑,又染則更黑,而赤尚隱隱可見也,故曰黑而有赤色。至七入則赤

不見矣。

段玉裁以為「幽遠」為玄之本義，而「黑而有赤色者爲玄」乃一曰之義，宜置於釋形之後。王筠《說文句讀》則云：「此玄之正義也。」（《詁林》4332 頁）並不贊同段氏之說，又云：

> 又案入字，似後人箋記誤入正文。象《字統》幽覆兩字，幽即鬱幽，『尗部，尗，配鹽幽尗也。』是也。凡鬱幽是物，必覆之，乃不泄氣。而受鬱之物，色必黯淡。與玄相似。如此說則是承黑而有赤色言之。（《詁林》4332 頁）

王筠依據「幽覆」之義，認為古本《說文》當作「象幽而覆之」即可，「入」字乃後人箋注語誤入者，此說與《可洪音義》所引《說文》相同，則《可洪音義》所引《說文》，非僅於字句參差而已，乃唐本《說文》之一，可佐證王筠之說，而段注本改易之說，恐未必符合《說文》之旨。

三、蓍（釋其義）

《可洪音義》：「𦸳為：上音尸，蒿屬。筮者為筴，《說文》曰：蓍生千歲，三百筮，易以為數。」（25-94-2）

案：大徐本云：「蓍，蒿屬。十歲百莖，易以為數。」（《詁林》1655 頁）小徐本云：「蓍，蒿葉屬。生千歲，三百莖。易以爲數。」（《詁林》1656 頁）段注本作「蒿屬。生千歲，三百莖，易以爲數。」（《詁林》1656 頁）則採小徐本之說，而去除「葉」字。朱文藻《說文繫傳考異》：「蒿

葉屬。《說文》作蓍屬，無葉字。」[58]（《詁林》1655 頁）是也。考慧琳《一切經音義》引《說文》蓍字凡兩則：

（一）《說文》云：蒿屬也。千載生三百莖。顧野王云：策用四十九莖也。《說文》：從艸，耆聲。（T54n2128_p0852b13）

（二）《說文》：蒿屬也。生千歲，三百莖也。從艸，耆聲。（T54n2128_p0909b23）

慧琳所引雖字句略有差異，然「千歲」、「三百莖」之說與小徐本無異。而《可洪音義》「蒿屬。《說文》曰：蓍生千歲，三百筮，易以為數。」皆可以證明大徐本「十歲百莖」之說，恐未必然也。而王筠《說文句讀·蓍》云：「《博物志》蓍千歲而三百莖。」（《詁林》1657 頁）徵之《博物志·雜說》：「蓍一千歲而三百莖，其本已老，故知吉凶。」[59]則大徐「十歲百莖」，當為「千歲三百莖」之誤也。慧琳《一切經音義》與《可洪音義》所引《說文》，皆有助於唐本《說文》原貌之研究。

四、《可洪音義》：「骨部：上古忽反，《說文》云：骨者，肉之核也，身也。」（10-16-12）

案：二徐本、段注本均作「骨，肉之覈也。从冎有肉。」（《詁林》4425 頁）而段注云：

---

[58] 《說文繫傳考異》作者，四庫全書本作「汪憲」，依朱文藻重校本《說文繫傳考異·序》所言，作者乃為朱文藻，故更正如此。

[59] 引自范寧《博物志校證》第 105 頁。

西部曰：覈，實也。肉中骨曰覈。蔡邕注典引曰：肴覈，食也。
肉曰肴，骨曰覈。《周禮》：丘陵，其植物宜覈物。注云：核物，
梅李之屬。〈小雅〉：殽核維旅。箋云：豆實菹醢也。籩實有桃
梅之屬。按覈、核古今字，故《周禮》經文作覈，注文作核，古
本皆如是。詩殽核，蔡邕所據魯詩作肴覈。梅李謂之覈者，亦肉
中有骨也。（《詁林》4425 頁）

段玉裁以「覈」指肉中骨，「核」指梅李之核，然「覈核」往往互借，故
云「覈、核古今字」，然《說文》說解當以正字為本，故宜用「覈」字為
佳。考《太平御覽》三百七十五卷：「《說文》曰：骨，體之質也，肉之
核也。」[60]與《可洪音義》「肉之核也」相同，則唐本《說文》亦有「肉
之覈也」與「肉之核也」之分，《可洪音義》非用字誤也。然就《說文》
釋義之通例，則以「肉之覈也」之本為佳。

五、《可洪音義》：「綈衣：上音提厚反，色淥而深。《說文》云：綈，赤
　　黃色也。」（28-79-5）

案：二徐本、段注本並作「綈，厚繒也。」（《詁林》12632 頁至 12633 頁）
　　與《可洪音義》「綈，赤黃色也」之說異。段玉裁云：

　　《管子‧輕重戊篇》：管子對桓公：魯梁之民俗爲綈。公服綈。
　　旣又對桓公：宜服帛去綈。然則帛薄綈厚可知也。《史記‧范睢
　　傳‧索隱》曰：葢今之紬。按非也。紬卽許之繼字。（《詁林》

60　引自《太平御覽》三百七十五卷。中華書局版第二冊，第 1728 頁。

190

12632 頁）

段玉裁引《管子‧輕重戊篇》以論「綈」之本義為「厚繒」。而《說文》論帛之顏色近於「赤黃色」者，則以「緹，帛赤黃色也。」（《詁林》12663 頁）、「緹，帛丹黃色也。」（《詁林》12662 頁）、「綠，帛青黃色也。」（《詁林》12651 頁）為近。考《慧琳音義》疏正綈字凡二例：

（一）《說文》云：綈，厚繒也。（T54n2128_p0864a18）

（二）《說文》：厚繒也。（T54n2128_p0914a21）

　　則「綈」之本義當以為「厚繒」為是。然《可洪音義》引「《說文》云：綈，赤黃色也」亦非無本，沈濤《說文古本考》云：「《御覽》八百一十六布帛部引：綈，赤黃色也。蓋古本一曰以下之奪文。」（《詁林》12632 頁）徵之《太平御覽‧卷八百一十六‧布帛部三》：「《說文》曰：綈，赤黃色也。《釋名》曰：綈，似蜴蟲之色，綠而澤也。」[61]則「綈，赤黃色也」亦當出於《說文》本文，綈取「蜴蟲之色，綠而澤」，蓋引伸之義也。而。《史記‧范睢蔡澤傳》：「赤綈綠繒」，以「赤」字形容綈字，而併言「綠」繒，則「赤綈」者，蓋「赤黃色」之帛也。再如古人以「綈緗」形容以淺黃色的絲質物所做成之書卷函套。凡此皆足以證明「綈」有「赤黃色」之義，而沈濤推論為「蓋古本一曰以下之奪文」，《可洪音義》所引可驗證其說也。

---

[61] 引自《太平御覽》第 3630 頁。

肆、結論

東漢許慎《說文》原貌已不可見，今人引用《說文》之說，多據二徐本與段注本為說，雖然二徐及段注錯誤甚微，直以為許慎原本讀之，亦無不可，然卷中猶不免摻雜徐、段主觀之說。徵之徐鍇撰作《說文繫傳》之前，雖有唐寫本木部殘卷與口部殘卷可相互參看，惜斷篇殘卷，僅餘一百餘字，難盡全功。而佛經音義，若《玄應音義》、《慧琳音義》稱引《說文》者，字句偶有增刪，猶存《說文》舊貌，前人考之甚詳。唯《可洪音義》流失中土，託付異邦，寄卷於《高麗藏》之末，顯為學者所知，故本文歸納《可洪音義》稱引《說文》凡二百餘條，舉出與釋形相關之「稟、本、虎、鬥」四字，與釋義相關之「杍、玄、著、骨、綈」五字，以考論今本《說文》與唐本《說文》之異同，而《可洪音義》所稱引之《說文》，往往較今本為佳，足為校勘《說文》之佐證。至如《可洪音義》引《說文》之全面考察，將另文討論之。

參考文獻

丁福保　說文解字詁林　北京：中華書局 1988 年 4 月

李　昉　太平御覽　北京：中華書局　1995 年 10 月

阮　元　校刻《十三經注疏》北京‧中華書局，1982 年 11 月

秦公等　廣碑別字　北京‧國際文化出版公司 1995 年 08 月

張華著，范寧校證　《博物志校證》　北京‧中華書局　1980 年 01 月

戴　侗　　六書故　四庫全書第 226 冊　台灣商務印書館

中華電子佛典學會　http://www.cbeta.org/index.htm

《新集藏經音義隨函錄》在研究俗字上的價值

壹、前言

在研究文字學的領域中，俗文字的研究是比較不受重視的一門學科，傳統的文字學家對於不合六書類例的俗別字，常抱持著輕蔑的眼光，似乎俗文字真是俗的不入流，既無益於中國文字流變的探索，也無益於學術研究的價值。譬如錢大昕在《龍龕手鑑·跋》中說：

> 六書之學莫善於《說文》，始一終亥之部，自《字林》、《玉篇》以至《類篇》，莫之致也。自沙門行均《龍龕手鑑》出，以意分部，依四聲為次，……其中文支不分，臼臼莫辨，偏旁皆入於山部。……滴音商而又音都歷反，則混商於商，钁音子泉反而又戶圭反，則混雋於雋。舝則多辛複出，弓則弓雜兩收，夛歪甪孨本里俗之妄談，崩怎壵峚，悉魚豕之譌字。而皆繁徵博引，污我簡編，指事、形聲之法掃地盡矣。

錢氏從正統的文字理論去審定俗字的字形結構，《龍龕手鑑》所收俗字，的確有些不倫不類，無助於學理的探討，但是從文字的應用觀點來看，這些被視為魯魚豕亥的異類，卻一直與正體字並行而不悖，特別在刻版印刷發達之前的寫卷時代，他的影響力卻遠超過正體字的功能，這是錢氏難以憑空想像的，在顏之推《顏氏家訓·書證篇》中，已能體會到這種情況，他說：

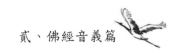

《漢書》云「中外禔福。」字當從示。……而江南書本，多誤從手。

世間小學者，不通古今，必依小篆，是正書記；凡《爾雅》、《三蒼》、《說文》，豈能志得蒼頡本指哉？亦是隨代損益，互有同異。……自有訛謬，過成鄙俗，「亂」旁為舌，「揖」下無「耳」，……「獵」化為「獦」，「寵」變為「寵」，「業」左益「片」，「靈」底著「器」，「率」字自有律音，強改為別，「單」字自有善音，輒析成異：如此之類，不可不治。吾昔初看《說文》蚩薄世字，從正則懼人不知，隨俗則意嫌其非，略是不得下筆也。所見漸廣，更知變通，救前之執，將欲半焉。若文章著述，猶擇微相影響者行之，官曹文書，世間尺牘，幸不違俗也。

顏氏自述其從正從俗的矛盾心理，這正反映出寫卷時代，俗字的應用情況，遠超過正體的標準字，最後顏氏自我融通，能「更知變通，救前之執」，這種從俗的態度，也是今日研究俗字時所應該抱持的態度才是。

貳、俗字研究的價值

在印刷術發達之前，寫卷是唯一流通文獻的方法，而俗字的運用也就如影隨形，片刻不離，到了刻本盛行之後，俗寫的問題才逐漸獲得解決。在這樣一個更迭交替的過程中，卻留下不少有待後人解決的問題，關於這類問題，可以從三方面去探討：

一、在寫卷翻刻為刻本的過程中，那些通行的俗寫字，大都被還原為正
　　體字，只留下一些後人不易辨識的俗字，仍穿插在正體字中通行。

　　　這些夾雜其間的俗字，自然必須加以改正，以避免後人的誤解，如：

（一）隨代損益，厼有同異。[62]

　　　琴案：王利器引趙曦明曰：「厼、互同。」郝懿行曰：「厼，俗互
字。」以釋厼為互的俗字，是相當正確的。從碑字來看，唐范陽郡盧夫
人墓誌互字作厼，邢澍《金石異體字典》說：「按匋齋臧石記云：厼即
互字，《廣韻》：互，俗作厼。」可以為證。而《九經字樣》：「互，俗作
厼者訛。」敦煌寫卷《論語·述而篇》：「厼鄉難與言。」」（S.800.PH.3 ）
亦同此例。

（二）偷採蟠桃花蕋。[63]

　　　琴案：心字俗字有作「止」者，如碑字恥作耻《漢譙敏碑》、憋作整
《隋梁坦墓碑》，敦煌寫卷沚作沁三匕（S.10.PH.2）蔡主賓《敦煌寫本儒
家經籍異文考》說：

　　　案止，草書作匕，故沚作沁，後人或譌作沁，如文徵明跋宋通
　　直郎史守之告身：「有舊學史氏及『碧沚』印者，多其遺書。」士
　　禮居藏書題跋記譌作『碧沁』一印」，葉昌熾云：「黃以『碧沚』

[62] 王利器《顏氏家訓集解》第 462 頁。
[63] 《明代話本小說·莊子休鼓盆成大道》第 14 頁。

為『碧沁』」（見藏書紀事詩卷一）此與恥俗恥者正相反。[64]

則「蕊」為「蕊」的俗字無疑。

（三）牙，牡齒也。（《說文解字‧牙部》）

　　琴案：「牡」為「壯」的俗寫字，故碑字如《隋呂胡墓誌》、《隋張貴男墓誌》皆作牡，段玉裁《說文解字注》牙字下說：「壯，各本譌作牡。」羅振玉《碑別字‧序》批評說：「玉案：古人書爿多作牛，如將字作将之類，六朝石刻多有之。……許書原作「壯齒」，段說甚譾。然牡為壯之別字，非譌字也。此當為俗字之未改正者。」是極正確的。

　　從以上三個字例來看，寫本中的俗字，雖然在刻本中大部份都被更正回來，但是不可否認的，連《說文》這樣講求筆畫的工具書，都能看到俗字殘存的現象，更遑論其他的典籍了。因此俗字的研究，實助於辨識的工作，段玉裁以「牡」為譌字，就不免過於嚴苛了。

二、寫卷也好，刻本也好，某些俗字的「約定俗成」，常常因為時代的變遷而逐漸不為人知，因而導至後人因不識其形而誤讀、誤改，使明暢文意轉為晦澀難懂。如：

（一）邢澍《金石異體字典》互字下說：「《北史‧文苑傳》：『彼此好尚，互有異同。』字作𠄟，而今本改為雅，蓋因不識𠄟字，以為雅字之左旁，故加佳作雅。」邢氏以為今本《北史》作「雅有異同」，

64　蔡主賓《敦煌寫本儒家經籍異文考》第 315 頁。

義不可通，其誤改的原因，在於不識俗字。

（二）《顏氏家訓·書證篇》「隨代損益，𠂤有同異」下，王利器《集解》
說：「千，宋本如此作，《續家訓》及羅本以下諸本作「各」，《少
儀外傳》上、《示兒篇》二二引亦作「各」。」[65]因為𠂤字鮮為人
知，後人遂改為「各」字，「各有異同」，義雖可通，但終非本字。

從以上的字例可以看出來，俗字的研究，實校勘學上不可或缺的工
具，否則只能憑感覺去瞎猜，碰碰運氣而已。

三、刻本雖有助於典籍的傳播，但市上仍留有不少寫卷的典冊，特別是數量
極為龐大的敦煌寫卷，當初在辨識文字的功夫上，就是依恃著《龍龕手
鑑》中所保留的俗字，才使訓詁的工作得以開展，因此，俗字與寫卷的
關係，更是密不可分的。

參、研究俗字當以《新集藏經音義隨函錄》 為最原始資料

關於俗字資料的保存，以今所見，大都是為了註釋佛典所留下來的，
從玄應《一切經音義》到行均《龍龕手鑑》為止，都是做這樣的工作，
而行均之前，採隨函逐經註解的方式，與行均採字典方式的排列大不相
同，但是對俗字發凡起例的，卻是五代後晉可洪《新集藏經音義隨函錄》
為先，他在前序說：

---

[65] 王利器《顏氏家訓集解》第 463 頁。

然藏經文字，謬誤頗多，以要言之，不過三種：或有巧於潤色，考義定文；或有妄益偏旁，率情用字；或有此方無體，假借成形；或有書寫筆訛，減增畫點。筆訛則真俗並失，用乖則句味兼差。令討義者，厰口於天書；俾誦文者，躑躅場於鳥跡。此皆筆受者肆其胸臆，謄流者弄厥絜毫，令坦路變為丘墟，瓦礫渾其珠玉吁哉。……攝今之所撰，或有諸藏勘同，詳之取究。或有檢諸先作，據錯而呼，或有自逞詭懷，輒為音釋。

從這一段序文中，可以看出可洪之作，實《龍龕手鑑》之先導，而《新集藏經音義隨函錄》年代早於行均的《龍龕手鑑》，並且詳載其來源，其價值自然遠在其上，但是今人所集字書，如《中文大辭典》、《漢語大字典》，皆引《龍龕手鑑》為最原始的資料，而忽略了可洪的著作，是十分可惜的事。因此，本文的撰寫，旨在發凡起例，略述其價值，並企盼有心於俗字研究的同好，能對本書重編，並且綜理出一些有助於俗字研究的條例來。

肆、《新集藏經音義隨函錄》的價值

關於這本書的價值，可以從以下幾方面來看：

一、可以糾正今人對俗字的誤讀

行均《龍龕手鑑》只講求字典式的排列，對於出處，大都闕略不言，甚至某些字的編輯，反而使後人產生誤讀的現象，如：

雙魚齋讀書劄記

（一）**堯**、舊藏作胡字。（《龍龕手鑑・土部》）

琴案：行均謂一本作「**堯**」，一本作「胡」，這是諸本藏經抄寫不齊的現象，並不是說「**堯**」一定等於「胡」，但後來的字典編審者，並不明白《龍龕手鑑》的用語，而以為「**堯**」就是「胡」的俗字，如：

1. **堯**、與胡同。《五音篇海》：**堯**、藏經胡字。（《中文大辭典・士部》）
2. **堯**、同胡。《龍龕手鑑・土部》：**堯**、《舊藏》作胡。（《漢語大字典・土部》）

實際上「**堯**」與「胡」並無字形上的關係，彼此只建立在音同假借的條件上，所以玄應《一切經音義・大威德陀羅尼經》第十七卷說：

> 無胡，又作頡咽二形，同戶孤反。《說文》：「牛領垂下也。」
> 《釋名》：「胡在咽下垂者也。經文作壺，非體也。」

《新集藏經音義隨函錄》也說：

> 牛**壺**、音胡，牛頸下垂肉也。（《諸經要集》十九卷）
> **壺**尾，上戶吾反。牛領下垂肉也。（《阿毗達磨俱舍釋論》四卷）

從以上的字例來看，所謂「藏經胡字」，指「胡」「壺」有通假的現象，而「壺」字俗寫字形多變，如**壺**《漢三公山碑》、**壺**《隋申穆基誌》、**壺**《唐靖君夫人墓誌》，而**堯**當為「壺」字訛變的俗寫，不可歸入「胡」的俗寫字，《中文大辭典》、《漢語大字典》說「**堯**」與「胡」同，是錯誤的，當改為「**堯**，壺之俗字，釋典多借為垂胡字」才對。

（二）泝，舊藏作流。（《龍龕手鑑・水部》）

　　　琴案：泝，行均謂舊藏本作「流」，而泝流二字未必相同，而字書則作：

1. 泝與流同。《龍龕手鑑》：泝，同流。（《中文大辭典・水部》）

2. 泝，同流。《龍龕手鑑・水部》：泝，《舊藏》作流。（《漢語大字典・水部》）

二書皆以為泝同流，這是不正確的，在《龍龕手鑑・水部》又說：「泝，俗。派，正。普賣反，水之分流水。」明指「泝」即「派」字，與「流」字無關，而《新集藏經音義隨函錄・大唐西域記》也說：「泝出，上普賣反。」，足資佐證。而碑字也是作泝《唐將陵縣令張伯墓誌》。蓋俗字「流」字作汯《漢堯廟碑》，汯《魏谷郎碑》，流派形近，因此舊藏本誤讀為流字。

二、可以補今本所收俗字的不足

　　　《新集藏經音義隨函錄》所收錄的俗字，有不少是《龍龕手鑑》、《中文大辭典》、《漢語大字典》所未採錄的字，可以補其未備。如：

（一）憲。新藏作慮。（《龍龕手鑑・心部》）

　　　琴案：「憲」、行均以為是形訛的字體，新藏本已經改正為「慮」字，但是從俗字約定俗成的觀點來看，恐怕未必允當。在俗字的系統中，從雨從虍的偏旁已經有相涉的情況，這種類型的例子多見，如：

1. 《龍龕手鑑・雨部》云：「雺、音魯，同虜。」又云：「電電、二俗。

音虐。」是虜字可以從雨作「霚」，虐字可以從雨作「䨇䨇」。

2. 敦煌寫卷慮字作慮（中·36·310下1）、慮（中·25·220），虜字作霚（S.2074 PH2）是雨虍皆可從形符「雨」、「雨」。

3. 碑別字慮字作慮《魏隗天念墓誌》，盧字作盧《唐歐陽詢虞恭公墓誌銘》，靈字作靈《帝堯碑》，霸字作霸《魯峻碑》，則從雨從虍的形符是可以互用的。又根據近人的考證，凌亦文《增訂碑別字中俗字之研究》說：

> 雨、隸省作卢，又再省作卢、宀，或改作雨、雨，與雨形近而混用。或再作雨。

劉延壽《草書通論》也說：「凡字上雨、虍皆可以符號**雨**代之，簡稱雨字符。」從凌氏、劉氏的論點來看，虍雨的相涉，與篆隸之變、草楷之變有相當密切的關係。

4. 《新集藏經音義隨函錄》所收俗字，也有作「慮」者，如：

无慮，力據反。正作慮。（《雜寶藏經》三卷）

猜慮，上柴反。（《不空羂索神變真言經》）

他如《房山雲居寺石經·全刻釋教最上乘秘密陀羅尼經》：「明藏星隳，慮漸陵美。」《高麗藏·雜寶藏經》三卷：「破戒凶惡無慮忍。」都以「慮」為慮之俗字。

從以上四條引述，可以證明「慮」的確是寫卷通行的俗字，《中文

大辭典》、《漢語大字典》因行均說「憲，誤」而不收錄，是不正確，應該補入。

三、可以推求引證俗字的字義

俗字字義的釐訂，行均《龍龕手鑑》雖然保留了不少，但有些字只強調其形體相近，並未上推其原典出處，而《新集藏經音義隨函錄》則保留了這個特點，如：

（一）賓，誤。舊藏作寡，古耳切。（《龍龕手鑑·貝部》）

琴案：賓字出處，依《新集藏經音義隨函錄·僧議經》二十九卷：「賓婦，上古瓦灰。賓婦，同上。」則賓字僅也現一例，碑字寡字未有作「賓」者，而《隋爾朱敞墓誌》「寬」字作「賓」，為寬《司馬景和妻墓誌銘》、《唐段沙彌造像記》之形訛字，行均以為誤字是正確的。《中文大辭典》說：「賓，與寡同。」《漢語大字典》說：「賓同寡。」都是不正確的，蓋釋典一本作「賓」，舊藏本原作「寡」二字有別，不可混為一談。

（二）鱲，舊藏作鰡，俗音竭。（《龍龕手鑑·魚部》）

琴案：鰡為正字，鱲為俗字，俗寫「曷、蜀」有相涉的現象，如：《新集藏經音義隨函錄》

> 揭存，上徒屋反，正作獨字。（《續高僧傳》九卷）

> 羯臑，上正作羯，居福反。（《華嚴經音義上卷》）

而鰨魚作觸，則出自《解脫道論・四卷》：「鰨魚，川音作觸。」可見《漢語大字典：「觸，同鰨。」是可靠的，《中文大辭典》：「鰨，義未詳。」反顯得太保守了些，這是因為未看見原典的緣故，本書正可以補其未備。

（三）紃，舊臟作幻（《龍龕手鑑・糸部》）

琴案：紃為幻之俗字，《新集藏經音義隨函錄・大乘經音義》：「是紃，戶辦反。相誑惑也。正作幻**刻**二形也。」可證其出處。考敦煌寫卷幻字作紃（Ｐ.2748 ＰＨ.18）是從糸從幺相涉，刁刀則因形近而訛。而《中文大辭典・糸部》：「紃，紃之譌字。《康熙字典》：紃，紃字之譌。」引清代《康熙字典》的資料是不可靠的。

四、可以修正《龍龕手鑑》的訛字

《龍龕手鑑》所收俗字，有些字已有訛誤的情形，而《新集藏經音義隨函錄》正好保留了原字形，足以修正後代字書的誤刻，如：

鵶，誤。舊藏作鴉，烏加反。（《龍龕手鑑・鳥部》）

鵶，與鴉同。（《龍龕手鑑》：「鵶、同鴉。」）（《中文大辭典・鳥部》）

鵶，鴉之訛字。《龍龕手鑑》：「鵶，誤。《舊藏》作鴉。烏加反。」（《漢語大字典・鳥部》）

琴案：依《新集藏經音義隨函錄・四諦論》一卷：「鵶，上烏牙反，鳥別名。正作鴉鴉傳。」應是《龍龕手鑑》所依據的出處，而字形已經

訛誤為「鵮」，《中文大辭典》、《漢語大字典》並從行均誤改之字，當依可洪所載為是。

伍、結論

今人研究敦煌寫卷者，大抵據《龍龕手鑑》以解讀俗寫文字，雖已能收到通曉文意的功用，但《龍龕手鑑》為字典類，並不詳載其引據的出處，對於該書傳抄訛誤的現象，就無從考證起，而《新集藏經音義隨函錄》按經卷排列，對俗字的考源工作有不少的助益，本文第肆節已列舉其四點功用，本書實際作用當不止於此數，這些都有待我們去發掘的。其次，可洪的音義為五代作品，年代較行均為早，在抄寫的習慣上，應當會更接近於敦煌寫卷的風貌，價值自然比《龍龕手鑑》來得高。我以為今後應該作的工作，可分為兩項：

一、將本書俗字依部首排列法，編成便於檢閱的字書。

二、將本書的俗字歸納出一個條例來，相信在研究俗文字學上將有不少的助益。

參、　說文篇

段玉裁「因聲求義說」初探

壹、前言

　　藉由聲音以探索字義的方法，淵源甚早，先秦時代之文獻資料已多見[1]，其中「聲訓」之法，則盛行於兩漢時代，於緯書、《說文》[2]、《白虎通德論》等書已大量使用，而劉熙《釋名》總結其成果。然《說文》對於「聲義」關係之掌握，雖輔以「聲訓」之法，然對於「諧聲」偏旁與字義之關係，以及如何使用「聲義同源」之法，藉以實踐其「形義相合」之理念，實隱藏於書中各處。然由於《說文》為字書性質，是以學者視《說文》依形求義為常法，並未類聚其因聲求義之說，後人亦難攬卷而知其梗概。是以近人推論諧聲偏旁示意之法，多以為起於晉楊泉《物理論》：「在金曰堅，在草曰緊，在人曰賢。」[3]，然亦屬隻字片語，難得其梗概。其後顧野王《玉篇》乃明舉「聲符」示意的功能，如：

　　言部：諴，呼會反。《說文》：諴，聲也。《詩》曰：諴諴其聲。

---

[1] 《孟子》、《論語》等書已多見。如《孟子·滕文公上》：「庠者，養也；校者，教也；序者，射也。」《十三經注疏》8，91 頁；《論語·顏淵篇》：「政者，正也。子帥以正，孰敢不正？」《十三經注疏》8，109 頁

[2] 本文引用《說文解字》時，皆簡稱《說文》。而引用資料時，皆附上該字例之頁次，所使用之版本為洪葉文化事業有限公司所出版之《說文解字注》，除特別需要外，文中不另註明。

[3] 案《藝文類聚》卷五人部並未載楊泉之說，資料來源待考。近人引述此文者，如周大樸《訓詁學》195 頁；沈兼士〈右文說在訓詁學上之沿革及其推闡〉，《沈兼士學術論文集》83 頁

是也。鑾聲為鏕，字在金部；「鳳羽翽翽」，字在羽部也。[4]

顧野王以為「濊、鏕、翽」三字聲符從「歲」，乃狀其聲。濊為水流之聲；鏕為鈴鐺之聲；翽為拍動翅膀之聲。已直接說明形聲字聲符兼義之現象。又如：

> 欠部：歉，《說文》：飢也，虛也。野王案：凡器物空虛亦曰歉，《毛詩》「酌彼歉爵」是也。水空虛為溓字，在水部；屋空虛為康字，在宀部。[5]

顧野王以為聲符從「康」之字皆有空虛義，故腹部空虛為歉；水空虛為溓字；屋空虛為康字。顧氏此說，實已開右文說之先導。及北宋王聖美治字學，提出「右文」之論[6]，南宋王觀國復有「字母」說[7]，而「聲符」兼義之說，已漸為學者所重視。至元初戴侗《六書故》以掌握字根為前提，詳加推演，如：

> 六書類推而用之，其義最精。昏，本為日之昏，心目之昏猶日之

---

[4] 參考曾昭聰《形聲字聲符示源功能述論》102 頁。

[5] 同上註。

[6] 沈括《夢溪筆談》所謂：「王聖美治字學，演其義以為右文。……所謂右文者，如戔、小也：水之小者曰淺，金之小者曰錢，歹而小者曰殘，貝之小者曰賤，如此之類，皆以戔為義也。」

[7] 王觀國《學林》：「盧者字母也，加金則為鑪，加火則為爐，加瓦則為甒，加目則為矑，加黑則為黸。凡省文者，省其所加之偏旁，但用字母則眾義該矣。亦如田者，字母也，或為畋獵之畋，或為佃田之田，若用省文，惟以田字該之，他皆類此。」

昏也，或加心與目焉。嫁娶者必以昏時，故因謂之昏，或加女焉。熏，本為煙火之熏，日之將入，其色亦然，故謂之熏黃，《楚辭》猶作纁黃，或加日焉。帛色之赤黑者亦然，故謂之熏，或加糸與衣焉。飲酒者酒氣酣而上行，亦謂之熏，或加酉焉。夫豈不欲人之易知也哉，然而反使學者昧於本義。[8]

戴侗先說明字根「昏」本義為日之昏，復推演出「惛、睧、婚」等字從聲符「昏」的意義；先說明「熏」之本義為火煙上出，復推演出「曛、纁、褮、醺」從聲符「熏」的意義，觀其演繹之迹，已完全符合「因聲求義」之理，惜未能進行全面性之整理。其後，明代黃生、方以智於此方面亦略有推論，然於理論之架構，仍力有未逮。清乾嘉學者，精於古音之學，為「因聲求義」理論奠定良好基礎，而發軔之功，則首推段玉裁。段說雖承襲前人之說，以「形聲多兼會意」為主軸，而多所創發，所提出「凡從某聲皆有某義」、「凡從某聲多有某義」條例，雖或不夠精準，而對於因聲求義視野之開拓，實前人所未有。民國沈兼士於〈右文說在訓詁學上之沿革及其推闡〉一文，統其「以聲為義」之說，而歸納為 68 條，並分為 6 類以評其是非[9]，而殷寄明先生更歸納「某聲，某義」為 51 聲符[10]，然二氏之說，仍略嫌粗俗，甚者誤解段氏原意，此皆有待補缺正訛。其次，段玉裁推論「因聲求義」之主軸，雖以「某聲，某義」

---

8 戴侗《六書故・六書通釋》
9 《沈兼士學述論文集》86-95 頁
10 殷寄明《漢語語源義初探》58 頁。

為本,而拘限於字形,然《說文注》[11]藉助古音研究,以音為導向之「因聲求義」、「聲義同源」之法,雖不及王念孫熟練,然亦有可觀之處,是以本文歸納段玉裁因聲求義說,將第分為兩部分,而略論其說之梗概。

貳、段玉裁「諧聲」偏旁條例證補

段玉裁對於《說文》形聲之觀察,注語屢言「形聲包會意」[12]、「會意兼形聲」[13]以形聲字諧聲觀察字義之法,以實踐其「全書之例,於形得義之字不可勝計」[14]之看法。然段氏此觀點,實源自許慎,以《說文》句部、丩部、半部、敊部等部之編排,極為明顯以「聲符」兼義為歸部導向[15],如《說文》句部:

> 句,曲也。从口、丩聲。(88頁)
>
> 拘,止也。从手句、句亦聲。(88頁)
>
> 笱,曲竹補魚笱也。从竹句、句亦聲。(88頁)
>
> 鉤,曲鉤也。从金句、句亦聲。(88頁)

許慎因「拘、笱、鉤」皆取「曲」義,乃類聚於句部之下,並以「句亦聲」標明其兼義現象。他如見於「旁見說解」者,如:

---

11 本文引用段玉裁《說文解字注》,皆簡稱《說文注》。
12 如襘(7頁)、苷(26頁)、溝(35頁)等字。
13 如蔭(39頁)、噴(57頁)、矞(88頁)、鴛(156頁)等字。
14 《說文注》臭字下之說。(503頁)
15 薛克謬〈論《說文解字》的亦聲部首〉歸納出35個亦聲部首

> 騢，馬赤白襍毛。从馬叚聲。謂色似鰕魚也。（466 頁）
>
> 剝，裂也。从刀彔。彔，刻也。彔亦聲。（182 頁）
>
> 說從彔之意。彔下云：刻木彔彔也。破裂之意。
>
> 室，實也。从宀至聲。室屋皆从至，所止也。（341 頁）

許慎騢字說「謂色似鰕魚也」，強調騢字从叚之意；剝字說「彔，刻也」，乃取「彔下云：刻木彔彔也。破裂之意」[16]，室字說「室屋皆从至，所止也」，乃取《說文》：「休，息止也。从人依木。」[17]之意，其目的在於強化形義相合之理想。是以段玉裁對於聲符兼義說，書中有頗有深刻之體認，如《說文注》禎字下說：

> 聲與義同原，故龤聲之偏旁，多與字義相近，此會意、形聲兩兼之字致多也。《說文》或偁其會意，略其形聲，或偁其形聲，略其會意，雖則消文，實欲互見，不知此，則聲與義隔，又或如宋人《字說》，祇有會意，別無形聲，其失均誣矣。（2 頁）

段氏認為「龤聲之偏旁，多與字義相近」，故形聲之聲符應以兼義為本，此所以屢言「形聲包會意」、「會意兼形聲」之理由所在。若仔細觀察段氏處理聲符與字義之間的關係，多必達形義相合為止，如：

一、嚍，野人之言。从口質聲。（57 頁）

　　段氏為說明「嚍」為野人之言，為聲符兼義之說，乃引《論語》曰：

16　《說文解字注》182 頁。
17　《說文解字注》272 頁。

「質勝文則野。」之說,而論曰:「此字會意兼形聲」。

二、趄,急走也。从走弦聲。(64 頁)

　　段氏曰:「形聲包會意。从弦有急意也。」乃謂「趄」為急走,从聲
　　符「弦」,正取急意。

三、謗,毀也。从言旁聲。(97 頁)

　　《說文注》:「謗之言旁也。旁,溥也。大言之過其實。」

　　案:謗的本義為以誇大不實的言語去詆毀別人的行為,所以段玉裁
　　　　說「旁,溥也。大言之過其實。」以證明謗字从旁為聲符兼義。

　　以上字例,仍屬於解析單一字例之範疇,猶未見段氏因聲求義之精
髓,而值得學者留意之處,則為段氏對於諧聲偏旁進行歸納以疏通字義
之突破,其分析事理之細與敘述條例之多,實遠超過前代學者,如《說
文》:「力,筋也。象人筋之形。」《說文注》說:

　　(象人筋之形)象其條理也。人之理曰力,故木之理曰朸,地之
　　理曰阞,水之理曰泐。(705 頁)

段玉裁以「力」象人筋之形,本人身之肌理,推而論之,而有「人之理
曰力,故木之理曰朸,地之理曰阞,水之理曰泐」之說,若依段氏之條
例,則謂「凡从力聲皆有理義」。又如:《說文》:「襛,衣厚皃。从衣農
聲。」《說文注》說:

> 凡農聲之字皆訓厚。醲，酒厚也。濃，露多也。襛，衣厚皃也。
> 引伸爲凡多厚之偁。（397 頁）

此種以「力、朸、防、泐」結合為一體，以「農、醲、濃、襛」結合為一體的做法，逐漸建構出「因聲求義」的理論。

　　關於段氏整理諧聲偏旁之條例，沈兼士所先歸納為 68 條，然實際僅為收集工作，缺乏系統之整理。其後，殷寄明改弦易張，歸為 51 聲符，並約略修正沈兼士之說。然二氏之歸類，仍存在不少錯誤，以及缺漏之處，是以本文取殷寄明之法，詳加疏正，並略微增補：

一、疏證舊說

　　本文疏證沈兼士、殷寄明所徵引之字例者凡 43 例[18]，其字例如下：

1. 畾聲：相連不絕義

《說文》：「瓃，玉器也。从王、畾聲。」（15 頁）

《說文注》：「說文無畾字，而云畾聲者，畾卽靁之省也。靁字下曰：從雨畾，象回轉形。木部欙字下曰：刻木作雲靁，象施不窮。楊雄賦曰：轠轤不絕。凡從畾字皆形聲兼會意。」

214

案：段玉裁引《說文》：「木部櫑字下曰：刻木作雲靁，象施不窮。」

與「楊雄賦曰：轠轤不絕。」為
證，以說明聲符從「畾」之字，
皆有「相連不絕」之義。又《說
文注》櫑字下說：「古之刻雲如古

雲雷紋

文之云，刻靁如古文之回（如）。所以刻為雲靁者，以雲靁施
澤不窮。人君之櫑，為諸臣取酒自酢者，故象之也。」（263
頁）更從畾字圖像如回，以狀雲靁施澤不窮，櫑之取象若人
君為諸臣取酒，亦相連不絕。

2. 畾聲：鬱積義

《說文》：「虆，艸也。从艸畾聲。《詩》曰："莫莫葛虆。" 一曰：
秬鬯。」（31 頁）

《說文注》：「（一曰：秬鬯。）此字義別說也。秬鬯之酒，鬱而後
鬯。凡字從畾聲者，皆有鬱積之意，是以神名鬱壘。〈上林賦〉云：
隱轔鬱㠀。秬鬯得名虆者，義在乎是。其字從艸者，釀芳艸為之
也。」

案：段氏以「虆」字從艸，取芳艸以釀；聲符從畾聲，取其鬱而
後鬯。故云：「凡字從畾聲者，皆有鬱積之意。」段氏於《說
文》從畾之字，或以為「相連不絕」，或以為「鬱積」。二者
取象有別，則所謂「皆有」的判斷語，未必允當。不過從「畾
聲」之字例，可知段氏已略知古人同一聲符，取象未必一致。

3. 幾聲：缺而不圓義

《說文》：「璣，珠不圓者。从玉幾聲。」（18 頁）

《說文注》：「凡經傳沂鄂謂之幾，門廉謂之機，故珠不圓之字从幾。」

案：段氏謂璣字从幾，取「沂鄂」、「門廉」之意象，考《禮記‧少儀》：「國家靡敝，則車不雕幾，甲不組縢，食器不刻鏤，君子不履絲屨，馬不常秣。」 孔穎達疏：「車不雕幾者，幾謂沂鄂；不雕畫漆飾以為沂鄂。」故「沂鄂」指其上刻畫凹凸不平之漆飾，是以从幾有缺而不圓之義。

4. 于聲：大義

(1) 《說文》：「芋，大葉實根，駭人，故謂之芋也。从艸于聲。」（25 頁）

《說文注》：「凡于聲字多訓大，芋之為物，葉大根實，二者皆堪駭人，故謂之芋。」

(2) 《說文》：「吁，驚也。从口于聲。」（60 頁）

《說文注》：「按于有大義，故从于之字多訓大者。芋下云：大葉實根駭人。吁訓驚語，故从于口，于者驚意。」（206 頁）

案：《說文》：「于，於也。象气之舒于。」則于為氣出而平，有舒緩寬大之象，故「芋、吁」二字皆因受驚駭而張大口形以出氣，引伸有寬緩而大之義。

5. 爾聲：盛義

(1) 《說文》：「薾，華盛。从艸爾聲。」（38頁）

《說文注‧薾》：「此於形聲見會意。薾爲華盛，瀰爲水盛。」
（38頁）

(2) 《說文》：「鬖，髮皃。从髟爾聲，讀若江南謂酢母爲鬖。」
（431頁）

《說文注》：「此字亦取爾會意。如華盛之字作薾，皆取麗爾
之意也。」

(3) 《說文》：「瀰，水滿也。从水爾聲。（556）頁

《說文注》：「〈邶風〉曰：河水瀰瀰。毛云：瀰瀰，盛皃。」

案：《說文注》「薾爲華盛，瀰爲水盛。」又於「瀰」下引「毛云：
瀰瀰，盛皃。」之說，皆說明从「爾」聲之字多訓「盛」。

6. 麃聲：黃白色義

《說文》：「犥，牛黃白色。从牛麃聲。」（52頁）

《說文注‧犥》：「黃馬發白色曰驃。票麃同聲。然則犥者，黃牛
發白色也。〈內則〉鳥麃色，亦謂發白色。」

案：段氏以从「麃」之字多訓「黃白色」之義。

7. 隺聲：白義

《說文》：「騅，苑名也。一曰馬白額。从馬隺聲。」（473頁）

《說文注》:「與駒音義皆同。鳥之白曰鷨,白牛曰犥。」

案:段氏以「鷨、犥」從「隺聲」多訓白。而「與駒音義皆同」,則謂從「勺聲」亦有白義,如:玓、旳、釣三字。

8. 同聲:通達義

《說文》:「迵,迭也。从辵同聲。」(74頁)

《說文注》:「迭當作达。《玉篇》云:迵,通達也。是也。水部:洞,疾流也。馬部:駧,馳馬洞去也。義皆相同。〈倉公傳〉曰:臣意診其脈曰迵風。裴曰:迵音洞,言洞徹入四肢。」

案:段玉裁從「迵、洞、駧」三字音義皆同觀察,認為從「同聲」之字多訓「通達」,今本《說文》「迵,迭也」,釋義與從「同聲」,聲義不合,當據《玉篇》:「迵,通達也。」之說為是。

9. 奇聲:偏義

《說文》:「齮,齧也。从齒奇聲。」(80頁)

《說文注》:「按凡從奇之字多訓偏,如掎訓偏引,齮訓側齧。《索隱》注高紀云:許慎以爲側齧。」

案:段氏以「掎、齮」二字類推,而認為「凡從奇之字多訓偏」。考《說文》:「奇,異也。一曰不耦。」、「掎,偏引也。从手奇聲。」皆有不齊而偏倚之義,故《說文注·踦》引《戰國策》:「必有踦重者矣。踦重,偏重也。」《說文注·畸》字說:「殘田者,餘田不整齊者也。」皆同此義。

10. 吉聲：堅義

(1) 《說文》：「齰，齧堅聲。从齒吉聲。」（80 頁）
《說文注》：「石部曰：硈，石堅也。皆於吉聲知之。」

(2) 《說文》：「佶，正也。从人，吉聲。」（373 頁）
《說文注》：「小雅六月傳曰：佶，正也。箋云：佶，壯健之
皃。按鄭以言壯健乃可皃馬，但毛言正自可含壯健也。」

(3) 《說文》：「黠，堅黑也。从黑吉聲。」（493 頁）
《說文注》：「黑之堅者也。石部曰：硈，石堅也。亦吉聲也。」

案：段氏於齰下引「石部曰：硈，石堅也」，佶下引鄭玄「佶，壯
健之皃」，黠下說「黑之堅者也。石部曰：硈，石堅也。亦吉
聲也。」，皆謂从「吉聲」之字多訓堅之義。

11. 豈聲：磨義

(1) 《說文》：「磑，䃺也。从石豈聲。古者公輸班作磑。」（457
頁）

(2) 《說文》：「齺，齬牙也。从齒豈聲。」（80 頁）
《說文注》：「齬牙猶差齒也，亦引伸爲摩器之名。刀部曰：
剴，一曰摩也。皆於豈聲知之。」

(3) 《說文》：「剴，大鎌也。一曰摩也。从刀豈聲。」（180 頁）
《說文注》：「下文云：刀不利，於瓦石上刉之。剴、刉音義
皆同也，」

案：「磑」為磨刀石，故段氏謂「齫牙猶差齒也，亦引伸爲摩器之
名」、「刀不利，於瓦石上刉之」，故从「豈聲」之字多訓磨義。

12. 辰聲：動義

(1) 《說文》：「娠，女妊身動也。从女辰聲。」（620頁）
《說文注》：「凡从辰之字皆有動意，震、振是也。妊而身動
曰娠，別詞也。」

(2) 《說文》：「蹍，動也。从足辰聲。」（83頁）
《說文注》：「與口部唇，雨部震，手部振，音義略同。」

(3) 《說文》：「震，劈歷振物者。从雨辰聲。」（577頁）
《說文注》：「振與震疊韵。春秋正義引作震物爲長，以能震
物而謂之震也。引申之，凡動謂之震。辰下曰：震也。」

案：《說文》：「辰，震也。」故段玉裁謂「凡从辰之字皆有動意」，
而「妊而身動曰娠」、「（蹍）與口部唇，雨部震，手部振，音
義略同」，皆謂从「辰聲」之字多訓動之義。

13. 皮聲：析義

《說文》：「詖，辯論也。从言皮聲。」（91頁）

《說文注·詖》：「皮，剝取獸革也。柀，析也。凡从皮之字皆有
分析之意，故詖爲辯論也。」

案：《說文注》皮下說：「取獸革者謂之皮。皮，柀。柀，析也。
見木部。因之所取謂之皮矣。引伸凡物之表皆曰皮，凡去物

之表亦皆曰皮。」以取獸皮為皮字本義，故有分析之義，是以柀字「析也」，乃取樹皮而言。

14. 斯聲：析義

(1) 《說文》：「斯，析也。从斤其聲。」（724頁）

《說文注》：「〈陳風〉曰：墓門有棘，斧以斯之。傳曰：斯，析也。」

(2) 《說文》：「嘶，悲聲也。从言，斯省聲。」（101頁）

《說文注》：「斯，析也。澌，水索也。凡同聲多同義。鍇曰：今謂馬悲鳴為嘶。」

(3) 《說文》：「廝，散聲也。从疒斯聲。」（352頁）

《說文注》：「方言：廝，噎也，楚曰廝。又曰：廝，散也。東齊聲散曰廝，秦晉聲變曰廝。器破而不殊，其音亦謂之廝。按與斯澌字義相通。馬嘶字亦當作此。」

案：《說文》「斯，析也」，字從斤，則本義為以斧斤劈木，而兼具劈木之斯聲，故「嘶」聲音沙啞之長聲，《說文》「廝，散聲也。」同此，故段氏乃謂「東齊聲散曰廝，秦晉聲變曰廝。器破而不殊，其音亦謂之廝」，推其義乃以器物破裂、聲音沙啞時所發出之聲音，是音義兼具之聲符。

15. 非聲：分背義

(1) 《說文》：「糞，賦事也。从糞八。八，分之也。八亦聲。」

（104 頁）

《說文注》：「凡從非之字皆有分背之意。」

(2) 《說文》：「辈，兩壁耕也。从牛非聲。」（53 頁）

《說文注》：「兩辟耕謂一田中兩牛耕，一從東往，一從西來也。……此形聲包會意，非从飛下翍取其相背。」

案：非之本義為相背，故段氏解釋「辈」字時說：「兩辟耕謂一田中兩牛耕，一從東往，一從西來也。」並以「從非之字皆有分背之意」論之。

16. 句聲：曲義

(1) 《說文》：「朐，羽曲也。从羽句聲。」（140 頁）

《說文注》：「凡从句者皆訓曲。」

(2) 《說文》：「句，曲也。从口丩聲。」（88 頁）

《說文注》：「曲折之物，侈爲倨，斂爲句。……凡地名有句字者皆謂山川紆曲，如句容、句間、句餘、高句驪皆是也。凡章句之句亦取稽留可鉤乙之意。」

(3) 《說文》：「雊，雄雉鳴也。雷始動，雉乃鳴而句其頸。从隹从句，句亦聲。」（143 頁）

《說文注》：「句音鉤，曲也。句其頸，故字从句。」

案：《說文》於「句，曲也」、「笱，曲竹捕魚笱也」、「鉤，曲鉤也」、「朐，羽曲也」、「痀，曲脊也」、「軥，軶下曲者」等字，皆

以「曲義」釋之，故段氏推演其說為「凡地名有句字者皆謂
山川紆曲」，並曰「凡从句者皆訓曲」。

17. 賁聲：大義

《說文》：「鼖，大鼓謂之鼖。……从鼓卉聲。鞼，鼖或从革，賁
聲。」（208 頁）

《說文注》：「凡賁聲字多訓大，如毛傳云：墳，大防也。頒，大
首皃。汾，大也。皆是。卉聲與賁聲一也。」

案：段氏以从卉聲與賁聲多訓大義。

18. 夗聲、宛聲．曲義

(1) 《說文》：「夗，轉臥也。从夕卪。臥有卪也。」（318 頁）
《說文注》：「謂轉身臥也。詩曰：展轉反側。凡夗聲、宛聲
字，皆取委曲意。」

(2) 《說文》：「蟺，夗蟺也。从虫亶聲。」（670 頁）
《說文注》：「夗，轉臥也。引申爲凡宛曲之稱。夗蟺疊韵。
葢謂凡蟲之冤曲之狀。」

案：《說文》「夗，轉臥也」，乃內心受委屈而展轉反側，故段氏說
「凡夗聲、宛聲字，皆取委曲意」。引而伸之，凡它物之婉轉
曲折亦可從夗，如蟺字《說文注》：「蟲之冤曲之狀」，盌字《說
文注》：「于夗皆坳曲意，皆以形聲包會意也」而《說文》：「宛，
屈艸自覆也」乃指屋宇之委婉曲折。

19. 枼聲：薄義

《說文》：「枼，楄也。從木世聲。」（272 頁）

《說文注》：「凡木片之薄者謂之枼，故葉牒鍱籙偞等字皆用以會意。」

案：段氏於從「枼聲」之字，註解頗多，如：

《說文注》：「葉，凡物之薄者，皆得以葉名。」（38 頁）

《說文注》：「牒，云薄者，取從枼之意。」（178 頁）

《說文注》：「牒，按厚者爲牘，薄者爲牒。牒之言枼也，葉也。竹部籙義略同。」（321 頁）

《說文注》：「壍，按從枼者，如葉之薄於城也。亦有會意焉。」（695 頁），城上女垣也。從土枼聲。

《說文注》：「鍱，此謂金銅鐵椎薄成葉者。」（712 頁）

故歸納其條例爲「凡物之薄者，皆得以葉名」。

20. 云聲：回轉義

(1) 《說文》：「囩，回也。從口云聲。」（279 頁）

《說文注》：「雲字下曰：象雲回轉形。沄字下曰：轉流也。凡從云之字皆有回轉之義。」

(2) 《說文》：「沄，轉流也。從水云聲，」（553 頁）

《說文注》：「回轉之流，沄沄然也。」

(3) 《說文》:「䰟，陽气也。从鬼云聲。」(439頁)

《說文注》:「䰟之必鬼下云上者，陽氣沄沄而上之象也。曰云聲者，舉形聲包會意。」

(4) 《說文》:「雲，山川气也。从雨，云象回轉之形。」(580頁)

《說文注》:「古文秖作云。小篆加雨於上，遂爲半體會意，半體象形之字矣。云象回轉形，此釋下古文雲爲象形也。」

案：云「象回轉之形」，故从「云聲」之囩、沄、䰟等字，段氏謂「凡從云之字皆有回轉之義」。

21. 吾聲：明義

《說文》:「晤，明也。从日吾聲。」(306頁)

《說文注》:「晤昀晄曠四篆不必專謂日之明，然莫明于日，故四字皆从日而廁于此也。晤者，启之明也。心部之悟、㝱部之寤皆訓覺，覺亦明也。同聲之義必相近。」

案：《說文》「寤，寐覺而有言曰寤」、「㝑、寤」、「悟，覺也」，故段氏乃謂「晤者，启之明也。心部之悟、㝱部之寤皆訓覺，覺亦明也」，所謂「同聲之義必相近」者，意指从「吾聲」之字多訓明義。

22. 甬聲：涌起義

《說文》:「甬，艸木𠄢甬甬然也。从㔾用聲。」(320頁)

《說文注》:「小徐曰：甬之言涌也，若水涌出也。周禮：鐘柄爲

甬。按凡从甬聲之字皆興起之意。」

案：此段氏以「艸木孛甬甬然也」以釋「凡从甬聲之字皆興起之
意」。

23. 辥聲：小義

(1) 《說文》：「糱，牙米也。从米辥聲。」（334頁）
《說文注》：「芽米謂之糱，猶伐木餘謂之枿，庶子謂之孽也。」

(2) 《說文》：「蠥，衣服、歌謠、艸木之怪謂之祆。禽獸、蟲蝗
之怪謂之蠥。从虫辥聲。」（680頁）
《說文注》：「漢五行志曰：凡艸物之類謂之妖，妖猶夭胎，
言尚微。蟲豸之類謂之孽，孽則牙孽矣。」

(3) 《說文》：「孽，庶子也。从子辥聲。」（750頁）

《說文注》：「凡木萌旁出皆曰糱，人之支子曰孽，其義略同。」
案：辥為「牙米」，乃木旁萌出之細芽，故「孽，庶子也」、
「蟲豸之類謂之孽，孽則牙孽」皆謂其旁出而細小，是以段
氏歸其條例為細小之義。

24. 單聲：病義

《說文》：「癉，勞病也。从疒單聲。」（355頁）」

《說文注》：「釋詁、毛傳曰：癉，勞也。許合云勞病者，如嘽訓
喘息皃，幝訓車敝皃皆單聲字也。」

案：《說文》「嘽，喘息也」指馬勞累的喘息聲，「𨋢，車敝皃」指檀車破敝之貌，故沈兼士承段說，而歸以「病義」。

25. 贊聲：冣義

(1) 《說文》：「酇，百家爲酇。酇，聚也。从邑贊聲。」（286 頁）
《說文注》：「謂酇與欑儹音義皆同。欑，一曰叢木也。儹，冣也。」

(2) 《說义》：「儹，冣也。从人贊聲。」（376 頁）
《說义注》：「《廣韵》曰：儹，聚也。冣聚古通用。木部欑、竹部籫，義皆相近。」

(3) 《說文》：「籫，竹器也。从竹贊聲，讀若纂。一曰叢也。」（195 頁）
《說文注》：「木部欑下曰：一曰叢木。籫音同義近。」

(4) 《說文》：「欑，積竹杖。從木贊聲。一曰穿也。一曰叢木。」（266 頁）
《說文注》：「蒼頡篇云：欑，聚也。〈喪大記〉：君殯欑至於上。注云：欑猶菆也。按注謂與檀弓菆塗同也。欑菆叢皆聚意」

(5) 《說文》：「冣，犯取也。从冂取。」（358 頁）
《說文注》：「《顏氏家訓》謂冣爲古聚字，手部撮字从冣爲音義，皆可證也。」

案：沈兼士、殷寄明皆謂「贊聲：冣義」，考段氏除以「音義皆同」
貫穿「酇、鄼、欑、儹、籫」諸字外，其本意在於「《顏氏家
訓》謂冣為古聚字」，故當云「贊聲：聚集義」為是。

26. 光聲：大義

(1) 《說文》：「僙，小兒。从人光聲。」（382頁）
《說文注》：「小當作大，字之誤也。凡光聲之字多訓光大，
無訓小者。」

(2) 《說文》：「駫，馬肥盛也。从馬光聲。」（468頁）
《說文注》：「許言肥盛，卽腹幹肥長張，从馬光會意，而光
亦聲。」

案：段氏以从「光聲」之字，皆取大、盛之義，無從小以得義者，
故「僙」字當云「大兒」。

27. 真聲：充實義

《說文》：「眞，僊人變形而登天也。从匕目𠃊。八，所㠯乘載之。」
（388頁）

《說文注》：「凡稹鎭瞋謓腫塡寘闐嗔滇鬒瑱顚愼字皆以眞為聲，
多取充實之意。其顚槙字以頂為義者，亦充實上升之意也。」

案：段氏以「稹鎭瞋謓腫塡寘闐嗔滇鬒瑱顚愼」从「眞」聲，多
取充實之義。

28. 卓聲：高義

(1) 《說文》：「卓,高也。早匕為卓,匕卪為卬,皆同意。」(389頁)

　　《說文注》：「《論語》:如有所立,卓爾。凡言卓犖,謂殊絕也,亦作卓躒。按稽部𥡴,特止也。辵部逴,遠也。人部倬,箸大也。皆一義之引伸。……早比之,則高出於後比之者矣。」

(2) 《說文》：「𥡴,特止也。从稽省,卓聲。」(278頁)

　　《說文注》：「此說形聲包會意。卓者,高也。」

案：段氏以卓字構形為「早匕」,以示高於後比之者,固有「高義」,而「𥡴、逴、倬」皆取「高」之引伸義,以示高遠、卓立之義。

29. 㐱聲：濃重義

(1) 《說文》：「袗,禪衣也。一曰盛服。从衣㐱聲。」(393頁)

　　《說文注》：「㐱本訓稠髮,凡㐱聲字多為濃重。」

(2) 《說文》：「㐱,稠髮也。从彡,人聲。」(429頁)

　　《說文注》：「稠者多也。禾稠曰積,髮稠曰㐱。」

(3) 《說文》：「眕,目有所恨而止也。从目㐱聲。」(133頁)

　　《說文注》：「釋言:眕,重也。重亦止意。」

案：「㐱」字本義為稠髮,引伸有濃稠厚重之義,「袗、眕、稠」皆從此意,故段氏云:「凡㐱聲字多為濃重。」

30. 今聲、金聲：禁制義

(1) 《說文》：「裣，交衽也。从衣金聲。」（394頁）

《說文注》：「凡金聲、今聲之字皆有禁制之義。」

(2) 《說文》：「捡，急持衣裣也。从手金聲。撍，捡或从禁。」

(3) 《說文》：「釿，劑斷也。从斤金聲。」（724頁）

《說文注》：「其義謂以斤斧之屬制斷金鐵物也。」

案：「捡」字重文作「撍」，是金與禁有相通之處。《說文》：「唫，口急也」、「鈙，持也」、「捡，急持衣裣也」皆有禁制之義。

31. 農聲：厚義

(1) 《說文》：「襛，衣厚皃。从衣農聲。」（397頁）

《說文注》：「凡農聲之字皆訓厚。醲，酒厚也。濃，露多也。襛，衣厚皃也。引伸爲凡多厚之偁。」

(2) 《說文》：「濃，露多也。从水農聲。」（564頁）

《說文注》：「小雅蓼蕭傳曰：濃濃，厚皃。按酉部曰：醲，厚酒也。衣部曰：襛，衣厚皃。凡農聲字皆訓厚。」

(3) 《說文》：「醲，厚酒也。从酉農聲。」（755頁）

《說文注》：「然則凡厚皆得爲醲也。」

案：段氏於「襛、濃、醲」諸字歸納其條例，乃曰「凡農聲字皆訓厚」。

32. 丌聲：高平義

(1) 《說文》：「丌，高而上平也。从一在儿上。」（409頁）

《說文注》:「一在儿上,高而平之意也。凡从兀聲之字多取孤高之意。」

(2) 《說文》:「堯,高也。从垚在兀上,高遠也。」(700頁)

《說文注》:「兀者,高而上平也。高而上平之上又增益之以垚,是其高且遠可知也。」

案:段氏以「兀」字構形為「一在儿上」,故从「兀聲」之字「多取孤高之意」。考之「堯」字,其上又从「垚」,故曰:「高而上平之上又增益之以垚。是其高且遠可知也。」

33. 冥聲:小義

(1) 《說文》:「覭,小見也。从見冥聲。」(413頁)

《說文注》:「如溟之為小雨,皆於冥取意。〈釋言〉曰:冥,幼也。」

(2) 《說文》:「溟,小雨溟溟也。从水冥聲。」(562頁)

《說文注》:「《玉篇》曰:溟濛小雨。」

(3) 《說文》:「嫇,嬰嫇也。从女冥聲。一曰嫇嫇,小人兒。」(652頁)

(4) 《說文》:「瞑,翕目也。从目冥。」(135頁)

《說文注》:「《韵會》引小徐曰會意。此以會意包形聲也。」

案:《說文》「覭,小見」、「溟,小雨」、「嫇,小人兒」而「「瞑,翕目也」亦取小目貌,故段氏引〈釋言〉曰:「冥,幼也」以

示小義。

34. 康聲：虛義

(1) 《說文》：「㢝，水虛也。从水康聲。」（564 頁）
《說文注》：「〈釋詁〉曰：㢝，虛也。虛，師古引作空。康者，穀皮中空之謂。故从康之字皆訓爲虛。歉下曰：餟虛也。康下曰：屋康良也。」

(2) 《說文》：「穅，穀之皮也。从禾米，庚聲。」（327 頁）
《說文注》：「穅之言空也，空其中以含米也。凡康寧、康樂皆本義空中之引伸。」

(3) 《說文》：「康，屋康良也。从宀康聲。」（342 頁）
《說文注》：「《方言》：康，空也。郭注：㢝良，空皃。」

(4) 《說文》：「歉，飢虛也。从欠康聲。」
《說文注》：「㢝者，水之虛。康者，屋之虛。歉者，餓腹之虛。」

案：段氏歸納从「康聲」之「㢝、穅、康、歉」等字，而得出「㢝者，水之虛。康者，屋之虛。歉者，餓腹之虛」，故凡从康聲多有虛義。

35. 多聲：大義

(1) 《說文》：「夥，有大慶也。从卩多聲。」（435 頁）
《說文注》：「慶者，行賀人也。大慶，謂大可賀之事也。凡

從多之字訓大。釋言曰：庶，侈也。是其義。」

(2) 《說文》：「炵，盛火也。从火多聲。」（489頁）

《說文注》：「凡言盛之字从多。」

(3) 《說文》：「哆，張口也。从口多聲。」（35頁）

《說文注》：「《小雅》：哆兮侈兮。毛曰：哆，大皃。」

(4) 《說文》：「栘，棠棣也。從木多聲。」（248頁）

《說文注》：「郭注唐棣云：似白楊，江東呼夫栘。白楊，大樹也。」

(5) 《說文》：「垑，恀也。从土多聲。」（697頁）

《說文注》：「恀土地者，自多其土地，故字从多土。」

案：多字从重夕會意，本有大、盛、繩益之義，故段氏歸納「夛、炵、哆、栘、垑」諸字，乃謂「凡從多之字訓大」。

36. 叚聲：紅義

(1) 《說文》：「騢，馬赤白襍毛。从馬叚聲。謂色似鰕魚也。」（466頁）

《說文注》：「蝦晷有紅色，凡叚聲多有紅義，是以瑕為玉小赤色。」

(2) 《說文》：「鰕，鰕魚也。从魚，叚聲。」（586頁）

《說文注》：「凡叚聲如瑕鰕騢等皆有赤色，古亦用鰕為雲赮字。」

琴案：《說文》「瑕，玉小赤」、「騢，馬赤白襍毛」、故段氏歸納曰：

「凡叚聲如瑕鰕騢等皆有赤色」或「凡叚聲多有紅義」。

37. 尨聲：雜亂義

(1) 《說文》：「尨，犬之多毛者。从犬彡。」（478頁）

《說文注》：「引伸爲襍亂之偁，小戎箋曰蒙尨是也。牛白黑襍毛曰牻，襍語曰哤，皆取以會意。」

(2) 《說文》：「牻，白黑襍毛牛。从牛尨聲。」（51頁）

《說文注》：「此以形聲包會意。」

(3) 《說文》：「哤，哤異之言。从口尨聲。」（61頁）

《說文注》：「《齊語》曰：四民者勿使襍處，襍處則其言哤，其事易。韋注：哤，亂也。」

(4) 《說文》：「駹，馬面顙皆白也。从馬尨聲。」（466頁）

《說文注》：「面顙白，其他非白也，故从尨。」

案：尨以毛多而相襍，引伸為「襍亂」之稱，故「牻」為「白黑襍毛牛」，「哤」為人多口雜之言，「駹」為僅面部白色之雜色馬，皆取「襍亂」之義。

38. 邑聲：鬱積義

《說文》：「悒，不安也。从心邑聲。」（513頁）

《說文注》：「邑者，人所聚也。故凡鬱積之義从之。」

案：「悒」為內心忐忑，憂而不能息之貌，故《說文》云「不安也」，

段氏從「邑」為人民聚集之所，推演「悒」字從「邑聲」，乃謂「凡鬱積之義从之」。

39. 臤聲：堅義

(1) 《說文》：「臤，堅也。从又臣聲。」（119頁）
《說文注》：「謂握之固也，故從又。」

(2) 《說文》：「堅，土剛也。从臤土。」（119頁）
《說文注》：「引伸爲凡物之剛，如云臤，堅也是也。」

(3) 《說文》：「豎，豎立也。从臤豆聲。」（119頁）
《說文注》：「豎立謂堅固立之也。」

(4) 《說文》：「掔，固也。从手臤聲。」（609頁）
《說文注》：「掔之言堅也，緊也，謂手持之固也。」

(5) 《說文》：「飭，致臤也。从人力，食聲。」（707頁）
《說文注》：「臤者，堅也。」

(6) 《說文》：「鏗，剛也。从金臤聲。」（709頁）
《說文注》：「此形聲中有會意也。堅者，土之臤。緊者，絲之臤。鏗者，金之臤。彼二字入臤部，會意中有形聲也。」

案：段氏以「臤，堅也」貫串从「臤聲」之字，而歸結出「堅者，土之臤。緊者，絲之臤。鏗者，金之臤」，凡从「臤聲」皆有「堅固」之義。

40. 軍聲：園圍義

(1) 《說文》：「軍，圜圍也。四千人爲軍，从包省，从車。」（734頁）

《說文注》：「於字形得圜義，於字音得圍義。凡渾輯煇等軍聲之字皆兼取其義。」

(2) 《說文》：「暈，㷠也。从日軍聲。」（307頁）

《說文注》：「釋名曰：暈，捲也，氣在外捲結之也。……軍者，圜圍也。此以形聲包會意。」

(3) 《說文》：「輯，軶軥也。从車軍聲。」（733頁）

《說文注》：「輯之言圍也，下圍馬頸也。」

案：「軍」字从「从包省，从車」，乃以兵卒與兵車所組成，而「暈」字為太陽被「氣在外捲結之」，「輯」字乃包圍馬頸之物，故段氏乃謂「渾輯煇等軍聲之字皆兼取園圍義」。

41. 巠聲：直而長義

(1) 《說文》：「陘，山絕坎也。从自巠聲。」（741頁）

《說文注》：「凡巠聲之字皆訓直而長者。」

(2) 《說文》：「脛，胻也。从肉巠聲。」（172頁）

《說文注》：「厀下踝上曰脛。脛之言莖也，如莖之載物。」

(3) 《說文》：「涇，涇水。从水巠聲。」（526頁）

《說文注》：「釋名作直波曰涇，云涇、徑也。言如道徑也。」

(4) 《說文》：「娙，長好也。从女巠聲。」（624頁）

《說文注》:「體長之好也,故其字從巠。」

案:段玉裁以歸納法分析「陘、脛、涇、娙」,其引伸之義皆有「直 而長」之義,乃謂「凡巠聲之字皆訓直而長」。

42. 力聲:條理義

(1)《說文》:「阞,地理也。从自力聲。」(738 頁)

《說文注·阞》:「按力者,筋也。筋有脈絡可尋,故凡有理 之字皆从力。阞者,地理也。朸者,木理也。泐者,水理也。 手部有扐,亦同意。」

(2)《說文》:「力,筋也。象人筋之形。」(705 頁)

《說文注》:「(象人筋之形)象其條理也。人之理曰力,故木 之理曰朸,地之理曰阞,水之理曰泐。」

(3)《說文》:「朸,木之理也。從木力聲。」(255 頁)

《說文注》:「阞下曰地理,朸下曰木理,泐下云水理,皆從 力。力者,筋也,人身之理也。」

(4)《說文》:「泐,水之理也。从水阞聲。」(564 頁)

《說文注》:「水理如地理、木理可尋。其字皆从力。力者, 人身之理也。」

案:段氏從力字「象人筋之形」推論起,以人身體之條理,推演 出「木之理曰朸,地之理曰阞,水之理曰泐」,而歸結出「凡 有理之字皆从力」之說。

43. 圭聲：深、空義

(1) 《說文》：「娃，圜深目皃也。从女圭聲。」（629 頁）

《說文注》：「洼，深池也。窐，甌空也。凡圭聲字義略相似。」

(2) 《說文》：「窐，空也。从穴圭聲。」（347 頁）

《說文注》：「《楚辭》曰：圭璋襍於甌窐。此甌下空也。……

高注《淮南》曰：黶輔者，頰上窐也。然則凡空穴皆謂之窐

矣。」

(3) 《說文》：「觟，盾握也。从盾圭聲。」（138 頁）

《說文注》：「人所握处也。其背脊隆处曰瓦。」

(4) 《說文》：「畦，田五十晦曰畦。从田圭聲。」（702 頁）

《說文注》：「按《孟子》曰：圭田五十畝。然則畦从圭田會

意兼形聲。」

案：《說文》「洼，深池」、「娃，圜深目皃」皆謂凹陷深邃之貌。

故盾牌握把處為凹陷，進而引伸空穴亦可从圭。段氏所謂「凡

圭聲字義略相似」蓋取義於凹陷深邃之貌。

二、修正舊說

沈兼士、殷寄明歸類訛誤者，均修正於下，凡 9 個字例：

1. 票聲：輕疾義

沈兼士：「票，一曰末也。」

殷寄明《漢語語源義初探》:「票聲:末義、會聚義。」

《說文》從票之字,取象呈現多元之現象,沈兼士以為「末義」、殷寄明以為「末義、會聚義」,皆有所不足,今重新整理,區分為三項:

(1) 票:輕疾義

《說文》:「熛,火飛也。从火𦥑,熛與𦥄同意。」(489頁)

《說文注》:「此與熛音義皆同。《玉篇》、《廣韵》亦然。引申為凡輕鋭之偁。……凡从票為聲者,多取會意。」

案:段氏此處所謂「凡从票為聲者,多取會意。」參酌《說文》:「趬,輕行也。」「僄,輕也。」「慓,疾也。」[19]皆取「輕疾」之義。又《說文》:「熛,火飛也。从火㷔聲。」[20]《說文注》:「迸火也。《呂氏春秋》云:突泄一熛,焚宮燒積。班固〈答賓戲〉借森為之。」亦以為「輕疾」。又《說文》:「嫖,輕也。」[21]《說文注》:「漢霍去病票姚校尉,票姚讀如飄搖,謂輕疾也。」舉漢代官名「票姚」者,當讀為「飄搖」,也是取用「輕疾」之義。

(2) 票:末義

《說文》:「剽,砭刺也。从刀票聲。」(183頁)

《說文注》:「謂砭之、刺之皆曰剽也。砭者,以石刺病也。刺者,

---

[19] 趬,《說文注》65頁。僄,《說文注》383頁。慓,《說文注》486頁。
[20] 熛,《說文注》486頁。
[21] 《說文注》683頁

直傷也。砭、刺必用其器之末，因之凡末謂之剽，《莊子》謂本末

爲本剽，《素問》有標本病傳論，標亦末也。」

《說文》：「標，木杪末也。從木票聲。」（252 頁）

《說文注》：「杪末，謂末之細者也。古謂木末曰本標。」

案：段氏謂「剽、標」二字從票，取「末而細者」之義。

(3) 票：黃白色義

《說文》：「㸖，牛黃白色。从牛麃聲。」（52 頁）

《說文注》：「黃馬發白色曰驃。票麃同聲。然則㸖者，黃牛發白色

也。〈內則〉鳥皫色，亦謂發白色。」

《說文》：「儦，行皃。从人麃聲。《詩》曰：『行人儦儦。』」（372

頁）

《說文注》：「齊風載驅曰：行人儦儦。傳曰：儦儦，衆皃。許曰行

皃者，義得互相足也。廣雅亦曰：儦儦，行也。《玉篇》曰：儦儦，

盛皃也。」

案：段玉裁認為從「麃」聲之字皆有「黃白色」之義，如「皫、㸖」

二字，而「黃馬發白色曰驃」者，乃「麃、票」二聲同在第二部，

音義相通。又如「儦」字下引「《玉篇》：儦儦，盛皃也。」亦同

此說。

2. 與聲：安舒義

殷寄明《漢語語源義初探》：與聲：安、安行義

(1) 《說文》：「趨，安行也。从走與聲。」（65頁）

　《說文注》：「《廣韵》九魚：趨趨，安行皃。按欠部歟，安气也。心部懇，趨步懇懇也。馬部驩，馬行徐而疾也。」

(2) 《說文》：「歟，安气也。从欠與聲。」（415頁）

　《說文注》：「如趨爲安行，驩爲馬行疾而徐，音同義相近也。今用爲語末之辭，亦取安舒之意。通作與。論語：與與如也。」

(3) 《說文》：「懇，趨步懇懇也。从心與聲。」（511頁）

　《說文注》：「趨，疾走也。趨步懇懇，謂疾而舒也。馬部驩下曰：馬行徐而疾。義正相類。《漢書》：長倩懇懇。蘇林曰：懇懇，行步安舒也。《論語》：與與如也。馬注曰：與與，威儀中適之皃。與與卽懇懇之叚借。欠部曰：歟，安气也。」

案：段氏於「趨、歟、懇」三字下，交互疏證，以明施於「歟」者，取「安舒」之義，施於「趨、懇」者，行步雖疾而「安舒」，以見「威儀中適」之貌。殷寄明所謂「與聲：安、安行義」當改為「與聲：安舒義」為是。

3. 袁聲：舒緩義

　殷寄明：袁聲：長義。

　《說文》：「袁，長衣皃。从衣，叀省聲。」（398頁）

　《說文注》：「古與爰通用。〈王風〉：有兔爰爰。〈傳〉曰：爰爰、緩

意。遠轅等字以袁爲聲，亦取其意也。」

案：段氏「遠轅等字以袁爲聲，亦取其意也」，沈兼士未明言取何意，
殷寄明謂「袁聲：長義」，恐非。依段注袁與爰古通用，又引毛
傳「爰爰、緩意」，則當取「舒緩」之義，以《說文》「遠，遼也」
而言，乃「長遠而緩」也。

4. 柬聲：簡鍊義

殷寄明：柬聲：治義。

(1) 《說文》：「鍊，冶金也。从金柬聲。」（710 頁）
《說文注》：「湅，治絲也。練，治繒也。鍊，治金也。皆謂澗湅
欲其精，非弟冶之而已。冶者，銷也。引申之，凡治之使精曰鍊。」

(2) 《說文》：「練，湅繒也。从糸柬聲。」（655 頁）
《說文注》：「湅者，澗也。澗者，浙也。浙者，汰米也。湅繒汰
諸水中，如汰米然，《考工記》所謂湅帛也。已湅之帛曰練，引申
爲精簡之偁。」

(3) 《說文》：「湅，澗也。从水柬聲。」（571 頁）
《說文注》：「湅之以去其瑕，如澗米之去康粊，其用一也。……
澗謂米，湅謂絲帛也。金部治金曰鍊，猶治絲帛曰湅。」

(4) 《說文》：「擇，柬選也。从手睪聲。」（605 頁）
《說文注》：「柬者，分別簡之也。」

案：「柬」字从束八會意，乃於一捆木柴中揀選所需要者，故擇字下

說：「束選也」。段氏據「涷、練、鍊」等字推論，皆取不斷簡鍊，使其精簡，猶如汏米，殷寄明「束聲：治義」，仍不夠精準，當取段氏所云「引申爲精簡之偁」為是。

5. 悤聲：中空而疏通義

殷寄明：悤聲：空義

(1) 《說文》：「鏓，鎗鏓也。从金悤聲。一曰大鑿，中木也。」（716頁）

《說文注》：「許正謂大鑿入木曰鏓，與種植舂杵聲義皆略同。……囪者多孔，蔥者空中，聰者耳順，義皆相類。凡字之義必得諸字之聲者如此。」

(2) 《說文》：「悤，多遽悤悤也。从囪从心，囪亦聲。」（495頁）
《說文注》：「从囪从心者，謂孔隙旣多而心亂也。」

案：「囪」為煙囪，故多孔而疏通，若以「囪者多孔，蔥者空中，聰者耳順，義皆相類」推論之，段氏當為从「悤聲」之字多有中空而疏通之貌，殷寄明以「悤聲：空義」釋之，表意不明，當正之。

6. 侖聲：䚫理義

殷寄明：侖聲：倫理義。

(1) 《說文》：「侖，思也。从亼冊。」（225頁）
《說文注》：「侖，理也。大雅、毛傳曰：論，思也。按論者，侖之假借。思與理，義同也，思猶䚫也，凡人之思必依其理。倫、

論字皆以侖會意。」

(2) 《說文》:「論，議也。从言侖聲。」（92頁）

《說文注》:「凡言語循其理，得其宜謂之論。」

(3) 《說文》:「龠，樂之竹管，三孔。以和眾聲也。从品侖。侖，理也。」（85頁）

《說文注》:「侖，思也。按思猶䚡，䚡理一也。大雅：於論鼓鍾。毛傳曰：論，思也。鄭曰：論之言倫也。毛鄭意一也。從侖，謂得其倫理也。」

(4) 《說文》:「倫，輩也。从人侖聲。一曰道也。」（376頁）

《說文注》:「論語：言中倫也。包注：倫，道也，理也。按粗言之曰道，精言之曰理。凡注家訓倫爲理者，皆與訓道者無二。」

案：《說文》「侖，思也」，段氏申論說:「〈大雅〉、〈毛傳〉曰：論，思也。按論者，侖之假借。思與理，義同也，思猶䚡也，凡人之思必依其理。倫、論字皆以侖會意。」則「倫、論」取「䚡理」之義，故從「侖聲」之字，乃層次分析之理，殷寄明以為「侖聲：倫理義」，釋義不夠精確。

7. 曾聲：積絫加高義

殷寄明：曾聲卑生：加義。

(1) 《說文》:「埤，增也。从土卑聲。」（695頁）

《說文注》:「凡从曾之字皆取加高之意。曾部曰：曾者，益也，

244

是其意也。凡從卑之字皆取自卑加高之意。」

(2) 《說文》：「尚，曾也。庶幾也。从八向聲。」（49頁）

《說文注》：「曾，重也。尚，上也。皆積絫加高之意。義亦相通也。」

(3) 《說文》：「會，合也。从△，曾省。曾，益也。」（225頁）

(4) 《說文》：「層，重屋也。从尸曾聲。」（405頁）

《說文注》：「曾之言重也。曾祖，曾孫皆是也。故从曾之層為重屋。」

案：段寄明「曾聲、卑聲：加義」，二者無別。段玉裁則區分為「凡從曾之字皆取加高之意」與「凡從卑之字皆取自卑加高之意」，統言之，二者皆有加高之義，然「卑聲」必須自低處加高，且從「卑聲」之字另有卑微、低下、細小之意，而者不可混為一談。段氏於「尚」字說：「積絫加高之意。」是也。

8. 卑聲：自卑加高義

(1) 《說文》：「埤，增也。从土卑聲。」（695頁）

《說文注》：「凡從卑之字皆取自卑加高之意。」

(2) 《說文》：「俾，益也。从人卑聲。一曰俾，門侍人。」（380頁）

《說文注》：「俾與埤鞞裨音義皆同，今裨行而埤鞞俾皆廢矣。經傳之俾皆訓使也，無異解，蓋即益義之引伸。釋詁：俾，從也。釋言：俾，職也。亦皆引伸之義。手部挾下曰：俾持。」

(3) 《說文》：「裨，接也。益也。从衣卑聲。」（399頁）

《說文注》：「會部曰：䎽，益也。土部曰：埤，增也。皆字異而義同。……引伸爲凡埤益之偁。」

案：《說文》「埤、俾、裨」諸字从「卑聲」，皆取「益也」之意，然與从「曾聲」之最大區別，乃「自卑加高之意」。

三、新增字例

本節所收，為沈兼士、殷寄明所疏漏者，凡 6 例：

1. 卑聲：細小、低下義

(1) 《說文》：「稗，禾別也。从禾卑聲。琅邪有稗縣。」（326 頁）
《說文注》：「如淳曰：細米爲稗。故小說謂之稗官，小販謂之稗販。」

(2) 《說文》：「裨，短人立裨裨皃。从立卑聲。」（505 頁）
《說文注》：「裨裨，短皃。」

(3) 《說文》：「陴，城上女牆。俾倪也。从𨸏卑聲。」（743 頁）
《說文注》：「凡小者謂之女。女牆卽女垣也。……《釋名》云：城上垣曰俾倪。言於其孔中俾倪非常。亦曰陴。陴，裨也，言裨助城之高也。」

(4) 《說文》：「甈，侣小瓿。大口而卑，用食。从瓦㪔聲。」（645 頁）
《說文注》：「《玉篇》曰：小盆大口而卑下。」

(5) 《說文》：「婢，女之卑者也。从女卑，卑亦聲。」（622 頁）
《說文注》：「鄭注曲禮曰：婢之言卑也。……（从女卑）會意。」

案：段氏於「稗」字下引如淳說法「細米爲稗。故小說謂之稗官，小
　　販謂之稗販」，則從「卑聲」之字有從「細小」取意，而《說文》
　　「短人立𤰢𤰢皃」，以「𤰢」字從「卑聲」有短小之意。以「細
　　小、短小」引伸而有低下、卑微之義，故《說文》云：「大口而
　　卑」、、「頖，傾首也」「婢，女之卑者」。

2. 皇聲：聲大

(1) 《說文》：「鍠，鐘聲也。从金皇聲。」（716頁）
　　《說文注》：「按皇，大也。故聲之大，字多從皇。詩曰：其泣喤
　　喤。喤喤厥聲。玉部曰：瑝，玉聲也。執競以鼓統於鐘，總言鍠
　　鍠。」

(2) 《說文》：「瑝，玉聲。从王、皇聲。」（16頁）
　　《說文注》：「謂玉之大聲也。」

(3) 《說文》；「喤，小兒聲。从口皇聲。」（55頁）
　　《說文注》：「啾謂小兒小聲，喤謂小兒大聲也。」

案：段氏注「鍠」字為「按皇，大也。故聲之大，字多從皇」，又注
　　「瑝」字為「玉之大聲」，又「喤」字注「小兒大聲」，依段氏術
　　語，則為「凡從皇聲多訓聲大」，沈兼士、殷寄明缺漏，今補。

3. 辰聲：衺義

(1) 《說文》：「綻，楸絲也。从糸辰聲。」（654頁）
　　《說文注》：「水之衺流別曰辰，別水曰派。血理之分曰衇。散絲

曰紙。」

(2) 《說文》：「眹，目財視也。从目辰聲。」（133 頁）

《說文注》：「財，當依廣韵作邪。邪當作衺，此與辰部覛音義皆同。辰者，水之衺流別也。……形聲包會意。」

(3) 《說文》：「衈，血理分衺行體中者。从辰从血。」（575 頁）

(4) 《說文》：「覛，衺視也。从辰从見。」（575 頁）

《說文注》：「覛不入見部者，重辰也。……會意。」

案：「辰」為水之衺流，凡从辰聲皆取衺義，故段氏修正「眹，目財視」為「眹，目衺視」，並於「紙」字下說：「水之衺流別曰辰，別水曰派。血理之分曰衈。散絲曰紙。」沈兼士、殷寄明未收此義，今補。

4. 于聲：坳曲義

(1) 《說文》：「盓，小盂也。从皿丂聲。」（213 頁）

《說文注》：「于丂皆坳曲意，皆以形聲包會意也。」

(2) 《說文》：「迂，避也。从辵于聲。」（75 頁）

《說文注》：「迂曲、回避，其義一也。」

案：「于」字从「丂聲」，本有氣流紆曲不暢之狀，故段注「迂」字為「迂曲、回避」，注「盓」字為「于丂皆坳曲意」，以說明「盓、盂」器物相近，器身皆呈現「坳曲」之象。沈兼士、殷寄明未收此義，今補。

5. 次聲：堆積義

   (1) 《說文》：「坒。以土增大道上。从土次聲。」（696頁）

       《說文注》：「增，益也。此與茨同意，以艸次於屋上曰茨，以土次於道上曰坒。」

   (2) 《說文》：「茨，茅蓋屋。从艸次聲。」（40頁）

       《說文注・茨》：「《釋名》曰：屋以艸蓋曰茨。茨，次也，次艸爲之也。……此形聲包會意。」

   (3) 《說文》：「薋，艸多皃。从艸資聲。」（40頁）

       《說文注・薋》：「《離騷》曰：薋菉葹以盈室。王注：薋，蒺藜也。菉，王芻也。葹，枲耳也。《詩》：楚楚者薋。三者皆惡艸也。據許君說，正謂多積菉葹盈室。薋非艸名，禾部曰：穧，積禾也。音義同。蒺藜之字說文作薺，今詩作茨，叔師所據詩作薋皆假借字耳。」

   案：段氏所謂「以艸次於屋上曰茨，以土次於道上曰坒」，說明從「次聲」之字多有堆積之義，故「茨」非草名，乃築屋時「次艸爲之」；「薋」非草名，乃「多積菉葹盈室」；「穧」非禾名，乃「積禾」之義也。

6. 衰聲：等差義

   (1) 《說文》：「榱，椽也。秦名屋椽也，周謂之椽，齊魯謂之桷。」（257頁）

《說文注》：「榱之言差次也，自高而下，層次排列如有等衰也。」

(2) 《說文》：「癳，減也。从疒衰聲。一曰耗也。」（356頁）

《說文注》：「減亦謂病減於常也。凡盛衰字引伸於癳，凡等衰字亦引伸於癳。凡喪服曰衰者，謂其有等衰也。皆癳之叚借。」

(3) 《說文》：「衰，艸雨衣。秦謂之萆。从衣，象形。」（401頁）

《說文注》：「以艸爲雨衣，必層次編之。故引伸爲等衰，後世異其形，異其音。古義茫昧矣。」

案：「衰」為艸製雨衣，必層次編之，故「榱」為屋椽，段氏謂「榱之言差次也，自高而下，層次排列如有等衰」，「癳」為「病減於常」，推而論之，喪服曰衰者，謂其有等衰，故凡從「衰聲」多有等差之義。沈兼士、殷寄明未收此義，今補。

以上疏證舊說43例、修正舊說9例、新增字例6例，凡58例，較殷寄明所舉證多7例。

參、段玉裁因聲求義概述

段玉裁分析「因聲求義」之法，雖承襲許慎「形義相合」之原則，並大量運用宋元以來之右文說，從諧聲偏旁所呈現之規律性，而提出「凡從某聲皆有某義」、「凡從某聲多有某義」之觀點，確實有助於字義之探討。然段氏除大量運用諧聲偏旁之法外，於《說文注》亦往往貫串以「聲義同源」觀點，亦即超越同一諧聲之探求方式，而改以「音義同」為手段，確實解決不少問題，是以本節擬就段氏所援引之字例，略述如下：

1. 瑈與穮皆於虋得音義

   (1) 《說文》:「瑈,玉經色也。从王、蔈聲。禾之赤苗謂之穮。言瑈玉色如之。」（15 頁）

   《說文注》:「虋聲在十三部,與十四部蔈聲最近,而又雙聲。此瑈、穮字皆於虋得義也。」

   (2) 《說文》:「穮,以毳爲繘,色如虋,故謂之穮。虋,禾之赤苗也。从毛蔈聲。」（403 頁）

   《說文注》:「王風文,今詩穮作瑈。毛曰:瑈,赬也。按許云毳繘謂之穮,然則詩作如瑈爲長,作如穮則不可通矣。玉部曰:瑈,玉經色也。禾之赤苗謂之虋,瑈下色如之。是則穮與瑈皆於虋得音義,許偁詩證毳衣色赤。非證穮篆體也。淺人改從玉爲從毛,失其恉矣。」

   (3) 《說文》:「楠,松心木。從木蔈聲。」（250 頁）

   《說文注》:「葢松心微赤,故與穮瑈同音。」

   案:《說文》「蔈,平也」,與赤色無關,許慎於「穮」字下說:「色如虋,故謂之穮。虋,禾之赤苗也。」已經體會出「蔈、虋」之間微妙關係。而段玉裁則進一步說明「蔈、虋」古音在十四部、十三部相近,乃謂「穮與瑈皆於虋得音義」。考「虋」從「釁聲」,而釁為血祭,故引伸有赤色之義,段說是也。段氏這種不拘泥於「瑈、穮」所從蔈聲以求義之法,比類聚諧聲偏旁之方法,更向前推進一步。

2. 凡皢皎皦皛皋縞晧杲訓白之字皆同音部

   (1) 《說文》:「臬,大白也。从大白。」(503 頁)
      《說文注》:「古老切。二部。凡皢皎皦皛皋縞晧杲訓白之字皆同音部。」

   (2) 《說文》:「皢,日之白也。从白堯聲。」(367 頁)
      《說文注》:「先月後日者,月陰日陽,月之白其正色也。呼鳥切。二部。」

   (3) 《說文》:「皎,月之白也。从白交聲。」(367 頁)
      《說文注》:「古了切。二部。」

   (4) 《說文》:「皦,玉石之白也。从白敫聲。」(367 頁)
      《說文注》:「古了切。二部。」

   (5) 《說文》:「皛,顯也。通白曰皛。从三白。讀若皎。」(367 頁)
      《說文注》:「烏皎切。二部。」

   (6) 《說文》:「皋,气皋白之進也。从白夲。」(502 頁)
      《說文注》:「當作皋,气白之進也。……澤藪之地,極望數百,沆瀁晶漾,皆白气也,故曰皋。古勞切。古音在三部。」

   (7) 《說文》:「縞,鮮卮也。从糸高聲。」(655 頁)
      《說文注》:「毛曰:縞衣,白色男服也。王逸曰:縞,素也。任氏大椿釋繒曰:孰帛曰練,生帛曰縞。古老切。二部。」

   (8) 《說文》:「晧,日出皃。从日告聲。」(307 頁)

《說文注》：「謂光明之皃也。天下惟絜白者㝡光明，故引伸爲凡白之偁，又改其字从白作皓矣。胡老切。古音在三部。

(9)　《說文》：「杲，朙也。從日在木上。」（255頁）

《說文注》：「日在木上，且也。古老切，二部。」

案：段氏所舉字例音義皆近，古音均在二部、三部之間，而本義「臭、晶」為顏色之白，「皢」為日光之白，「皎」為月光之白，「皦」為玉石之白，「皋」為白气，「縞」為白色男服，「晧、杲」為日出光明之白，引伸為凡白之稱，故段氏乃謂「凡皢皎皦晶皋縞晧杲訓白之字皆同音部」，以示其聲近義通之關係。

3. 欽歁欿歉皆雙聲疊韵字，皆謂虛而能受也。

(1)　《說文》：「欽，欠皃。从欠金聲。」（415頁）

《說文注》：「凡气不足而後欠。欽者，倦而張口之皃也。引伸之，乃欿然如不足謂之欽。……去音切。七部。欽歁欿歉皆雙聲疊韵字，皆謂虛而能受也。」

(2)　《說文》：「歁，食不滿也。从欠甚聲。」（417頁）

《說文注》：「苦感切。七部。」

(3)　《說文》：「欿，欲得也。从欠臽聲，讀若貪。」（417頁）

《說文注》：「《孟子》：附之以韓魏之家，如其自視欿然則過人遠矣。張鎰曰：欿音坎。內顧不足而有所欲也。玉裁按：孟子假欿爲坎，謂視盈若虛也。他含切。七部。」

(4) 《說文》:「歉,歉食不滿也。从欠兼聲。」(417頁)

　　《說文注》:「歉疑當作嗛,謂口銜食不滿也。引伸爲凡未滿之偁。苦簟切。七部。」

案:「欽、歊、欲、歉」四字諧聲偏旁雖不同,而音同或音近,且「欽」為倦而不滿,「歊」為食不滿,「欲」為貪而不滿,「歉」為食不滿,是以皆有「虛而能受」之狀貌,故段氏以「聲義同源關係」論之。

　　整體而言,段玉裁對於諧聲偏旁之觀察較為深入,而經由「音義」關係推演之字例相對短少,而字例雖少,亦頗見其可觀之處。

肆、段玉裁因聲求義之成就

　　從《說文注》所歸納之結果,段氏於修正字形、修正釋形、修正釋義、解釋形義關係、建立諧聲偏旁條例均有可觀之成就,茲分述如下:

一、修正《說文》小篆字形與釋形之解說

（一）《說文》:「犨,牛息聲。从牛讎聲。」(52頁)

　　案:「犨」字大徐本、小徐本、《說文義證》、《說文句讀》、《說文通訓定聲》並作「犫」[22],然段玉裁說:

　　　《經典釋文》,唐石經作犨,《玉篇》《廣韵》皆作犨,云:犫同。《五經文字》且云:犫作犨,訛。葢唐以前所據《說文》

---

[22] 參見《說文解字詁林》2-1056頁。

無不從言者。凡形聲多兼會意，讎从言，故牛息聲之字从之。鐀、鉉本皆誤也。今正。

段氏認為李唐之前所見「讐」字皆從「讎」聲，則《說文》原本當有言字，雖然「讎、雔」音同，然「雔，雙鳥也」，不符「形聲多兼會意」之旨，篆文當從「讎聲」，以符合「牛息聲」之意。

（二）《說文》：「瞥，瞥惑也。从目，熒省聲。」（137頁）

《說文注》：「熒，各本作榮，今正。凡營塋譽鎣縈榮榮字，皆曰熒省聲。而此字尤當從熒會意。熒者，火光不定之皃。」

案：段氏以為「瞥」之字義為「瞥惑」，與「榮」之取象不同，而「熒者，火光不定之皃」，始有「瞥惑」之義，故改為「熒省聲」。

（三）《說文》：「鶯，鳥有文章皃。从鳥，熒省聲。」（156頁）

《說文注》：「鶯鶯猶熒熒也。皃其光彩不定，故從熒省，會意兼形聲。……熒，各本作榮，今正。說文熒省聲之字共十有九，無榮省聲之字」

案：段氏以「鶯」字當從「熒省聲」，以「熒者，火光不定之皃」取象於「鶯」之「光彩不定」皃。

二、修正《說文》之釋義

段氏以「龤聲之偏旁，多與字義相近」之觀點檢查今本《說文》釋義是否形義相合之理，凡有不合者，則修正之，茲舉例如下：

（一）《說文》：「迵，迭也。从辵同聲。」（74 頁）

案：段玉裁認為「迵」解釋為「迭」，而《說文》：「更迭也。」與「迵」從「同聲」，聲義不合。故云：

> 迭當作达。玉篇云：迵，通達也。是也。水部：洞，疾流也。馬部：駧，馳馬洞去也。義皆相同。倉公傳曰：臣意診其脈曰迵風。裴曰：迵音洞，言洞徹入四肢。（74 頁）

又說：

> 通洞之溝，水去迅速，無滯不爲災。通之言洞也。洞者，疾流也。（740 頁）

段氏連引「洞、駧」二字說明「從同」之字皆有「通達」意。推而論之，「筒」之異體字作「箮」，而從「甬」之字如「桶、通、蛹」莫不取其中空而通達之意，段氏據《玉篇》改為「迵，通達也」，合於聲義同源之理。

（二）《說文》：「眹，目財視也。从目𡭘聲。」（133 頁）

《說文注》：「財，當依廣韵作邪。邪當作衺，此與𡭘部覛音義皆同。財視非其訓也。𡭘者，水之衺流別也。九思：目眹眹兮寤終朝。注曰：眹眹，視貌也。古詩十九首：脈脈不得語。李引爾雅：脈，相也。郭璞曰：脈脈謂相視貌。按今釋詁無郭注。釋文曰：覛字又作眹。五經文字有眹字。文選脈皆系眹之譌。……形聲包

會意。」

《說文》：「綜，楸絲也。从糸辰聲。」（654 頁）

《說文注》：「水之衺流別曰辰，別水曰派。血理之分曰衇。散絲曰綜。」

案：「眒」字从「辰聲」，而「辰」為「水之衺流別」，且「別水曰派，血理之分曰衇，散絲曰綜」，則「眒」字當如段氏說，改為「目衺視也」。又《說文》：「瞥，過目也。又目翳也。从目敝聲。一曰財見也。」[23]「一曰財見」亦當正作「衺見」，以符合「瞥，過目也」之引伸義。

（三）《說文》：「鏓，鎗鏓也。从金悤聲。一曰大鑿，中木也。」（716 頁）

《說文注》：「中木也各本作平木者。《玉篇》、《廣韵》竟作平木器，今正。鑿非平木之器。馬融〈長笛賦〉：鏓硐隤墜。李注云：《說文》曰：鏓，大鑿中木也。然則以木通其中皆曰鏓也。今按中讀去聲。許正謂大鑿入木曰鏓，與種植舂杵聲義皆略同。《詩》曰：鑿冰沖沖。《傳》曰：沖沖，鑿冰之意。今四川富順縣卭州鑿鹽井，深數十丈，口徑不及尺，以鐵為杵，架高緪而鑿之，俗偁中井。中讀平聲。其實當作此鏓字。囪者多孔，蔥者空中，聰者耳順，義皆相類。凡字之義必得諸字之聲者如此。《釋名》曰：轐言輻轐入轂中也。轐入正鏓入之譌。」

案：段氏修正各本「平木」之說，其理由可分為四項：一、《文選》

23　《說文注》135 頁。

李善注正作「大鑿中木也」;「鑿」字乃鑿空之義,則下文非「平木」可知;三、從「聲義同源」觀點,「鏓與種植、舂杵,聲義皆略同」,皆以物通其中;四、從諧聲偏旁觀察,「囪者多孔,蔥者空中,聰者耳順,義皆相類」,則「鏓」字本義當為「以木通其中」也。

三、精確解釋形義關係

(一)《說文》:「莞,艸也,可㠯作席。从艸完聲。」(28頁)

《說文注》:「玉裁謂:莞之言管也。凡莖中空者曰管,莞蓋即今席子艸,細莖,圓而中空。鄭謂之小蒲,實非蒲也。廣雅謂之蔥蒲。」

案:段玉裁以「莞、管」聲近義通之說,以補述《說文》「莞,艸也」,謂「莞」為製席之草,莖細體圓而中空,與「小蒲」不同。

(二)《說文》:「諫,諫諧,語相及也。从言逮聲。」(98頁)

《說文注》:「此依《玉篇》訂。隶,及也。眔,目相及也。然則此從逮,訓語相及無疑。」

案:「諫」為「語相及」,然从「逮聲」,而「逮」為「行相及」,義雖相近,而仍有隔閡,段氏遂謂「隶,及也。眔,目相及」,蓋「逮」从「眔聲」,而眔為「目相及也」,「眔」从「隶省」,而隶為「及也」,彼此層層相因而段氏必推之於「隶」者,求

其形義相合也。

（三）《說文》：「豷，豕息也。从豕壹聲。」（460 頁）

　　《說文注》：「息者，喘也。豷與臗呬齂音義皆同，而有人豕之別。」

　　案：段氏以聲義同源關係說明「豷、臗、呬、齂」皆為鼻息聲，而「豷」為「豕息」，而「臗、呬、齂」為「人息」，故曰「有人豕之別」。

四、建立諧聲偏旁之條例

　　從本文所論，段氏建立 58 個諧聲偏旁之條例，確實有助於「聲義同源」理論之建構，亦有助於近代對於「同源詞」之探討。58 條字例已見於前，不另列述。

伍、結語

　　研究《說文注》之學術成果，必須關照「因聲求義」之法，此為全書貫串之重要環節，然前人對於段氏因聲求義之說，仍缺乏通盤之觀察，沈兼士雖首論段氏「以聲求義」，引述 68 條字例，雖能掌握大要，然猶有不足之處。殷寄明繼沈兼士之後，歸納 51 聲符，以彰顯段說之大要，然所論或有非《說文注》之原意者，是以本文重基礎資料整理，並比對沈氏、殷氏之說，除疏證舊說之外，另修正二氏之非者達 9 例，增補新說者達 6 例，所以還原段說之真相。此外，本文另從「聲義同源」出發，觀察段氏如何透過「音義」關係，以詮釋字義，比較彼此之異同，然此部分所論不多，缺略之處，以待來日增補。

參考文獻

王觀國：《學林》，台北‧台灣商務印書館，1983 年

沈兼士：《沈兼士學術論文集》，北京‧中華書局，2004 年 5 月

沈　括：《夢溪筆談校證》，台北‧世界書局，1978 年

周大璞：《訓詁學》，台北‧洪葉文化事業有限公司，2000 年 6 月

段玉裁：《說文解字注》，台北‧洪葉文化事業有限公司，1998 年 10 月

殷寄明：《漢語同源詞字詞叢考》，上海‧東方出版中心，2007 年 1 月

殷寄明：《漢語語源義初探》，上海‧學林出版社，1998 年 1 月

陳新雄：《訓詁學》，台北‧學生書局，1994 年 9 月

曾昭聰：《形聲字聲符示源功能述論》，合肥‧黃山書社，2002 年 9 月

《論語注疏》：《十三經注疏》，台北‧藝文印書館，1981 年 1 月

《孟子正義》：《十三經注疏》，台北‧藝文印書館，1981 年 1 月

《慧琳音義》[24]轉注說初探

壹、前言

　　東漢許慎《說文》[25]序文對於六書轉注界說的敘述，僅以「轉注者，建類一首，同意相受，考、老是也」表述，由於敘述過於簡略，留下頗多臆測空間，因而轉注向來為文字學界所熱烈討論的課題。清代戴震、段玉裁匯聚與修正前人看法，提出「四體二用」之說，由於戴震、段玉裁結合古音學、訓詁學之理論，而融通於文字架構之間，所謂「數字共一義」的看法，普遍為學界所接受，而成為清代與近代研究轉注說的重要依據。然此說援引《爾雅》為例，以「初、哉、首、基、肇、祖、元、胎、俶落、權輿，始也。」[26]彼此互訓而皆釋為始，並以數字共一義為條例，以為闡釋轉注說之津梁。此說雖較前人說法為宜，然匯聚本義、引伸義、假借義為一體，猶不免失之過寬，泯滅文字學、訓詁學界域之別，是以民初以來唐蘭、陳夢家、裘錫圭揚棄六書之說，轉以古文字為礎石，

---

24 慧琳《一切經音義》，簡稱《慧琳音義》。又本文引用慧琳《一切經音義》、玄應《一切經音義》、可洪《新集藏經音義隨函錄》，除特別說明外，均採用 CBATE 漢文大藏經及其編號，並根據《一切經音義三種校本合刊索引》校正。

25 《說文解字》本文簡稱為《說文》。所選用的《說文》版本，除特別註明外，均指許慎撰、段玉裁注的《說文解字注》

26 段玉裁說：「建類一首，謂分立其義之類而一其首，如《爾雅・釋詁》第一條說始是也；同意向受，謂無慮諸字意怡略同，義可互受，相灌注而歸於一首，如初、哉、首、基、肇、祖、元、胎、俶、落、權輿，其於意或近或遠，皆可互相訓釋，而同謂之始是也。」（《說文解字注》頁 763。）

提出三書之論；而魯實先則堅守傳統文字學觀點，略加修正，提出四體六法之說，唐蘭、陳夢家、裘錫圭、魯實先諸家說法優劣高下，或仍有爭議空間，然非本文討論主題，暫時缺而弗論。考前人評述轉注源流，自許慎以下，首推唐裴務齊「老字左回，考字右轉」之說，然此說拘泥於楷書形體，不合文字流變之旨，聊備一說而已。至於同時期《慧琳音義》所論述之 45 則轉注說，由於隱匿於藏經音義之中，向為文字學者所忽視，而不知其所以然。近年來黃仁瑄持續於期刊發表多篇有關《慧琳音義》轉注之說，提出「轉注是在轉注語原的基礎上加注意符的一種造字方式；轉注字就是在轉注語原的基礎上加注意符而成的文字」27，雖有新意，然而是否符合慧琳旨意，仍有待更進一步的考驗。由於慧琳疏證字詞意義，往往詳略互見，必須相互參照，方能得其論述意旨，是以本文擬從《慧琳音義》原文歸納，匯聚慧琳所舉相同辭例，相互參照，兼及相關藏經音義，如玄應《一切經音義》、可洪《新集藏經音義隨函錄》等，進行資料排比，儘量以客觀資料去呈現慧琳轉注說之原意，排除過於主觀的評述。

貳、聶宛忻、黃仁瑄所論《慧琳音義》轉注說商榷

聶、黃二氏論述，分見於〈慧琳《一切經音義》中的一些轉注字〉、〈慧琳《一切經音義》中的轉注字〉、〈慧琳《一切經音義》中的轉注兼會意字〉三篇文章及黃仁瑄《唐五代佛典音義研究》專書之中，其主要

---

27 聶宛忻、黃仁瑄〈慧琳《一切經音義》中的一些轉注字〉(《南陽師範學院學報》社會科學版第 3 卷第 10 期，頁 79。)

觀點為：

所謂轉注，是在轉注原語的基礎上加注意符的一種造字方式。[28]

轉注就是將一個「轉注原體字」移附授注到一個「類首」形體上的一種造字法，換言之，也就是對一個轉注原體字加注一個類首符號（即意符）的造字法。我們還認為，在轉注過程中，轉注原體字不必事實存在，但在人們的語言中，一定得有和轉注字意義相關的言語事實（我們稱之為轉注原語，轉注原語表現在漢字形體結構中，就是通常所謂的表義聲符）。據此，我們根據孫雍長先生求證的轉注公式做了如下的修正：

建類一首

類首（老） ≒ 轉注原語（丂）－轉注字（考）[29]

同意相受

我們認為轉注字有如下幾個顯明的特點：(1) 構件組合關係的歷時性。就造字的層面而言，我們以為這是「轉注」作為一種造字法而獨立存在的根本理由，因而是其首要的特點。轉注是在轉注原語的基礎上加注意符的一種造字方式。在轉注的創造過程中，

---

[28] 聶宛忻、黃仁瑄〈慧琳《一切經音義》中的一些轉注字〉（《南陽師範學院學報》社會科學版第 3 卷第 10 期，頁 79。）

[29] 黃仁瑄，〈慧琳《一切經音義》中的轉注字〉（《古漢語研究》2005 年第 1 期。頁 92）

意符總是遲到,之前,轉注原語或訴諸聲音,或形諸文字,成載著轉注字所表達的全部內容。(2) 意義的承繼性。轉注字的意義往往承字轉注原語,其意符對轉注原語的意義起固化、彰顯的作用,所為「飛禽即須安鳥,水族便應著魚,蟲屬要作虫旁,草類皆从兩中」。(3) 結構類型的形聲化‧轉注字由轉注原語加注意符而成,其中轉注原語往往表現為字體結構中的聲符,因而一般呈現出形聲的格局。陸錫興認為:「音義結合的轉注字和形聲相益的形聲字有著內在的血緣上的聯系,而且轉注對漢字發展所起的促進作用主要通過向形聲字的轉化體現出來。[30]

聶、黃二氏轉注說,主要提出四個觀點:第一,轉注字是一種造字法;第二、轉注字是在轉注原語的基礎下所新造的一個形聲字;第三、轉注字與轉注原語有歷時性關係存在;轉注原體字未必存在,但轉注語原必須存在於語言事實中;第四、轉注字意義繼承轉注語原而來。

聶、黃二氏討論轉注觀點,有幾點可取:第一:不拘泥於四體二用說法,以轉注為造字之法立論。第二、轉注字必須在轉注原語的基礎上新造一個形聲字。第三、轉注字意義繼承轉注語原而來。從《說文》字例與《慧琳音義》的字例觀察,大抵符合以上之條件。以「斆」為「學」的轉注字而言,黃仁瑄而推論說:

---

[30] 黃仁瑄,〈慧琳《一切經音義》中的轉注兼會意字〉(《語言研究》第 25 卷第 2 期,頁 94~95)

「學」是「斅」的古字。「學」有兩義：一是教。……一是效。……
楊樹達《靜𣪠跋》認為：「古人言語施受不分，如買賣、受授、耀
糴，本皆一辭，後乃分化耳，學與斅亦然。」……我們認為，為
彰顯「學」的「教」即「以強制手段教育」的意義，於是加注意
符「攴」而成「斅」，高鴻縉《中國字例》就明白指出：「斅乃晚
出之教之。」「斅」從聲符「學」得其聲義，「斅」是「學」的轉
注字。[31]

　　這些字例中，黃仁瑄引用楊樹達、尚鴻縉說法來鞏固「斅」是「學」
的轉注字，確實沒有疑義，從文字分化過程而言，受學與教學一體，其
後「學」字保留受學的意義，於是將教學意義新增偏旁「攴」字，以強
化教師持檟楚以督責學生之意。「斅」字「從攴、學聲」，聲兼義，蓋承
轉注語原而來。然而《慧琳音義》字例未必如此單純，閱讀聶、黃二氏
之推論，至少有三部分有待斟酌：

一、誤讀為「轉注語原」之例

　　以《慧琳音義》所舉「昏耄」辭例來說：

　　毛抱反。《說文》：耄，老也。杜注《左傳》：亂也。〈曲禮〉云：
　　八十、九十曰耄。轉注字也。（T54n2128_p0397a19）

依照《說文》：「年八十曰耋。」「年九十曰薹。」[32]與《慧琳音義》引〈曲禮〉說法是有所區別。「薹」字顯然是個晚出字。依據段玉裁說法：

> 今作耄。从老省，毛聲。耗今音讀蒿去聲。葢蒿聲，毛聲古可通用也。曲禮：八十九十曰耄。注云：耄惛忘。引左傳：老將知耄又及之。按其字亦作眊，亦作旄。[33]

則「耄」字出現之前，經典古籍習慣以「耗、眊、旄」相代，以「毛、蒿」聲音相近的緣故。然而黃仁瑄卻引用《周禮》一條孤證說：

> 「毛」本指毛髮。《說文·毛部》：「眉毛之屬及獸毛也。」古籍中亦有直接以「毛」表示「耄」的情況。《周禮·秋官·司儀》：「王燕則諸侯毛。」鄭司農云：謂老者在上也，老者二毛，故曰毛。陸德明《釋文》：「劉（昌宗）本做耄，音毛。」[34]

此外筆者也找到一條字例，《尚書·顧命》說：「太保命仲桓南宮毛。」劉逢祿《今古文集解》：「《漢書·古今人表》毛作耄。」[35]然而此二條都與《慧琳音義》用以表示「八十九十曰耄」無關，無法證明將「毛」字釋為「轉注語原的原體字」的事實，況且援舉《慧琳音義》辭例時，仍是「耄、耗、眊、旄、薹」五字並用現象，可見以「毛」字為用，在實

---

[32] 《說文》頁 402。
[33] 《說文》頁 402。
[34] 黃仁瑄，〈慧琳《一切經音義》中的轉注字〉《古漢語研究》2005 年第 1 期。頁 89）
[35] 轉引至《故訓匯纂》頁 1210。

際語言習慣中並不存在，也就是並無轉注語原「毛」字轉注為「毫」的基本條件，加以二者在意義也難以相通，無法呈現出彼此之間的歷時關係。此與《慧琳音義》因「霸水」而轉注為「灞水」不同，「霸、灞」確實存在於實際語言習慣中，因而新添意符水旁為「灞」，使其本義與假借義分離。因此，毫字應當與「𣯶」為一組轉注字，以音變而新造「毫」字也。（此說詳見本文貳、《慧琳音義》轉注說釋例-昏毫辭例下）

二、誤設「轉注原體字未必存在，但轉注語原必須存在於語言事實中」的觀點

語言與文字最大差別在於，語言以音義為媒介來傳達意義，文字則以形義為媒介來傳達意義。由於語音抽象，故傳達之意象也較為抽象，因而難以將某音讀必須框架在某一意義之上，故同一讀音，表象可以多元而複雜。反觀文字以「形義」溝通條件，構形固定，故表達之意義也相對固定，因而意義之傳遞，可藉由構形而推論其變化之跡，轉注字也是如此，當文字表義功能分歧，而逐漸影響其表義功能時，勢必要分化新字以穩定其表義特質，所以「縣」字以系字懸掛人頭來表示掛念的意思，其後「縣」字假借為「州縣」，乃新添「心」旁以強化「掛念」之意，所以「縣、懸」為轉注字，「縣」既是轉語，也是字體。他如「永、泳」、「益、溢」之間的關係，也同此類型。反之，若屬雅言、分言之區別，則「轉注原體字」轉為形旁，並依照實際語言擬音，添加聲符，另造轉注字，如「老、考」皆謂之「年老」，以老字方音讀「ㄎㄠˇ」，乃以「丂」字代之，另造「從老省、丂聲」的「考」字，「考」字以「老」為「轉注

原體字」，並承襲「老」字「年老」之意。「龍、龒」也是如此，「龍」字方音讀「ㄌㄧㄥˊ」，遂取「霝」字代之，另造「從龍、霝聲」的「龒」字，所以「龒」也是以「龍」為「轉注原體字」並承襲「龍」字「鱗蟲之長」之意。

三、誤讀《慧琳音義》文意

《慧琳音義》談轉注字，與《說文》轉注相通，然文字對象不同，許慎《說文》關注古文至小篆之轉注現象，而《慧琳音義》卻關注從隸、楷文字演變現象，凡當代楷書系統，彼此有歷時性的形義關係，則列為轉注的對象。然而《慧琳音義》闡釋詞義，繁簡不一，不可全依單一辭例觀察，必須兼容全書相同或相近之辭例，方能通曉其表達原意，黃仁瑄舉《慧琳音義》說明時，常忽略此點，而慣以主觀臆測推論，如「翕然」的「翕」以「合」為聲，所以「合、翕」為一組轉注字，「石礐」之礐，以「虖」為聲，故「虖、礐」為一組轉注字，完全忽略轉注字字義必須相承的關係。諸如此類主觀臆測之辭，文中多見，茲不贅述。今以「石礐」為例，說明如下，考《慧琳音義》有關「礐」字辭例如下：

石礐：赫嫁反。《博雅》云：礐，裂也。《說文》：墢裂也，破也。從缶、虖聲。轉注字也。（T54n2128_p0885c07）

門礐：下呼嫁反。考聲云：器裂也。說文云：礐，墢裂也，從缶、虖聲。亦從阜作隑，又作墢，錄作鎛，非也。（T54n2128_p0831a24）

石罅：古文⿰阝虖、⿰土雩二形，或作⿰石雩，同呼嫁反。說文：罅，裂也，坼也，謂石壁小開也。（T54n2128_p0615c15）

指罅：赫駕反。韻英云：器裂也。坼、開也。從缶、虖聲也。缶音甫苟反，虖音呼也。（T54n2128_p0544b07）

依據以上「石罅」、「門罅」、「石罅」、「指罅」辭例觀察，「罅」字本義為「土器坼裂」，引伸為裂開的縫隙。唐人書寫時，或作「⿰阝虖」、「⿰土虖」、「⿰金虖」、「⿰土雩」、「⿰石雩」等形，慧琳以為形旁從「阜、土、石」等形，意義相通，而聲符或作「虖、雩」二形，聲音相通，都屬於替換偏旁，而意義相通的字例，所以歸為轉注字，而非如黃仁瑄所說：

虖聲先是模擬動物的驚叫聲，繼而狀寫事物分裂發出的聲響，再引申出裂的意義，而缶，燒善裂也，遂加注意符缶而成罅，罅是虖的轉注字。

黃氏說法暫且不論其是非，從方法上觀察，是屬於處理「語源」的模式，而唐人是否有能力觀察至此地步，不無令人懷疑之處。

綜合以上看法，筆者以為反不如暫時拋開近代語言學觀點，單純的從《慧琳音義》本文下手，類聚《慧琳音義》辭例，以《慧琳音義》之例以證慧琳之說，應是最為可靠的作法。

參、《慧琳音義》轉注說釋例

本節將以列舉慧琳所謂轉注說辭例,並類聚書中相同、相近辭例,同時佐以玄應《一切經音義》、可洪《新集藏經音義隨函錄》相關辭例,藉以瞭解其轉注說之原意。

(一)邀挈

下輕計反,《韻英》云:「契,約也、要也。」鄭眾曰:「契,符書也。」鄭玄曰:「契即今之券,從力。《考聲》云:「大曰券,小曰契。」杜預曰:「要契之辭也,古者合兩禮,剖其傍,各執為信。」從㓞從廾,此會意字轉注字也。券音匡願反,㓞音口八反,廾音拱也。(T54n2128_p0349b21)

考《說文》:「契,大約也。從大、㓞聲。」本指邦國之間的約定,其後引伸為凡雙方彼此約定也可稱為契。慧琳引《韻英》、鄭眾、鄭玄、《考聲》、杜預為說,說明「契」字本義與「券」相近,均為要契之辭。然而契字特別強調其刻識其旁,並以各執其半為約信的功能。從文字發展過程觀察,契字初文作「㓞」,像於木上契刻齒狀符號來標識之,《墨子·備城門》說:

> 守城之法,必數城中之木,十人之所舉為十挈,五人之所舉為五挈,凡輕重以挈為人數。

> 孫詒讓《墨子閒詁》:「挈與契同。十挈、五挈為刻契之齒以計數也。」

墨子評估建城所需人力，以十挈、五挈誌之，正所以強調契為刻識在木
上的契齒，用以計數，此足以說明刻契的特徵。由於「㓞」字與「艸盛
丰丰也」的「丰」字形近易混，遂佐以刀旁為形符作「㓞」，最後又添加
形符木旁而作「栔」字，隸書隸變作「契」，木字訛變為大字，均屬一字
之異體。而藏經契字或從廾作「㓞」，慧琳以為「從㓞從廾」會意，在
六書中兼表轉注之法，表示以手持奉要契的意思，與契字並無累增關係，
實屬新造字形，所以慧琳視為轉注字也。考《慧琳音義》：

> 執契：《說文》：「大約也。從大、㓞聲。」（T54n2128_p0635b17）
> 一㓞：《說文》：「大約也。」從㓞，古八反。從大。
> （T54n2128_p0666c21）

又玄應《一切經音義》說：

> 司㓞：說文：㓞，大約也。字從大。（C057n1163_p076c22）

又可洪《新集藏經音義隨函錄》說：

> 㓞舡：上苦結、苦計二反。刻也。正作栔契。（K35n1257_p0678b07）

從玄應「字從大」，與可洪「正作栔契」之說，足以說明契栔㓞二字的關
係。從「契、㓞」字例觀察，慧琳所謂轉注字其音義關係為：

1. 表義上：「契、㓞」必須意義相承，彼此同意相受，都指券契而言。
2. 從文字使用上觀察，「契、㓞」二字並行，而有「正俗」之分。㓞字

替換形符，以「廾」字表示雙手奉持。

因此黃仁瑄所謂「轉注是在轉注語原的基礎上加注意符的一種造字方式」，並不符合慧琳轉注說的看法。

（二）鬚髮

上相踰反。《說文》作須，會意字也。兩字並從彡，彡音必遙反，並轉注字也。（T54n2128_p0400a15）

考慧琳以「鬚髮」本作「須髮」，須字本義指「頤下髭須」，而《說文》釋為「面毛」。所以《慧琳音義》詞條中，經常指出「須」為本字的看法，如：

鬚髮：上相瑜反，本作須，今俗從水作湏，非也。鄭玄注周禮云：須者，頤下髭須也。說文云：面毛也。古今正字從彡作鬚，正體字也。（T54n2128_p0335c14）

鬚髮：上相逾反，說文作須，髭須也。（T54n2128_p0335c14）

鬚髮：上音須，俗字也，本字只作須。說文從頁。頁、頭。從彡音衫，彡、眾毛也。時用須字從水作湏，非也。湏乃是古文頮字也，音悔。（T54n2128_p0393b09）

鬚髮：上相臾反，考聲云：髮，鬚也。說文作：須，面毛也。從頁，頁、頭也。從彡，象毛也。（T54n2128_p0397b03）

鬚髮：上相逾反。考聲云：鬚也。說文正作須，面毛也。從頁，
頁、頭也。從彡，彡、象毛也。今經文從髟作鬚，亦通，亦時俗
共用字也。（T54n2128_p0732c21）

從以上詞條觀察，慧琳非常清楚說明「須」字本義為「髭須」，是鬍鬚的
本字，時俗多寫成「鬚」、「鬚」二字，或誤寫為「湏」字。從文字流變
觀察，須字甲骨文作「 」、金文作「 」[36]均像頤下毛髮，其後假借
為「必須」，遂添加「髟」旁，轉寫成「鬚」字，以表示頤下毛髮，為「從
髟、須聲」的後起形聲字。這一類因假借義、引伸義關係，而產生字義
轉移的現象，皆以添加意符的方式解決，也與黃仁瑄所謂「轉注是在轉
注語原的基礎上加注意符的一種造字方式」說法相符，但轉注原因多途，
恐不是單一結論即可概括。

（三）昏耄

毛抱反。《說文》：耄，老也。杜注《左傳》：亂也。〈曲禮〉云：八
十、九十曰耄。轉注字也。（T54n2128_p0397a19）

考慧琳說「耄」是轉注字，本義是年長者，特指八十至九十歲的老
者而言。然而耄字轉注語原為何字？慧琳並沒有進一步說明。黃仁瑄以
為「毛、耄」一組，「耄」為「毛」的轉注字，他說：

根據分析，我們認為，古人是以"毛"表示"年老"、"年八十

---

[36] 甲骨文「乙 2601 反」、金文「集成 4370 伯多父盨」，資料均引用小學堂所收。

九十"和"昏亂"一類意義,這類意義唐以前的文獻或借"眊"、
"旄"、"耗"等字,或徑用"毛"字表示。因為這些字各有本
義,為彰顯"老"意,遂加意符"老"而成"耄"。慧琳明確指
出"耄"是轉注字。[37]

然而古籍中使用「毛」表示「耄」者,黃仁瑄僅舉出《周禮‧秋官‧司
儀》:「王燕則諸侯毛。」一例,恐不足為據,在實際語言慣例中,並未
見「毛、耄」互用的現象。考《慧琳音義》辭相關例:

> 衰耄:下莫報反,《韻英》云:「耄,老也。」《禮記》云:「八十、
>   九十曰旄。」音耄。鄭玄曰:「耄,昏忘也。」或作眊、眊
>   皆古字也。(T54n2128_p0337a13)

> 衰耄:下古文眊、耄二形,今作耗,同莫報反。八十曰耄,耄、
>   惛忘也,亦亂也。(T54n2128_p0431c05)

> 老耄:上勒惱反。《爾雅》:「老壽也。」《考聲》云:「久也,舊也。」
>   〈曲禮〉云:「七十曰耄。」《說文》:「耄,老也。從毛從
>   人從匕。」匕音化,言人鬚髮化白曰老。下毛暴反,《禮》
>   云:「八十、九十曰耄。」鄭玄云:「惛忘也。」《說文》作
>   薹,年九十也。從老從蒿省聲也。(T54n2128_p0324a17)

---

[37] 黃仁瑄〈慧琳《一切經音義》中的轉注字〉,(《古漢語研究》2005 年第一期,頁
89)

老耄：下毛報反，鄭注《禮記》云：「耄，惛忘也。」古文從蒿作
　　蓍。古今正字從老毛聲。《字書》有作秏，俗字也。
　　（T54n2128_p0502c11）

老耄：二形今作秏，同莫報反。（T54n2128_p0700a16）

西耄：下毛報反，杜注《左傳》云：「耄，亂也。鄭注《禮記》云：
　　「惛忘也。」《說文》作蓍，從老從蒿省。經從老、毛聲也，
　　古文俗作秏，今時不用。（T54n2128_p0816a09）

應耄：《說文》作蓍古字。（T54n2128_p0879c11）

耄耋：《說文》作蓍，年九十也，從老蒿省聲。耋，年八十也。
　　從老省聲，亦作秏。（T54n2128_p0907b07）

在以上辭例中可以觀察出幾個現象，「耄」字有多種寫法，包括「秏、
秏、蓍、蓍、耄」等形。然而慧琳以《說文》「蓍」為本字，構形為
「從老蒿省聲」，後人作「秏」者俗字也，又假借「秏」為之，辭例中
並無以「毛」假為「耄」之說。蓋「蓍、耄」皆指八十、九十歲的長者，
二者僅聲符替換，而同意相受，所以慧琳以「耄」為「蓍」之轉注字，
古用「蓍」而今用「耄」是也。黃仁瑄以「毛、耄」為轉注字說之，恐
怕不符合《慧琳音義》體例。

雙魚齋讀書劄記

（四）韛囊

上排拜反。《說文》：「吹火具也。」或從韋作鞴，亦作橐，並音與上同，亦名橐，《字書》云：「無底袋也。」轉注字也。橐音託。下諾郎反。（T54n2128_p0406c09）

考韛囊為冶鐵所使用的吹火皮囊，本作「韛」，《東觀漢記》或假借「排」字，或依排字造出「橐」字，或直稱排囊、橐囊。所以慧琳辭例說：

> 韛囊：《埤蒼》作鞴。《東觀漢記》作排。王弼注書作橐同。皮拜反。所以冶家用吹火令熾者也。（T54n2128_p0583b09）

> 橐囊：上音敗，下諾郎反。《蒼頡》、《玉篇》韛囊，吹火具也。或從革作鞴，或從韋作韛，並通。經作排，非也。（T54n2128_p0404c12）

> 韛囊：上排拜反。《蒼頡篇》云：「韛，韋皮也。」顧野王曰：「所謂吹鑄冶火令熾也。」《文字典》說從韋、葡聲，葡音備。亦作鞴排，又作橐也。（T54n2128_p0462b08）

考玄應撰寫《一切經音義》時，書中僅見韛、橐、排三字，尚未出現「鞴」字，所以其辭例說：

> 橐囊：又作排、韛二形，同蒲戒反。謂鍛家用炊火者也。（C057n1163_p059a18）

可見「鞴」字晚出，「鞴」當為「韛」的後起字，因形旁替換，以「革」

代「韋」，皆指皮製品而言，慧琳以二者皆為「冶鐵所使用的吹火皮囊」，
彼此同意相受，遂以「鞴」為「韛」的轉注字。又根據年代稍後的可洪
《新集藏經音義隨函錄》也說：

　　韜囊：上步拜反，吹火袋也。正作鞴、韛、橐三形。
　　（K34n1257_p0918c11）

可見「鞴」字必須出現在比較晚出的經書，所以慧琳將「韛、鞴」視為
一組轉注字，而聶宛忻、黃仁瑄則說：

　　古人是以"毆"、"石"的聲音分別指稱這兩種事物，因為其意和"囊"
　　有關，於是加注意符"囊"標識之。這樣，我們就有理由相信"囊"、
　　"橐"分別是"毆"音、"石"音的轉注字。[38]

將囊橐分別與「毆」、「石」為轉注字，屬於漢字探原的方式，與慧琳編
纂藏經音義的要旨不相符也。

（五）牽撲

　　上詰研反。《廣雅》云：「牽猶挽也，亦謂連也。」顧野王云：「牽
亦引也。」《說文》云：「引前也。從牛，象引牛之縻，玄聲。」轉注字
也。下龐邈反。《考聲》云：「撲謂投於地也。」（T54n2128_p0671b10）

　　考牽字《說文》：「牽，引而前也。從牛，冂象引牛之縻也。玄聲。」

---

[38] 聶宛忻、黃仁瑄〈慧琳《一切經音義》中的一些轉注字〉（《南陽師範學院學報》
社會科學版第 3 卷第 10 期，頁 80）

³⁹為形聲附加圖像構形，表示以牛麻牽引，使其前進。而藏經表示牽引之意，寫法多樣，考《慧琳音義》辭例，如：

> 牽挽：上遣堅反。《說文》：「從冖、從牛、玄聲。」冖音覓。下萬返反。《考聲》：「挽，引也。從牛、免聲。」經從手，非也。（T54n2128_p0399c01）

> 方牽：企堅反。《廣雅》：「牽，連也，挽也。」《說文》：「引前也。從冖，象牛之麻也。從牛、玄聲也。」冖音癸營反。俗從手從去作搫，非也。古文從手作擘。（T54n2128_p0324a14）

> 牽拽：上挈賢反。鄭注《周禮》云：「人居前曰牽。」顧野王云：「牽亦引也。」《說文》：引前也。從牛、象牛之麻，玄聲也。」經從去作搫，非也。（T54n2128_p0514c02）

> 筋牽：《廣疋》云：「牽，挽也，連也。」顧野王云：「牽亦引也。」《說文》：「從牛從冖，玄聲。象牛之牽也。」冂音癸管反，俗從手作搫，非也。（T54n2128_p0531a12）

> 牽乎：企堅反。《廣雅》：「牽，挽也，連也。」《說文》：「引前也。從牛、從冖，玄聲也。」冖音癸營反，象牛之麻也。俗用從手作搫，非也。（T54n2128_p0574b18）

> 牽裸：上遣延反，顧野王云：牽猶引也，已見前釋，錄作搫，俗字也。（T54n2128_p0828a10）

---

³⁹ 《說文》頁 52。

　　慧琳指出藏經以「牽、牽、掔、擧」並指牽引的動作。而掔字《說文》：「掔，掔，固也。从手臤聲，讀若《詩》：『赤舄掔掔。』」[40]本為「牢固」的意思，段玉裁說：「掔之言堅也，緊也，謂手持之固也。或段借爲牽字，如《史記》鄭襄公肉袒掔羊，卽左傳之牽羊也。」[41]所以《玄應音義》也說：

> 常掔：苦閑反。《介疋》云：「掔，固也。」牢固之皃也，亦牽也，擊也。（C056n1163_p0947b22）

> 掔我．《二蒼》亦牽字，苦田反，引前也。《廣雅》：「牽，挽也，連也。」（C056n1163_p1009a17）

而《慧琳音義》在此兩條辭例，也有相同的補述：

> 常掔：苦閑反。《爾雅》云：「掔，固也。」牢固之皃也，亦牽也，擊也。（T54n2128_p0523a10）

> 掔我：《三蒼》亦牽字，音苦田反，引前也。《廣雅》：「牽，挽也，連也。」經文作掔，脚田反。掔，固也，非此義也。（T54n2128_p0688c15）

此外，慧琳還發現另有從去、牛的「牽」字，並以為前代即有此寫法，所以《慧琳音義》說：

40　《說文》頁 609。
41　《說文》頁 609。

　　　　牽引：上啟賢反。《考聲》云：「牽，連也。」《廣雅》：「牽，
　　　　挽也。」《說文》云：牽，引前也。從牛從冂。音縣，玄
　　　　聲也。」或作𢃕、或作掔，古字也。（T54n2128_p0344b02）

既稱𢃕為古字，也稱其為或體字，如《慧琳音義》：

　　　　牽掣：上啟堅反。《考聲》：「牽，連也。」《廣雅》：「牽，挽
　　　　也。」《說文》：「引前也。從牛從冖。音綿，玄聲也。」
　　　　或作𢃕。（T54n2128_p0354c18）

可見「𢃕」字是有其合法使用地位，從去有「引而去之」的意義，與「牽」
字為轉注關係。至於從手、從去的「掔」字，慧琳以為從牽牛之義盡失，
嚴重破壞牽字結構，而視為書寫的形訛字。而聶宛忻、黃仁瑄則以為：

　　　　綜言之，古人是以「玄」聲表示牽引的意義，因其行為多與牛冂
　　　　相關，遂加注意符「牛」、「冂」而成「牽」。「牽」是「玄聲」的
　　　　轉注宇。[42]

　　其實從慧琳轉注字例觀察，名稱雖沿用《說文》轉注之辭，然而意
在當代文字運用之探討，也就是說，慧琳是針對當代文字的演變現象來
說明文字轉注的現象，倘若過於主觀的討論字例，或欲必從文字源頭觀
察，恐怕有違《慧琳音義》原旨。

---

[42] 聶宛忻、黃仁瑄〈慧琳《一切經音義》中的一些轉注字〉（《南陽師範學院學報》
　　社會科學版第 3 卷第 10 期，頁 80）

（六）學架

　　瓨角反。《考聲》云：「放習也，識也。」孔注《尚書》云：「學，教也。」顧野王云：「受人之教也。」《說文》云：「上所施下所效也。」乃是古文斅字也。覺，悟也，教之聲也。《說文》斅字從攴、學聲，今學字從冖，音覓；冖，矇也。從孝省去攴、從臼、從冖、子聲，轉注字亦會意字。下架字音加訝反。（T54n2128_p0416c02）

　　考慧琳以「學架」之「學」，不讀為「胡覺切」，也就是不讀為學習之學，而應讀為「瓨角反（或乎教反、爻教反）」，也就是教人之學，所以引《考聲》、孔注《尚書》、《說文》教字來說明詞義，並以為此乃古文斅字。其他相關辭例：

　　　　斅之：乎教反，從文（當作攴）、學聲，斅猶學。（T54n2128_p0543b01）

　　　　倣斅：上方罔反。《考聲》：「放，效也。」《韻略》：「倣，學也。」
　　　　　　　下爻教反。孔注《尚書》云：「斅，教也。」《古今正字》
　　　　　　　從支（當作攴）學聲。（T54n2128_p0563c15）

　　　　相斅：下爻教反。孔注《尚書》云：「斅，教。」《文字典》說從攴、學聲。攴音普卜反。（T54n2128_p0818a06）

　　　　不斅：爻教反。《韻英》云：「斅，學也。」（T54n2128_p0931c22）

都強調「斅」、「學」的詞義有別。考段玉裁說：

〈兌命〉曰：「學學半。其此之謂乎！」按〈兌命〉，上學字謂教，言教人乃益己之學半。教人謂之學者，學所以自覺，下之效也。教人所以覺人，上之施也。故古統謂之學者也。枚頤僞《尚書‧說命》上字作斅，下字作學，乃已下同《玉篇》之分別矣。[43]

所謂「同《玉篇》之分別」，即表示「斅」、「學」在《玉篇》已經分工，而段玉裁又說：

詳古之製字。作斅從教，主於覺人。秦以來去攴作學，主於自覺。學記之文，學教分列，已與〈兌命〉統名爲學者殊矣。[44]

所以慧琳說：「從孝省去攴、從臼、從冖、子聲，轉注字亦會意字。」以「斅」、「學」二字本作「學」字，而兼含自覺與他覺之學習，其後以「上所施下所効也。」表「斅」字，而成為「學」之轉注字也。

肆、結論

　　綜合以上六例所討論的內容，可知《慧琳音義》於疏論辭例時，繁簡互見，必須將相關辭例歸納參照，方能知曉慧琳所要表達的要旨。同時在討論唐人轉注觀念時，切忌加入過多的主觀意識，否則極易有偏頗失當的言論。至於慧琳轉注說的特點，可以歸納為以下幾點：

　　一、《慧琳音義》討論的對象為唐代楷書的正俗字關係，並非溯及文字

---

[43] 《說文》頁128。
[44] 《說文》頁128。

源流的探討，雖然部分字例仍不免涉及文字源流的探討，然而也使當代文字運用之現象。譬如「須、鬚」與「縣、懸」之間的關係即是如此，雖然唐代人已經不再以「須」字當作「鬍鬚」字使用，但是仍有人誤用「湏」為須字，因此慧琳加以疏證。

二、一組轉注字之關係，必須要有歷時性的先後關係，同時因為材料是當代的正俗字，所以大半也具有共時性的特性，如「鞴、韝」雖為轉注關係，先有「韝」字，然後因「革、韋」字義互通，進而產生「鞴」字，然而「鞴、韝」二字卻同時在藏經抄寫中出現，所以又具有共時性的特性。

三、一組轉注字，在字義上必須完全相承，且必須是本義，引伸義與假借義排出在外，形成數字共一用之現象。本文索引之字例皆如此。

四、一組轉注字的形成，主要是新添或替換形符，如「縣、懸」是新添形符，「鞴、韝」是替換聲符。然若涉及讀音問題，則新添的構件為聲符，如「薹、芼」。

五、有些轉注字從溯源觀察，屬於一字之分化現象，如「斆、學」關係即是如此。

由此可見，以唐人的觀點討論轉注問題，看似清楚簡單，若細分其轉變之因，亦十分複雜，絕非聶宛忻、黃仁瑄所說「轉注是在轉注語原的基礎上加注意符的一種造字方式；轉注字就是在轉注語原的基礎上加注意符而成的文字」般的簡單。本文先後援舉數例說明，尚不及原書之

半，而《慧琳音義》或許有更可探討的部分，本文僅為拋磚引玉之作，尚祈方家正之。

參考文獻

一、專書

王華權、劉景雲，《一切經音義三種校本合刊索引》（上海：上海古籍出版社，2010）

許慎撰、段玉裁注，《說文解字注》（台北：洪葉文化事業有限公司，1999）

黃仁瑄，《唐五代佛典音義研究》（北京：中華書局，2011 年）

二、期刊論文

聶宛忻、黃仁瑄，〈慧琳《一切經音義》中的一些轉注字〉（《南陽師範學院學報》社會科學版第 3 卷第 10 期）

黃仁瑄，〈慧琳《一切經音義》中的轉注字〉（《古漢語研究》2005 年第 1 期）

黃仁瑄，〈慧琳《一切經音義》中的轉注兼會意字〉（《語言研究》第 25 卷第 2 期，2005 年 6 月）

三、網路資源

《漢文大藏經》，電子佛典學會，http://www.cbeta.org/index.htm

小學堂，臺灣大學中國文學系、中央研究院歷史語言研究所、資訊科學

研究所共同開發，

佛典辭書數位檢索系統，http://140.112.26.229/cyj/

俗寫字在校勘上的價值

——以《說文繫傳校錄》所載為例

壹、前言

　　文字本為記錄語言之用，然而文字的創作並非拘於一人、一時、一地而成，因此形體雜揉的現象勢必無法避免，所以在文字的發展過程中，每隔一些年代，就必須作一次整合的工作，而甲文、金文、篆文、隸書正是文字轉化的典型，倉頡、史籀、李斯、許慎正是文字轉化的功臣。以《說文解字》所載篆文為例，雖仍保有不少的異體字，然而大致而言，已經十分整齊，其經過人為的整理統一是可以理解的。雖然這些有規矩方圓的典雅文字被使用在較正式的場合，然而在民間的慣用寫法中，卻往往不依照官方的標準，與《說文解字》同時代的《帛書老子》來看，正可以看出這種分岐的現象，而漢魏六朝的碑文，唐宋的寫卷，更可以看出民間書寫習慣與官方標準字的差異，這些俗寫字，雖然未必符合六書的條例，也未必合乎文字衍化的過程，甚至因偏旁互通而混用，然而在雜亂中，卻自有一套「約定俗成」的方法，並且得到書寫者的認同，我們自然必須重視它的存在。近人在研究俗寫字的條例，雖未能通觀全面，但已經有相當不錯的成績，如劉復共《宋元俗字譜》潘重規《敦煌俗字譜》凌亦文《增訂偏類碑別字中俗字之研究》徐富昌《漢簡文字研究》路復興《龍龕手鑑文字研究》曾榮汾《干祿字書研究》、《字樣學研

究》李相馥《唐五代韻書寫本俗字研究》拙著《龍龕手鑑引新舊藏考》等，透過這些研究的成果，俗寫字的規律已經逐漸明朗，寫卷中的異體別字也能通曉明白，在學術研究上，具有極高的參考價值，何況在印刷術發展之前，古書的傳遞，唯有借助鈔書來傳播知識，既有鈔書的事實，就有俗寫文字的存在，雖然在刊刻之後，已經改用正式的體字來印刷，然而不可諱言的，仍有少數俗寫字仍殘留在刻本中，甚至因俗寫乎通的習慣，在辨識還原為雅字時，卻誤認為它字，這些都必須借助俗寫字的習慣來加以糾正。譬如《說文句讀》上有此一例：

> 趍，趍趙。大徐趨趙，孫鮑本亦訛趨（卷三、走部）

在刊本中，趍字的解說字義，卻有「趨趙」與「趍趙」之別，而趨趍形體相去甚遠，何以會如此分歧，詳究其因，唯有在俗寫字上去探求。段玉裁《汲古閣說文訂》趍字下說：

> 趍，趍趙，久也。《兩宋本》、《葉本》、《趙本》、《五音集韻》、《類篇》皆作「趨趙，久也」，唯《集韻》作「趍趙，久也」，下文趙篆下，各本及《類篇》、《集韻》皆云：「趨趙也。」蓋由俗趨字作趍，學者不知有直离之趍，故凡趍趙皆作趨趙。《廣韻》五支作趍趙，《玉篇》趍趙二字下皆引《說文》趍趙，是可以知《毛本》作趍趙不誤也。

段氏以俗寫字來考釋《說文》版本，極為精審。考碑文趨字作趍（漢西狹頌），與段氏推論相合，因為趨字俗寫作趍，遂與趍趙之趍相混，後人

在刊刻《說文繫傳》時,遂誤趑趙之趑為俗寫字,而改正為趨,殊不知趑趙殆用其本字也。從這個例子看來,就可以明瞭俗寫字在校勘上佔有絕對的重要性。又羅振玉《碑別字·序》云:

> 然經典數經傳寫,別構之字有因仍未改者,特先儒別字後人弗識,而鄙陋之士又曲造音訓,不知妄作,小學之不講,無怪經注之多支離也。故治經貴熟六書,尤貴審辨別字,玉嘗以編中所載諸字校正古籍,多有捷悟,如《說文解字》「牙,牡齒也。」段玉裁改為「壯齒」,注:「壯,各本譌作牡,惟《九經字樣》不誤。」玉案:古人書爿多作牛,如將字作牂之類,六朝石刻多有之。隋張貴男墓誌銘、唐虞書夫子廟堂牌,壯字皆作牡,許書原作「壯齒」,段說甚諟。然牡為壯之別字,非譌字也。

羅振玉以「經典數經傳寫,別構之字有因仍未改者」來說明今刊本中猶存有俗字的說法,誠然有見識,而以碑文壯字作牡來指正段氏的論點,更是確然不可移異。近人曾榮汾《干祿字書研究》依羅氏之法,推衍俗字研究「可助明歷代典籍版本之是非」並且舉例云:

> 《大徐說文》虫部:𧍱,螻蛄也。從虫,婁聲。一曰螫天螻。此處一曰,乃本之《大戴記》《夏小正傳》及《爾雅·釋蟲》,然《夏小正傳》曰:「螜則鳴。」《釋蟲》曰:「螜天螻。」字皆作螜,與《徐本說文》異。唯以《說文》螫、螜二字皆未見收,故歷來學者於此二字之抉擇,多依《夏小正》及《爾雅》,而云《徐本》作

螫者,非也。如姚文田、嚴可均二氏合撰《說文解字校議》云:
「余謂當作設,俗加虫作螫,螫又螫之誤。」嚴章福《校議議》
更直云:「螫當作螫,形近而誤。」《段注本》則改為螫,然若據
《干祿字書》入聲「㮣穀」云「上俗下正」之例推之,則知從設
聲之字俗從殻,《徐本》作螫正為螫之俗,故二者並無相異,唯作
螫較允。段氏《干祿字書》後云:「凡設聲字,唐時俗皆從殻,相
沿至宋矣。」誠是。[45]

曾氏依俗寫字的觀點來作校勘的工作,的確平允公正。我們再以《唐寫
本木部殘卷》所見俗寫字來看,如:

桵,音桵。　　莫友芝云:「桵乃接譌。」

鐯,劍押也。　　莫友芝云:「當作柙。」

杷,牧麦杷也。　　莫友芝云:「牧麥杷也,二徐作收麥器也。牧
　　　　　　　　乃收譌,麦,麥之隸書。」

莫氏在《唐寫本說文解字木部箋異》中,一一揀出俗寫字,而還其本字,
立論平允,然將俗寫字視為訛字,則不免忽略文字運用的時代因素了。
本文師法莫氏的方法,將《說文繫傳校錄》中所見俗字逐字挑揀出來,
並依羅氏、曾氏之法,還其原本面貌,並依俗寫類例,條分以下諸項說
明。因為王筠《說文繫傳校錄》所搜羅的《說文》版本多達十種,小徐
本則包括《汪刻本》、《馬本》、《顧本》、《朱文藻影鈔本》、《朱竹君本》、

---

[45] 說見《干祿字書研究》頁 63。

《葉本》，大徐本則包括《毛氏初印本》、《毛氏剜補本》、《孫氏平津館本》、《鮑氏藤花榭本》，《說文》中殘存俗寫字的大概風貌了。

貳、釋例

本文所舉條例，如「從某、從某相涉」，是依可洪《新集藏經音義隨函錄》的說法，將俗寫形體相通用的字放在一起，以辨其異同。

一、從爿從牛相涉

在本文前言中，羅振玉《碑別字・序》云：「古人書爿多作牛，如將字作牪之類，六朝石刻多有之。」稽之爿字的偏旁，如將字作将《漢楊淮碑》、牆字作牆《唐段志玄碑》，又牛之偏旁牲字作牪《唐馬君起墓誌》、牡字作牪《魏元寶月墓誌》、犒字作牖《唐無憂王寺塔銘》、牧字作牧《唐玄武丞楊仁芳墓誌》，則爿、牛二部互相通用是可以成立的。而這種互用的例子，在刻本《說文》中，除段玉裁所舉「牙，牡齒也」之例，尚有多例可尋。茲列舉如下：

（一）觕，讀若粗觕。《朱鈔本》觕譌牰。（卷八、角部）[46]

案：依「從爿從牛相涉」條例，則《朱鈔本》觕字作牰，只是俗寫別字，並非譌字，王筠以為譌字，與段玉裁同誤。

（二）騆，牡馬也。《赭白馬賦・注》引作壯馬也，與傳文駿訓相合。（卷十九、馬部）

案：《赭白馬賦》「於時駠駿充階街兮」，李善引《說文》「駠，壯馬也」，《類篇》引作「馬壯也」，《五音韻譜》引作「壯馬也」，駠字本義為壯馬，其作「牡」者，為俗寫別字，稽之碑文壯字作**牡**《魏郭顯墓《誌》、**牡**《隋張貴男墓誌》、**牡**《隋呂胡基誌》，皆壯字作牡的明證，而鈕樹玉《說文解字校錄》云：「《李注文選·魏都賦》引作壯馬也，則牡乃壯之譌。」嚴可均《說文校議》云：「二徐作牡馬，誤。」沈濤《說文古文考》云：「今本牡字乃奘字之誤，蓋奘省壯，壯又譌為牡耳。」段玉裁《說文解字注》云：「壯，各本作牡，今正。」桂馥《說文義證》云：「《說文》原訓奘馬，初譌為壯又譌為牡。」王玉樹《說文拈字》云：「今本剡改壯字為牡字，非是。」諸家皆以為訛字，其說不可從。

（三）摽，一曰：挈鑰牡也。《顧本》同。《大徐》鑰作關，是，牡作壯非。《竹君本》亦譌壯。（卷二｜三、手部）

案：王玉樹《說文拈字》云：「挈關牡即所謂魁關也。《列子》、《淮南子》皆云：『孔子能招北門之關招與翹皆舉也。』關牡重言之，門部『關，關下牡也』，關如今之橫欄，牡者又以直木為牡，貫於關也。挈者懸特也，當依《類篇》作挈關牡為是。」王氏之說誠是，則作「牡」為本字，作「壯」為俗寫字，碑文牡作壯《隋車騎將軍爾朱端墓誌》是其證，王筠以為訛字，段玉裁《汲古閣說文訂》云：「壯當依《類篇》作牡。」桂馥《說文義證》云：「壯當作牡。」嚴可均《說文校議》云：「按門部『關、關下牡也，此作壯誤。」皆不可從。

291

二、從牛從手相涉

牛部偏旁作牜，與手部偏旁作扌，形體相近，也有互通的現象，稽之碑文，如牧字作扙《隋嚴元貴墓誌》、物字作扨《隋寇司錄元鍾墓誌》、揚字作揚《後魏孝文弔比干碑》，甚至因「從牛從手相涉的關係，又延伸至「從手從爿相涉」，如折字作斨《隋左龍驤驃騎王協墓誌》搖字作摋《魏元憕墓誌》撥字作拨《魏元寶月墓誌》，則「從牛從手相涉」的條例是可以成立的。

（一）觸牴也。《玉篇》同。牛部：牴，觸也。大徐誤作抵。（卷八、角部）

案：牛部：「牴，觸也。」彼此互訓，則「牴」為本字，大徐作抵者，俗寫別字也。王筠以為「誤」則不可從。

三、從木從手相涉

從木從手互通，俗寫字中多見，如木部枯作拈《唐張氏故成公夫人墓誌》、柄字作抦《唐工部尚書崔泰之墓誌》、格字作挌《隋禮部侍郎陳叔明墓誌》，手部挂作柱《漢郙閣頌》、振字作棖《唐魏邈妻趙氏墓誌》、揖字作楫《唐于孝顯碑》，則「從木從手相涉」的現象是成立的。

（一）瑎，抒上，大徐有作杼上者，《考工記》同。《玉篇》《廣韻》皆從手。（卷一、玉部）

案：《說文》云：「瑎，大圭，長三尺，抒上，終葵首。」又木部云：「椎，擊也。齊謂之終葵。」終葵為椎之合音，王筠《說文句讀》椎下

云：「《考工記》作終葵。《鄭注》為椎于其杼上。案：終葵者，椎之反語，乃長言、短言之分。」王筠以反語來解釋終葵是十分正確的。至於杼上，莫友芝《說文木部箋異》杼下云：「《玉人》杼上，終葵首。《注》：『杼，殺也。』殺即殺減字，《疏》謂殺其上之兩畔，使為椎頭。」莫氏以杼即殺減，誠是，則杼上當以杼為本字，抒為俗寫字也。

（二）藃，後必撓減。案撓當作橈。（卷三、艸部）

案：《說文繫傳》藃下云：「臣鍇曰：《周禮·注》謂：『藃暴陰柔後，必撓減轉卑暴起為藃。』指木頭經藃暴陰柔之後，呈彎曲的形狀，而《說文》云：「橈，曲木。」又云：「撓，擾也。」則橈為本字，《說文繫傳》作撓者，為俗寫別字也。

（三）刮，掊杷也。大徐同。鈕氏所據《小徐本》杷詭杷。（卷八、刀部）

案：《說文句讀》刮下云：「此刮蓋搜括之括相似，此把則與爬羅抉剔之爬同。《廣韻·九麻》『爬，搔也。或作把』是也。」則從手作「把」為本字，鈕氏所據《小徐本》作杷為俗寫別字也。

四、從方從手相涉

從方從手互通，俗寫字中多見。考碑文扵字作 **捹** 《魏暉福寺碑》、旅字作 **捈** 《魏冀卅刺史元珍墓誌銘》、旋字作 **捉** 《魏元湛妻王令媛墓誌》皆此類，而沒有從手的字作方字的字例。

（一）初拖字或是施字。（卷八、刀部）

案：《說文繫傳》初下云：「臣鍇曰：禮之初拖衣以蔽形，以刀裁衣

雙魚齋讀書劄記

「會意」施衣以蔽體，則本字當為「施」，其作「拖」字者，為俗寫別字．碑文施字作拖（晉王閩之墓誌）是其證。

五、從犀從犀從犀相涉

犀字碑文作犀《實梁經》、犀《魏孝文帝弔比干文》，《干祿字書》作「犀」，稽之偏旁，如墀字作墀《魏房悅墓誌》、遲字作遲《漢韓勅碑》、稱字作稱《漢孫根碑》，邢澍《金石文字辨異》稱下云：「案《說文》稱從犀．犀從辛，碑變從羊。」則犀、犀俗寫互通，或寫成「犀」字。

（一）徲，犀乃犀訛。（卷四、彳部）

案：徲字篆文作徲，從彳，犀聲，則從犀為本字，《漢婁壽碑》從犀作「徲」，為俗寫別字，所以《說文繫傳》作「犀」者，非訛字也。

（二）譚，語諄譚也，惟《孫本》譚作譚。犀聲，是。（卷五、言部）

案：譚字篆文作譚，從言，犀聲，則《孫本》作譚者為本字，作譚者為俗寫字，紐樹玉《說文解字校錄》譚下云：「譚犀當作譚犀。」以為訛字，則不可從。

六、從斗從升從斤相涉

在碑文中，從斗從升從斤三字互通，所以斗字作斤《漢韓勅碑》，形體近於斤，斯字從斤作斯《隋郭寵墓誌》，二者形體相近。斗字作升《唐法琬法師塔銘》則近於升字，而《齊高叡修寺碑》升作斗、《魏元昭墓誌》升作斗、《隋龍藏寺碑》升作斗，則完全互通，所以從斗的偏旁，如

294

料字《魏受禪表》作，斛字作𣁬《隋郭達墓誌》、斛《齊標異鄉石柱頌》，斟字作𣁬《魏伏夫人智雙仁墓誌》，而《干祿字書》料字作𣂤，則唐人俗寫字從斗從斤也是互通的。而從升的碑文作斗《隋龍藏寺碑》，知俗字從斗從升從斤是不加以區別的。

（一）秏，為粟二十斤，為粟十六斤太半升，兩斤字一升字皆斗之訛，《汲古初印》兩斤字又訛作升。（卷十三、禾部）

　　案：《汲古閣說文訂》云：「《類篇》升皆作斤，則不可通矣。《剜改》二十升作二十斤，十六升作十六斤，而太半升則不改。按隸書斗字多作𣁬，故譌而為升，毛氏不知，改升為斗，而乃改升為斤乎。米部曰：『粟重一秏為十六斗，太半斗；稻重一秏為粟二十斗。』字形不誤，何不以《說文》校《說文》也。」段玉裁依許書校許書；又以隸書推論其互通的原故，誠有卓識，然以為譌字則不可通。而鈕樹玉《說文解字校錄》、嚴可均《說文校議》、王筠《說文繫傳校錄》皆同段氏之誤。

（二）粲，米半升，大徐太半斗，是也。（卷十三、米部）

　　案：苗夔《說文繫傳校勘記》粲字下云：「太半升當作大米斗。」而升在俗寫中本來就是斗字，苗氏並以「當作」來糾正《說文繫傳》是不可通的。段玉裁《說文解字注》云：「稻米十斗舂之為六斗，大半斗，精無過此者矣。」則許書本來就是作斗字，《大徐本》作斗是本字，鈕樹玉《說文解字校錄》粲下云：「半斗作半升誤。」與苗氏的錯誤相同。

七、從重從童相涉

　　碑文中從重從童互通，如動字作**動**《漢婁壽碑》勳《唐漢紀信碑》，僮字作**僮**《漢張公神碑》，所以邢澍《金石文字辨異》僮下云：「按：《玉篇》『僮、章用切。儱僮，行不正也。』諸碑字從重之字或借用童，如：董為董，動為勳之類。《禮記‧檀弓》：『鄰重。注云：當為童，是重與童本通用之字。』以重童互相通用之說是可信的。

（一）韇覆耕種也。大徐種作穜，是也。（卷三、牛部）

（二）埶，丮持穜之，大徐丮持而種之。

　　　案：上文種也及此此種之，皆當作穜。

（三）貉，所取盛穜。大徐穜作種。（卷二十四、甾部）

（四）嘜，燒種也。大徐種作穜，是也。（卷二十六、田部）

　　　案：《說文》：「種，先種後孰也。」又云：「穜，埶也。」，則二字字義有別，而俗寫則童重互通，混為一字，王筠以大徐本還其本字是正確的說法。

八、從岡從罔相涉

　　碑文從岡從罔互通，如岡字作**岡**《齊鄭道昭太基山題字》、**崗**《唐王訓墓誌》，稽之偏旁，綱字作**綱**《隋卞鑒墓誌》**綱**《唐榆社縣令王和墓誌》，剛字作**剛**（唐莞）《唐苑貞約墓誌》、**剛**《唐段沙彌造像》，皆岡罔互通的字例，可見在俗寫中岡罔是可以互用的。

（一）紡，網絲也。《兩朱氏本》網作綱，云；「今本作網。」案：惟《鮑氏本》作綱，訛也。（卷二十五、糸部）

案:《說文》云:「鋼,維紘繩也。」與紡字義遠,《兩朱氏本》作網當為本字,《鮑氏本》作綱者,俗寫別字也,王筠以為訛字之說不可從。

九、從卩從阝相涉

碑文從卩從阝互通,所以叩字作𠮷《漢校官碑》,邢澍《金石文字辨異》云:「案:《廣韻》叩頭之叩,其字從卩從阝者,藍田鄉名也。碑蓋通用。」稽之偏旁,仰字作𠈄《魏比丘惠榮造象》,卻字作𠙛《王純碑》,卹字作𠘽《魏皇甫驎墓誌》,即字作𠧒《魏高貞碑》,印字作印《唐新使院石幢記》,抑字作𢫘 《魏義橋石像碑》。又從邑之字,如邙作𨚵《唐鄭尊師墓誌》、鄉之作鄉《隋李領萬造像》,皆從卩從阝互通的字例,邢氏的說法是可信的。

(一)䕏,邛有旨䕏。《汲古》叩作邛,是也。《毛詩·釋文》宋槧作邛,通志堂本亦訛邛。(卷二、艸部)

案:承培元《說文引經證例》云:「艸部『䕏、綬艸也。從艸,䕏。《詩》曰:邛有旨䕏。』此引詩證字也。說與《毛傳》合。邛,《傳》云:『丘也』邑部:『邛城,濟陰縣。』祇為地名,未詳他義。」則從邑作邛為本字,其作印者,為俗寫字也。

(二)挑,郤訛卻。(卷二十三、手部)

案:《說文》云:「郤,晉大夫叔虎邑也。」又云:「卻,節欲也。」而挑字下引《國語》曰:「郤至挑天。」,則從邑之「郤」為本字,而「卻」為俗寫別字也。

雙魚齋讀書劄記

（三）綤，古文紹從邵，邵當作卲。（卷十五、糸部）

案：綤字古文作🔣，則從卩不從阝，《說女繫傳》作「邵」者，俗寫別字也。

十、推枲從巢相涉

隙字從「枲」而碑字形體多變，如 🔣《唐主美暢夫人墓誌》、🔣《魏義橋石象碑》、🔣《魏李謀墓誌》，皆為隙之俗寫別字。

（一）堨，壁閒空隟也。大徐隟作隙。（卷二十六、土部）

案：鈕樹玉《說文解字校錄》堨下云：《繫傳》作隟，俗。」是也。

十一、從示從衣相涉

從示從衣互通，俗寫字多見，所以《龍龕手鑑》示字下云：「此字與衣、示二部相涉。」稽之碑文被字作🔣《魏比丘尼統慈慶墓誌》，衿字作🔣《魏刺史元湛定州墓誌》，祖字作🔣《隋右翊衛大將軍張壽墓誌銘》，皆與《龍龕手鑑》所說相同。

（一）福，仰福帝居。（卷一、示部）

案：福字《馬氏龍威秘書》從衣作福，下句同。

（二）副，傳中兩福字，《馬本》並作福。（卷八、刀部）

案：福字碑文從衣作福《魏比丘尼依法造像》與《馬本》相同，皆俗寫別字。

（三）襦，禪，《孫本》作襌，它本皆誤。（卷十四、衣部）

案：幬字《說文》云：「襌帳也。」王筠《說文句讀》云：「《釋訓》『幬謂之帳。』許言襌者，《詩·小星》『抱衾與裯』，《傳》曰：『裯，襌被也。』《箋》曰：『牀帳也。』衣部裯下云：『衣被袛裯。』蓋《毛詩》本作幬，特以衾例推之而曰『襌被』，鄭則以帳易之，許合《釋訓》、《毛傳》而云『襌帳耳』。」則《孫本》從衣作襌為本字，它本作襌者，俗寫別字也。

十二、從人從彳相涉

從人從彳相涉，二字碑文多互用，如仰字作仰《魏三級浮圖頌》，仟字作彷《魏元夜墓誌》，佩作佩《東魏敬史君碑》，仕字作徃《齊暴誕墓誌》，彼字作彼《齊劉碑造像》，征字作伍《魏義橋石像碑》，徂字作但《魏李渠蘭墓誌》皆其證。

（一）夌，徲，《集韻》引作徲，是。（卷十、夂部）

案：段玉裁《說文解字注》云：「彳部曰：徲，久也。凡言陵遲、陵夷當作夌徲，今字陵遲、陵夷行，而夌徲廢矣。《玉篇》云：『夌遲也。』《廣韻》云：『陵遲。遲與徲同也。』」稽之碑文，《漢廣博太守孔彪碑》：「餘暇徲徲。」《漢婁壽碑》：「徲徲衡門。」，《漢嚴發殘碑》：「陵徲。」，則徲陵義同，段玉裁今行陵字，而夌、徲廢棄不用，其說法可信，則從彳的「徲」字為本字，其作「徲」者為俗寫別字也。

（二）徇，儌徇，大徐儌作徼，是也。徼遮、邊徼皆當從彳。（卷十五、人部）

案：王筠以徼遮、邊徼的徼字當從彳，其說可信，則從人作「床傲」，為俗寫別字也。

十三、從需從耎相涉

需字俗寫多作耎，段玉裁《說文解字注》偄下云：「此與懦儒二字義略同，而音形異。懦儒皆需聲，偄、耎聲也，二聲轉寫多淆，所當覈正矣。」稽之碑文，儒字作偄《漢魯峻碑》，邢澍《金石文字辨異》云：「《隸釋》云：『偄即儒。按《說文》：偄，弱也。』《類篇》云：與偄同。』碑蓋以偄為儒，非即儒也。」則段氏的說法可信，儒偄二字因俗寫而混同一字，必須依文意才能決定何者為本字。

（一）麢，讀若耎弱之偄。大徐耎作偄。蓋需有耎陰，如《漢書》每以儒為偄，是也。（卷十八、鹿部）

案：王筠以《漢書》為證，其說可從。

十四、從艸從竹相涉

碑字從艸從竹互通，凌亦文《增訂碑別字中俗字之研究》云：

篆字艸，隸書作艸，僅筆勢不同。在上頭偏旁時，多變作從艹。速寫時成⺍，或作艹。另外，竹頭的字，隸書均作竹，與艸作的艹混同，所以許多艸頭的也誤作竹頭了。[47]

凌氏依字形變遷來解釋艸、竹的關係，極為正確，而王筠《文字蒙求》

---

[47] 凌亦文《增訂碑別字中俗字之研究》頁 91。

荅字下云：「小豆也。從艸，合聲。楷作荅，漢隸艸竹不分故也。」早已指出這艸竹互通的情形。稽之碑文，荅字作苔《漢武梁祠堂畫像》，筌字作荃《唐石經周易略例》，筥字作莒《漢費鳳別碑》，英字作箕《唐張騷墓誌》，皆其例。則俗寫字艸、竹是可以互通的。

（一）籅，茶也。大徐筴也，是。（卷九、竹部）

案：王筠《說文句讀》籅下云：「玄應引《聲類》：『蔑也。』今中國蜀土人謂竹蔑為籅也。」又筴下云：「《字林》：『籅、析筐也。』又曰：『籅，竹蔑也。案折當作析，《方言》：『筴，析也，析竹謂之筴。』注：『今江東呼蔑竹裏為筴。』」則《大徐本》作筴字為本字，其作茶者為俗寫別字。

十五、從芻從取從多相涉

從芻之字，碑文多作𫚈、𪊨、多，所以趨字作趍《漢西狹頌》、趨（《漢孝女曹娥碑》、趨《唐昭仁寺碑》，鄒字作郰《魏張猛龍碑》、鄒《唐董惟靖墓誌》，遂與取字相近，也因此而互通。

（一）趴，趨越兒。大徐趨作趣（卷四、足部）

案：鈕樹玉《說文解字校錄》趴下云：「《繫傳》趣作趨，非。」則鈕氏所見本猶作「趨」字，因趨為趨趣之俗寫字，所以王筠所見《小徐本》則依「趨」字而改為「趨」，《大徐本》則改為「趣」字。然而《說文》走部云：「越，趨也。」則《小徐本》作「趨」當為本字，《大徐本》作趣者，為誤字也。

（二）卒，進趨也。《竹君》同‧大徐趨作趣，《顧本》及《玉篇》同。

（卷二十、卒部）

案：進趣者，謂進趣之疾速，所以饒炯《說文部首訂》云：「說解云進趣者，即部屬所從，亦進趣二義盡之。」卒字既以疾進為義，則《大徐本》作趣字為本字，《小徐本》作趨字為訛字也。

（三）捧《繫傳》進趨之疾也。大徐引之，趨作趣。（卷二十三、手部）

案：進趣之疾速‧則趣為本字，《大徐本》作趨者，訛字也。

參、結論

近年來俗寫字的研究，已經有了不錯的成績，但是在運用上，似乎停留在辨識文字的階段而已，如何結合俗字在校勘上的運用，是當前有待開發的課題，本文雖僅就《說文繫傳校錄》所載的俗字加以分析歸納，然而這只是校勘古籍的一個起步，雖然我還不曾以俗文字認知的能力去通盤檢閱古籍，但我相信此中一定存有不少與俗寫字有關的問題。在佛典《大正藏》中，保留了不少俗寫字在刊本中，依此類推‧儒家的典籍也必定保有某種程度的俗字，這是值得我們重視的。

肆、 雜論篇

試論城隍的流變

與 2013 年嘉義城隍夜察諸羅境的文化意義

壹、前言

　　城隍信仰在中華文化中是極其特殊的宗教活動之一，它「既不同於純官方宗教，也不同於純民間信仰，而是一種半官方的民間信仰。」[1]由於城隍具有這一層微妙的特質，而獲得相當寬闊的發展空間。它一方面為統治階層服務，藉由城隍的威嚴，監督地方官施政的勤惰與人民對於統治者的敬畏之心；另一方面又與人民生活緊密的結合在一起，它既可以保護人民身家財產的安全、袪災攘禍、接受「告陰狀」，又掌握賞善罰惡的生殺大權。因而，當皇權統治衰微與古城牆瓦解之時，它依然可以優雅的走下莊嚴的祭壇，依舊依附於民間廟會活動起舞，繼續秉持著日巡陽世、夜審陰間的特質。城隍信仰究竟有何種深層的信仰魅力？在歷代演變中究竟扮演著何種角色？頗耐人尋味。因此本文試以追蹤歷史步伐為觀察的縱軸線，理出城隍的職司演變歷程，以做為歷史文化回顧的基礎，並以「2013 年嘉義城隍夜察古諸羅境」的廟會活動為橫軸線，觀察二者在文化傳承上的相互關係。或許隨著工商社會的興起，人類生活型態與生活環境產生巨大的改變，然而城隍信仰所留下的文化意涵未必

---

[1] 鄭土有、王賢淼《中國城隍信仰》第 15 頁。上海・三聯書店，1994 年。

隨著時間流逝而消失，如何從中擷取文化精髓，轉化為當代所能接受的模式，是值得觀察的重點。

貳、城隍信仰的形成

城隍信仰究竟產生於何時，在文獻資料的整理上，也只留下一絲線索，學者對於問題的處理，也各有不同的觀點與判斷標準，孰是孰非，尚難確論。本文著重於「城隍」與「信仰」的結合為參考的要素，並以國家與人民相互呼應為標準，將「城隍信仰」的形成過程區為以下四個階段，至於其職司的整理，將於下一節敘述。

一、萌芽期

「城隍」一詞形成專指具有神格的神靈，年代稍晚，其原始詞義本指「城池」而言，所以《說文》說：「隍，城池也。有水曰池，無水曰隍矣。」[2]至於為城隍舉行祭祀，以感謝其護民之功，其說始於何時，學者考論的觀點不一，或以為始於天子蜡祭八神之一的「水庸」[3]，然蜡祭屬於天子告祭天地的祭祀，本身屬於「自然神」的性質，而與民間「城隍信仰」的「人格神」，尚無絲毫的聯繫。也就是「水庸」只是統治階層的祭祀活動，他與人民在生活上缺乏互動的關係，談不上直接地淵源。其他還有國門之祭說、造祭說、社祭說等等說法，也都脫離不了「自然神」

---

[2] 許慎著、段玉裁注《說文解字注》第 743 頁。台北・洪葉文化事業有限公司，1999 年 11 月。

[3] 《禮記・郊特牲》說：「天子大蜡八，伊耆氏始為蜡。」鄭玄注：「所祭有八神也。」第 335 頁。台北・學海出版社，1979 年 5 月。

的性質，談不上「城隍信仰」。雖然藉由城牆保護人民的思維，確實一直存在於「城隍信仰」文化之中，但卻不是「城隍信仰」的主軸。簡而言之，當「城隍」如何從「自然神」轉化為「人格神」，也就是從城市守護神的角色走入主掌陰間司法審判神，才是「城隍信仰」形成的時候，「水庸」只能勉強歸為萌芽期而已。

二、形成期

真正具有「人格神」特質的城隍信仰，應當始於六朝齊梁之世。根據鄧嗣禹的〈城隍考〉[4]所推論：

> 余按此種傳說，既一見於《北齊書》，二見於《南史》，三見於《北史》，四見於《隋書》，而又有《南雍州記》作旁證；其傳說之價值，雖不必高於稗官小說或方志所載，而皆唐以前書，則謂城隍神之起源，始於六世紀中葉，或始於齊梁之世，當可無疑也。[5]

鄧嗣禹蒐羅唐以前的文獻資料，從《北齊書》、《南史》、《北史》、《隋書》以及從《南雍州記》歸納出城隍信仰始於齊梁之世，此說確實具有突破性的開展。以《北齊書・慕容儼傳》所載來說：

> （天保六年）城中先有神祠一所，俗號城隍神，公私每有祈禱，

4　鄧嗣禹〈城隍考〉原發表於《史學年報》第二卷第二期，第 249 頁～第 276 頁（1935 年 9 月）。後來收入於《鄧嗣禹先生學術論文選集》第 55 頁～第 95 頁。
5　鄧嗣禹《鄧嗣禹先生學術論文選集・城隍考》第 59 頁。台北市・食貨出版社，1980 年 1 月。

於是順士卒之心，乃相率祈請，冀獲冥祐。須臾，衝風欻起，驚
濤涌激，漂斷荻洪。約復以鐵鎖連治，防禦彌切，儼還共祈請，
風浪夜驚，復以斷絕，如此者再三。城人大喜，以為神助。[6]

這是一段描述慕容儼在北齊文宣帝天保六年（西元 555 年）祈求城隍神
保佑城池的史事，也是城隍廟始見於正史的記載。文中稱其為「城隍神」，
又說「公私每有祈禱」，說明祭拜城隍，不再是統治者的專利，城隍已經
由「自然神」轉換為「人格神」，由天子的祭祀對象，走入民間，成為民
俗信仰中的一支，成為具有顯現「靈異事蹟」的神靈，[7]而「城隍信仰」
也至遲在齊、梁間正式確立。

三、發展期

到了唐代，「城隍信仰」有了進一步的發展，已經出現地方官順應民
俗，參與祭祀城隍以求國泰民安的現象，也有相關祭文出現，如張說《祭
城隍文》：

維大唐開元五年歲次丁巳四月庚午朔二十日己丑，荊州大都督府
長史上柱國燕國公張說，謹以清酌之奠，敢昭告城隍之神。山澤
以通氣為靈、城隍以積陰為德，致和產物、助天育人，人之仰恩，
是關祀典。說恭承朝命，綱紀南邦，式崇薦禮，以展勤敬。庶降

---

6 《北齊書・慕容儼傳》第 20 卷（281 頁）。台北市・鼎文書局，1980 年 3 月。
7 鄭土有、王賢淼《中國城隍信仰》認為城隍的興起，可以遠推至東漢末。第 81～
  93 頁。上海・三聯書店，1994 年。

福四畝，登我百穀，猛獸不搏，毒虫不噬。精誠或通，昭鑑非遠。
尚饗！[8]

以「荊州大都督府長史上柱國燕國公」的身分主持祭祀，說明「城隍信
仰」有其普及化的現象，具有保護人民生命財產安危的重責。然而從祭
文描述來看，城隍職責依舊不脫城市守護神性質，且具有「自然」與「人
格」雙重身分的性質，只是還沒進入主掌陰司的階段。

　　到了李昉《太平廣記》中所收錄的〈王簡易〉、〈宣州司戶〉、〈爾朱
氏〉等篇章的記載，城隍神已逐漸成為陰司的代表，手中握有凡人的生
死簿，掌管賞善罰惡的權責。以〈爾朱氏〉來說：

　　咸通中，有姓爾朱者，家於巫峽，每歲賈于荊、益、瞿塘之壖，
　　有白馬神祠，爾朱嘗禱焉。一日，自蜀回，複祀之，忽聞神語曰：
　　「愧子頻年相知，吾將舍茲境，故明言與君別爾。」客驚問：「神
　　安適耶？」曰：「吾當為湖南城隍神，上帝以吾有薄德於三峽民，
　　遂此升擢耳。然天下將亂，今天子亦不久馭世也。」爾朱復驚曰：
　　「嗣君誰也？」曰：「唐德尚盛。」客請其諱，神曰：「固不可泄。」
　　客懇求之，乃曰：「昨見天符，但有雙日也。」語竟，不復言。是
　　歲懿皇升遐，僖宗以晉王即位。（出《南楚新聞》）[9]

---

[8] 董誥、戴衢亨、曹振鏞等人《全唐文‧張說‧祭城隍文》第 1041 頁。上海‧上
海古籍出版社，1993 年。
[9] 出於《南楚新聞》。《太平廣記》第 312 卷。第 2469 頁。北京‧中華書局，1986
年。

在這一段文字敘述中，可以看出城隍職位是由「上帝」派令，宛如皇帝派令地方官一般。由於「薄德於三峽民」，而得到升遷「湖南城隍神」的機會。已經具體呈現具有「人格神」與「主掌陰司」的特質。

其次，有關城隍神像的塑像問題，《北齊書·慕容儼傳》並未記載神像問題，而根據五代〈朱拯〉所載：

> 偽吳玉山主簿朱拯赴選，至揚州。夢入官署，堂上一紫衣正坐，旁一綠衣。紫衣起揖曰：「君當以十千錢見與。」拯拜許諾。遂寤。頃之，補安福令。既至，謁城隍神。廟宇神像，皆如夢中。其神座後屋漏梁壞。拯歎曰：「十千豈非此耶？」即以私財茸之，費如數。（出《稽神錄》）[10]

由文句中所描述，有身著「紫衣」官員乞求修復「屋漏梁壞」之事，其後朱拯拜謁城隍廟時，始知「廟宇神像，皆如夢中」，原來所見紫衣者正是城隍爺，則城隍神像至遲在五代已經出現。

又隨著城隍神人格化的深入民間，也逐漸受到統治階層的重視，而受到皇帝的冊封，譬如唐昭宗時代有〈華州城隍神濟安侯新廟記〉，被冊封為「濟安侯」，五代吳越王錢鏐〈重修墙隍廟兼奏請進封崇福侯記〉，進封為「崇福侯」等。到了宋元時期，由於「靈驗事蹟」不斷地被呈現累積，加以統治階級有意的推展，使得城隍不但為民間敬畏之神，連地方官也必須敬重三分。

10　出於《稽神錄》。《太平廣記》第 312 卷。第 2241 頁。北京·中華書局，1986 年。

雙魚齋讀書劄記

四、成熟期

隨著唐宋以來，道教吸收民間所信仰的神明進入道教齋壇的神靈，城隍神也被吸收為神靈之一。張澤洪說：

> 自唐宋以來，道教齋醮與民間信仰結合的途徑之一，是吸收民間俗神進入道教神系，城隍、土地、媽祖、關聖帝君、文昌帝君、碧霞元君等民間俗神，相繼成為道教齋壇崇祀的神靈。宋代道教已經有文昌醮，明清民間的城隍廟會、關聖廟會、文昌廟會、天仙廟會、都是香會絡繹，步虛聲韻不絕。如民間的城隍神的祭祀活動，每逢清明、七月望日、十月朔日，民間要舉行三巡會，在道教宮觀齋醮度荐，民間稱為「赦孤」，俗稱為「濟孤魂會」。道教為崇祀這些民間俗神，撰作了專門的科儀經典，供民間建齋設醮使用。[11]

由於城隍信仰設有專門科儀經典來舉行建齋設醮的活動，直接促進城隍信仰的快速發展。而「每逢清明、七月望日、十月朔日，民間要舉行三巡會」，已經成為城隍廟會的固定時程，加以明太祖洪武二年，封京城與天下城隍，以「五府州皆正一品，餘在各府、州、縣者，府為鑒察司民城隍威靈公，秩正二品；州為鑒察司民城隍靈佑侯，秩三品；縣為鑒察司民城隍顯佑伯，秩四品。」[12]洪武三年下詔去封號，只稱某府、州、縣

---

[11] 張澤洪《道教齋醮符咒儀式》第 291 頁。成都·巴蜀書社，1999 年 4 月。
[12] 《明實錄·明太祖實錄》第 38 卷，第 756 頁。台北·中央研究院歷史語言研究所，1968 年。

城隍之神。明太祖的以官階大小來設立城隍的標準，使得城隍與世間地方官的職位相當，並且分為都、府、州、縣四個等級。城隍信仰模式到此已經完成。清領時代也不過是承襲明朝制度而來，變化不大。日治時期的城隍卸下官方色彩，而成為民間信仰活動，然而因為城隍本身就具有保護城民與消災除禍與主掌陰司的本質，只是將嚴肅的祭壇儀式改為較為熱鬧的廟會而已。若以嘉義城隍廟而言，就參照台北霞海城隍廟的廟會活動，而成為嘉義香火鼎盛的寺廟之一。

參、城隍職能的演進

城隍職司本為單純的城池守護神的角色，然而隨著政治與信仰合一的功能，以及受到佛、道思想的影響，使得「靈驗事蹟」不斷出現，相對地說，城隍的職掌也隨著社會的需求，而不斷擴大，從這些職司的功能觀察，蘊含著相當深厚的文化功能，頗值得探討，可以僅列出重要的三項來敘述，以呼應「2013 年嘉義城隍夜察古諸羅境」的文化功能。

一、城池的守護神

如上節所言，「城隍」一詞本指城池而言，本為人民所度居的地方，具有保護人民身家財產的功能。因此《北齊書‧慕容儼傳》描述慕容儼乞求城隍護城祭祀之後，「須臾，衝風歘起，驚濤涌激，漂斷荻洪。約復以鐵鎖連治，防禦彌切。」[13]而唐代張說《祭城隍文》也說：「致和產物、助天育人，人之仰恩，是關祀典。……庶降福四甿，登我百穀，猛獸不

---

[13] 《北齊書‧慕容儼傳》第 20 卷（281 頁）。台北市‧鼎文書局，1980 年 3 月。

搏，毒虫不噬。」[14]可見城隍基本職司就是守護城池與消除災厄的功能，這種文化功能，至今不衰，以嘉義城隍出巡仍自稱「綏靖侯」就可以略知一二。

二、主掌陰司

在佛教傳入中國之後，由於入冥與地獄說法逐漸深入民間，受到這些思想的影響，而有陰間應有主掌的觀念漸漸形成。因此，在一些記載傳奇異聞的小說中，城隍逐漸由主宰地方的權職，轉而涵蓋陰吏的角色，成為主掌陰司的代表。當人們年壽已盡之後，必須先接受城隍審判，賞善罰惡，之後才送到閻羅王十層地獄受刑。今以李昉《太平廣記》所收錄的資料來看，這種觀念在唐代已經形成，譬如〈王簡易〉記載說：

> 唐洪州司馬王簡易者，常暴得疾，腹中生物如塊大，隨氣上下，攻擊臟腑，伏枕餘月。一夕，其塊逆上築心，沈然長往，數刻方寤，謂所親曰：「初夢見一鬼使，自稱丁郢，手執符牒云：『奉城隍神命來追王簡易』。某即隨使者行，可十餘里，方到城隍廟。門前人相謂曰：『王君在世，頗聞修善，未合身亡，何得遽至此耶？』尋得見城隍神，告之曰：『某未合殂落，且乞放歸』。城隍神命左右將簿書來，檢畢，謂簡易曰：『猶合得五年活，且放去。』」至五年，腹內物又上築心，逡巡復醒云：「適到冥司，被小奴所訟，

---

14 董誥、戴衢亨、曹振鏞等人《全唐文‧張說‧祭城隍文》第 1041 頁。上海‧上海古籍出版社，1993 年。

辭氣不可解。其妻問小奴何人也，簡易曰：「某舊使僮僕，年在妙齡，偶因約束，遂致斃。今腹中塊物，乃小奴為祟也。適見前任吉州牧鐘初，荷大鐵枷，著黃布衫，手足械系。冥司勘非理殺人事，款問甚急。」妻遂詰云：「小奴庸下，何敢如是？」簡易曰：「世間即有貴賤，冥司一般也。」妻又問陰間何罪最重，簡易曰：「莫若殺人。」言訖而卒。（出《報應錄》）[15]

在這段文字清楚交代城隍神扮演冥司的身分，手中握生死簿書，凡人陽壽已盡之後，必須先向城隍報到，而王簡易因為陽壽未盡，而得以重返陽世，並得知還有五年的壽命。他如〈宣州司戶〉[16]、〈爾朱氏〉[17]都有相類似的記載。而城隍神主司陰間的信仰也漸次確立。正因為城隍握有陰司所掌管的審判權，也形成百姓面對司法不公時，可以向城隍提出控訴，而「告陰狀」的儀式，也逐漸形成，具有督導官民、受理冤屈的能力。

三、中元普渡——「起於城隍廟，終於地藏庵」

道教將城隍納為神靈之後，形成三巡會祭祀的慣例（以清明、七月半、十月朔舉行祭祀），不過台灣地區的三巡會祭祀，通常一年只舉辦一次，詳其原因，乃因為臺灣各地的城隍廟，同時負責中元輪普活動，也

---

[15] 出於《報應錄》。《太平廣記》第 124 卷。第 873 頁。北京‧中華書局，1986 年。

[16] 出於《紀聞》。《太平廣記》第 303 卷。第 2399 頁。北京‧中華書局，1986 年。

[17] 出於《南楚新聞》。《太平廣記》第 312 卷。第 2469 頁。北京‧中華書局，1986 年。

就是將原本屬於「祭厲」性質祭祀，逐漸與性質相近的中元普渡節慶相結合。

中元節是年中重要的歲時節慶，由於傳統都以七月為「鬼月」，在七月初一開鬼門，讓幽冥界的鬼魂來到陽間接受世人的款待，因而各寺廟都有普渡亡魂的祭典，藉以超渡無主的孤魂野鬼，一直到七月底關鬼門為止。而除了廟普之外，嘉義自清代以來，從七月初二開始，由境內各區輪普，直到七月底為止。近年來因為城隍掌管世人冥籍與收管鬼魂，與地藏王菩薩發願度化地獄眾生的幽冥教主，都與「鬼月」相關，加以兩廟往來密切，於是形成嘉義中元普渡素有「城隍爺放鬼，地藏王收鬼」的安排，並以八月初一城隍暗訪巡察做為圓滿的結束。中元普渡儀式過程大抵如下：[18]

農曆月日	時辰	儀式
6月27日（大月28日）	上午5時	豎立燈篙
	下午8時	發表開光
	下午9時30分	請聖證盟
6月28日	上午7時30分	祀旛掛燈
	上午10時30分	九陳進供
	下午9時	分燈獻瑞
6月29日	上午8時	道場陞壇
	上午11時	臨午淨供
	下午3時	燃放水燈
	下午8時	敕水淨穢

[18] 鄭志明《嘉義市中元普渡藝文資源調查計畫期末報告書》第 223 頁。嘉義市·嘉義市政府文化局，2000 年，7 月。

	下午9時	宿啟玄壇
7月1日	上午8時	重白至尊
	上午10時	燈枰拜表
	下午2時	午陳香供
	下午3時	酌獻謝聖
	下午5時30分	登座普施

肆、2013 年嘉義城隍夜察諸羅境的廟會慶典活動

嘉義市中元節慶典活動，大致上可以分為中元普渡科儀與城隍夜察諸羅境兩部分：

一、中元普渡科儀

中元普渡科儀，始於 6 月 27 日，從道長「發表開光」到豎立「燈蒿」[19]，正式點燃起跑。城隍於七月初一子時打開鬼門，讓陰間的好兄弟來到陽間接受施食開始，正式進入「中元普渡」。從初二開始，由各區輪流普渡，表現出全體市民參與活動的盛況。直到七月底由地藏王關鬼門為止。

二、城隍夜察諸羅境

八月初一城隍暗訪巡察做為廟會慶典活動的圓滿結束。然而暗訪巡察的慶典活動，未必年年舉行。以「2013 年嘉義城隍夜巡諸羅境」來說，廟方已五十年未舉辦，連儀式所使用的兩把百年鬼頭刀，都一度找尋不

---

[19] 燈蒿一般高度約 4 至 5 公尺，蒿尾繫有斗笠（提供好兄弟雨具）、草蓆（讓好兄弟能夠席地而臥）以及法師的招魂旗，藉以接待「好兄弟」。

著,最後在城隍爺的指示下,始於地下室尋獲。雖然「夜巡」的目的在於將仍滯留於陽間的「好兄弟」驅趕回陰間,同時也兼有「打路煞」的功能,也就是在易於發生車禍的路口進行除煞的儀式。然而今年所以恢復舉辦的目的,據廟方委員會表示,乃因為近年來國內亂象頻傳,為求幫人民祈福消災而遵循古禮舉辦。

(一)廟會活動成員

此次「城隍夜巡」活動成員凡三百多人,包括城隍神尊、神轎、李文判官、魏武判官、謝將爺(俗稱七爺)、范將爺(俗稱八爺)、四大神將,以及手持各種刑具的抓爺、縛爺、枷爺、鎖爺,此外還包括手持鬼頭刀的劊子手、捕快、衙役押解囚車、囚犯(象徵被抓回的「好兄弟」,再加上北管鼓吹伴奏。

(二)巡察時間與行進路線

繞行時間從八月一日下午三點從城隍廟出發至晚間十點為止,凡七個小時。隊伍行進路線以繞行古諸羅城四個城門的主要街道,繞行路線由城隍廟出發→公明路→民國路→民族路→仁愛路→中山路→民生北路→民權路→安和路→林森路→吳鳳北路→中山路→安和路→朝陽街→垂楊路→文化路→光華路→城隍廟。全程約 10.5 公里。

伍、2013 年嘉義城隍夜巡諸羅境的目的與意義

　　從道教教義推論，城隍職司具有為民除災避患，以及保家護國與主掌陰間司法審判的神靈。這兩類職責是否會因統治階層的沒落，而喪失原先具有的本能。從嘉義城隍 2013 年夜巡古諸羅的廟會活動觀察，基本上城隍信仰仍具有以下三類的文化功能，茲分別敘述如下：

一、城隍—城市守護神的代表

　　城隍祭祀本起於古代天子將其納為國家祭祀的對象，基本上合於祭祀的規範，本身應具有以下兩個基本條件，其一，就是對人民有貢獻，因而受到尊重；其二，就是能幫助人民除災避患。[20]以此次廟方舉辦活動的目的來說，也是基於這種訴求而來。同時也凸顯出嘉義城隍爺仍承襲地方守護神的色彩，以保護著生活在此區域的芸芸眾生為職司，不過它強調「古諸羅」的地域性，也謹守著這個土地而生存，假若城市毀滅、人群散去，嘉義城隍也將隨風而逝，這是其他神靈所未有，也不得強行干預與侵犯。然而古諸羅城城牆已經消失，因而只能依據四座城門所在位置的街道進行象徵性的繞行。以今日嘉義市行政區域來說，此次繞行區域是比較偏向於東區一帶。無論如何，從嘉義城隍夜巡繞境的文化意義來說，宣示「城隍—城市守護神的代表」的文化意義相當濃厚。

---

[20] 秦蕙田《五禮通考》卷四十五說：「夫聖王之製祀也，功施於民則祀之，能禦災捍患則祀之。」江蘇書局，光緒 6 年。

二、城隍主司陰間，為陰間審判官的特質

　　城隍祭祀本屬於祭祀「厲鬼」的儀式，以祈求孤魂野鬼勿將災禍於人民為訴求，其後才逐漸擴大為主司陰間，而與東嶽大帝、地藏王、閻羅王並為主司陰吏，然城隍比較偏向於「陰間司法審判者」的角色，與陽壽已盡者進行初次審判。由嘉義城隍夜察隊伍觀察，除城隍爺外，還包括文武判官、謝將爺、范將爺、四大神將等等，以及手持各種刑具的抓爺、縛爺、枷爺、鎖爺，此外還有手持鬼頭刀的劊子手、捕快、衙役押解囚車、囚犯，隊伍陣勢浩蕩，象徵陰間司法審判官的威嚴。在此夜察中，八爺還演出捉拿孤魂的戲碼，將孤魂從人群中抓出來，此舉確實具有安定民心，維持陰、陽界和諧的深切意義。從驅逐邪祟的具體行動中，反映出人民追求「安定」、「和諧」的思維模式，正是城隍「夜察」的目的所在。

三、城隍具有官民合作廟宇的特徵

　　城隍信仰的起源，本為統治階層的祭祀活動，屬於官方宗教的地位，因此「凡邑有大舉，神莫不與焉」[21]，周鍾瑄在〈諸羅縣城隍廟碑記〉也說：「順四時、阜百物、息災害、嚴彰癉，賴城隍尊神主持之。」[22]這都說明城隍對於地方的重要慶典，沒有不參與的，對於消災除厄，也沒有推辭的理由。然而在演變過程中卻產生質性的變動，根據巫仁恕說法：

---

[21] 《福建通志台灣府》第 231 頁。臺北：奎灣銀行經濟研究室編印，1960 年

[22] 〈諸羅縣城隍廟碑記〉，《諸羅縣志》，臺灣文獻叢刊第 141 種，第 257 頁。臺北：奎灣銀行經濟研究室編印，1962 年。

綜觀明清城隍信仰的變遷，就祭祀儀式方面而言，宋代已有部份城隍神被納入官方的祀典，到了明初太祖不但將之正式納入祀典，而且還下令各地廣建城隍廟，遂形成全國性的等級階層架構，有如一般陽間的地方官制。可是這些官方的祀典儀式漸漸地形式化而不受地方官重視，到了明代中期以後，反而是民間將官方祭厲壇的儀式世俗化，轉化成熱鬧的廟會節慶，至清代官方也不嚴禁這類民間的廟會活動。[23]

巫仁恕清楚說明城隍廟由官辦逐漸走入官民合轍的性質。直到清廷引退，經由日治時期到走入民主時代之後，使得城隍廟的祭祀活動，完全融入民間節日廟會慶典。以嘉義城隍中元普渡、夜察繞境活動的廟會慶典來說，都屬於民間廟會風俗，而褪去專司祭祀厲鬼的職責。然而從城隍職司而言，此舉在本質上並未受變動而有所影響，它只是從原本祭祀厲鬼的祭壇改為通俗熱鬧的廟會活動而已，二者仍屬於祀鬼的節慶。從此次中元慶典邀請嘉義市長黃敏惠主持而言，依舊可以看出象徵官方的傳統。而城隍夜察行為，仍存在城隍舊式統治威權的色彩。

陸、結語

城隍廟會活動性質，絕不同於一般的節日慶典的熱鬧而已，他還維持著舊時社會安定民心、社會和諧的功能。因此，在 2013 年嘉義城隍夜

---

[23] 巫仁恕〈節慶、信仰與抗爭－明清城隍信仰與城市群眾的集體抗議行為〉，台北市・中央研究院近代史研究集刊第 34 集，第 182 頁。

察古諸羅境的慶典活動，仍沿襲城隍傳統的文化功能。從整個繞境路線安來說排，仍然依循古諸羅舊城遺址繞境，而非繞境實質的嘉義市行政區，其目的在於維持綏靖侯在管轄諸羅的象徵意義。其次，就夜察捕捉逾時不歸的孤魂野鬼而言，正象徵其「陰間司法審判者」的權威，將觸犯司法規範的孤魂，一一逮捕歸案，並由城隍爺審判後，送回陰間，此亦有督促不遵守法律規範者，而給予適當之懲戒。

參考文獻

何培夫等人，《古諸羅城隍廟 2011 文化研討會》，嘉義市財團法人嘉義城隍廟，2011 年 6 月。

李昉，《太平廣記》，北京・中華書局，1986 年。

許慎著、段玉裁注，《說文解字注》，台北・洪葉文化事業有限公司，1999 年 11 月。

黃培、陶晉生主編，《鄧嗣禹先生學術論文選集》，台北市・食貨出版社，1980 年 1 月。

董誥、戴衢亨、曹振鏞等人，《全唐文》，上海・上海古籍出版社，1993 年。

閻亞寧，《嘉義市「市定古蹟嘉義城隍廟」調查研究》，嘉義市・嘉義市政府文化局，2010 年 8 月。

戴聖編纂、鄭玄注，《禮記》，台北・學海出版社，1979 年 5 月。

張澤洪，《道教齋醮符咒儀式》，成都·巴蜀書社，1999 年 4 月。

鄭志明，《嘉義市中元普渡藝文資源調查計畫期末報告書》，嘉義市·嘉
　　義市政府文化局，2000 年 7 月。

鄭土有、王賢淼《中國城隍信仰》，上海·三聯書店，1994 年。

秦蕙田，《五禮通考》，江蘇書局，光緒 6 年。

《北齊書》，台北·鼎文書局，1980 年 3 月。

《明實錄》，台北·中央研究院歷史語言研究所，1968 年。

巫仁恕，〈節慶、信仰與抗爭－明清城隍信仰與城市群眾的集體抗議行
　　為〉，中央研究院近代史研究集刊第 34 集，第 145 頁至 213 頁，
　　2000 年 12 月。

《福建通志臺灣府》，臺灣文獻叢刊第 84 種，臺北：臺灣銀行經濟研究
　　室編印，1960 年。

《諸羅縣志》，臺灣文獻叢刊第 141 種，臺北：臺灣銀行經濟研究室編
　　印，1962 年。

2014 年嘉義城隍廟

「夯枷儀式」的社會文化意義探討

壹、前言

　　嘉義市城隍廟繼 2013 年中元節廟會活動恢復舉辦城隍夜巡後，又於 2014 年添加「夯枷儀式」，使得傳統城隍廟會文化，再一次鮮活地展現於世人面前，並獲得嘉義市民熱烈迴響，而原先限定為 300 位名額之「夯枷儀式」，於開放登記後，旋即額滿，使不少有興趣人士向隅。從參與「夯枷儀式」活動民眾之期待觀察，除表現出對於傳統城隍廟會文化之好奇與支持外，也呈現可望藉由儀式達到消除業障，消災解厄，祈求平安之希求，所謂「城隍夜巡現古儀，夯枷除罪避災禍」即是此次城隍廟中元活動之最好寫照。然而隨著中元節廟會熱鬧氣氛過後，「夯枷儀式」宛如嘉年華會般，逐漸退出人們記憶，至於「夯枷」究竟是何物？起於何時？又何以具有除罪避禍之社會意義？以及流通於俗語中之「夯枷」具體意義為何？頗值得討論與溯源，是以本文擬以「夯枷儀式」為課題，略述梗概，並探討「夯枷儀式」於現代社會中所肩負之文化意義為何。

貳、何謂夯枷

　　「夯枷」主體為「枷」，即所謂「枷鎖」。「枷」為古代刑具，主要施於頸手部，用以限制犯人行動，然而「枷鎖」出現年代稍晚，至隋唐時期方為流行。考商代之時，常見類似手銬之「幸」器，如「執」字甲骨文作 🦅[24]，像犯人跪坐而雙腕為「🔗」所牽制，「🔗」器形狀呈長條形而中空，用以牽制犯人雙手之活動，至小篆時與「吉而免凶」[25]之「幸」字因形近而類化為一體。從戰國至西漢，束手「幸」器，逐漸衍化出頸手共械的「鉗」器，東漢許慎《說文解字》說：「鉗，以鐵有所劫束也。從金，甘聲。」[26]說明鉗是鐵製刑具，用以約束犯人行動。一直到東漢末，「枷」器都不屬於刑具之列，根據劉熙《釋名》之解釋：「枷，加也。加杖於柄頭以過穗而出其穀。」則「枷」仍為木製農具，農夫用來打穗出穀，而非刑具專名。至於以枷為刑具，文獻記載首見於《晉書・載記第四・石勒》：「會建威將軍閻粹說並州刺史、東嬴公騰執諸胡于山東賣充軍實，騰使將軍郭陽、張隆虜群胡將詣冀州，兩胡一枷。」[27]然而此處「兩胡一枷」，是指將胡將兩人鎖在一處，恐形制仍類「鉗」器，而改為木製而已，與後世所稱之「枷」器不同，且此處以枷為刑具名，尚屬罕見，洵非常例。然經由六朝、隋唐之演進，木枷已逐漸成為常見刑具，形制上亦有固定之規範，依據陳璽對古代刑具之研究說：「唐代木制械具

---

[24] 前 5.36.4、合 5948。資料來源為「小學堂」http://xiaoxue.iis.sinica.edu.tw/
[25] 許慎撰、段玉裁注《說文解字注》頁 499。
[26] 許慎撰、段玉裁注《說文解字注》頁 714。
[27] 《晉書・載記第四・石勒》卷一百四，頁 2709。

主要有有枷、杻兩類，枷為木制，施於頸部，是唐代使用最為廣泛的強制措施。」[28]至於木枷形制，「有唐一代之常制：諸枷長五尺以上，六尺以下，頰長二尺五寸以上，六寸以下，共闊一尺四寸以上，六寸以下，徑三寸以上，四寸以下。」[29]由於歷朝標準不一，形制亦有輕重大小之別，以清代而言，所戴之木枷，輕則六十斤，重則七十斤，長約三尺，寬二尺九寸，施以枷號[30]示眾，恐是件苦差事，其體力與精神之負擔，非常人所能言喻。[31]

　　至於「夯」字意義，本指「用來敲打地基，使其結實的工具。」[32]如「木夯」、「石夯」之類，或用於「夯土」，使泥土緊實。此外亦有假借為「拿」之意，如《漢語方言大字典》以為閩語中當「拿」字解，故於夯字下說：「〈動〉拿。閩語。黃文明《永春民歌》：『犁耙夯去四九張，水牛牽去四九隻。』」[33]「夯」字在閩語中確實不作「夯土」解，編者引黃文

---

[28] 陳璽〈唐代械系制度述略——以唐稗傳奇材料為線索〉，《新西部》2012・08 期，頁 95。

[29] 陳璽〈唐代械系制度述略——以唐稗傳奇材料為線索〉，《新西部》2012・08 期，頁 95。

[30] 林沄〈枷的演變〉：「枷號是在笞、杖、徒、流、死五種刑罰之外附加的一種懲罪手段。這是讓犯人戴著枷，枷的封條上寫明罪名，號令示眾，所以稱為枷號或枷令。這對受刑者是肉體和精神的雙重懲罰，又對他人起警戒作用。」《文化廣角》頁 106。

[31] 參考《歷史風雲》：「清代仍有枷項之刑和枷號示眾的做法。康熙八年（1669）劃定應該枷號的犯人所戴的枷重的七十斤，輕的六十斤，長三尺，寬二尺九寸，詔令內外問刑衙門，都要按刑部製作的式樣執行，不得違例。」http://www.lishifengyun.com/lishiwenhua/zhongguogudaixingfa/2013/0114/90.html

[32] 教育部網路版《國語辭典》夯字下。

[33] 許寶華、宮田一郎《漢語方言大辭典》頁 1148。北京：中華書局。1999 年。

明《永春民歌》歌詞而釋為「拿」，從文意疏通而言，似乎可通，然而缺乏文字傳情表意之旨，蓋犁耙體積龐大而重，常人恐難以手持之，因而解釋「夯」字為「拿」，恐未見允當。根據黃彥菁所收錄之客家童謠〈月光光〉說：「挖去雞卵長，雞卵潤，犁耙夯去十數張，牛牯牽去十數隻。啥人看？青盲的看。」[34]而張素貞所收錄的客家童謠〈月光光〉卻寫成「挖去雞卵長，鴨卵闊，犁耙舉去十外張，牛牯牽去十外隻。啥人看？青暝看。」[35]比較兩首童謠，以「夯」、「舉」二字對文，蓋「舉」字本有向上扛起之意，將犁耙扛於肩上，比《漢語方言大字典》拿於肩上，較符合文意。此外北方方言也以「夯」字表示「用力以肩扛物」，[36]顯見將「夯」字釋為「扛」，比較符合語言所欲傳達之情。

　　總論「夯枷」一詞，本義為將「枷鎖」扛在肩上，以示有罪在身。若以廟會文化活動而言，因偏重於象徵之意象，改以紙製「三角形紙枷」[37]、「四角形紙枷」[38]、「雙魚紙枷」替之，以進行扮犯贖罪之儀式，亦取其表徵之意象。一般而言，台灣民俗文化之「夯枷儀式」，多見於城隍中元普渡廟會活動與燒王船等祭儀之中，尤其城隍中元普渡廟會活動最為常見。根據江怡葳研究：

---

34 黃彥菁《台灣客家童謠以〈月光光〉起興作品研究》頁 143。中央大學客家語文研究所碩士論文。98 年 2 月。

35 張素貞《彰化縣民間文學集之研究》頁 121。台東大學兒童文學研究所碩士論文，95 年。〈月光光〉

36 教育部網路版《國語辭典》夯字下。

37 新竹城隍廟「夯枷儀式」所使用。

38 嘉義市城隍廟「夯枷儀式」所使用。

信徒夯枷請求城隍爺赦免罪過，是以自妝成囚犯的樣貌，以模擬真的犯人扛著刑具的樣子，於脖子戴上替代古代之刑具，由三角形黃色紙板製成，三邊代表三把刀，三側均貼上新竹都城隍平安福；紙枷上附有一張寫有自己姓名、地址和所受冤屈之疏文，另一張為城隍牒文，信徒懇求城隍以套夯求脫運，亦有為祈求平安、去病等。待陰陽司公安座於北壇福德宮後，由道士按名將疏文秉告陰陽司公，隨後將疏文與紙枷火化，即算完成。[39]

文中說明新竹城隍廟使用之紙枷為三角形，以象徵三把刀架在頸上，信眾必須親身體驗夯枷之苦身，方能完成贖罪儀式，消災解厄之目的。

參、夯枷儀式之意義

台灣地區廟會活動施行「夯枷儀式」，究竟起於何時？確切時間已不可考，然根據年陳培桂所編修的《淡水廳志》說：

日歲時。……（七月）十五日城莊陳金鼓旗幟，迎神進香，或搬人物，男婦有祈禱者，著紙枷隨之。凡一月之間，家家普渡，即盂蘭會也。不獨中元一日耳。俗傳七月初一日為開地獄，三十日為閉地獄，延僧登壇施食，以祭無祀之魂。寺廟亦各建醮兩三日不等。[40]

---

[39] 江怡葳《新竹市城隍信仰與六將研究》頁 92 至頁 93。
[40] 陳培桂《淡水廳志‧卷十一》，中國哲學書電子化計劃。
http://ctext.org/wiki.pl?if=gb&chapter=778507

　　《淡水廳志》撰寫於1871年，文中已記載「男婦有祈禱者，著紙枷隨之。」雖未詳述其故，然已足以說明1871年以前之清領時期，已於七月十五日之廟會活動有夯枷習俗，其文化意義重在「祈禱」。又曾品滄〈懷念我的大稻埕生活——洪陳勤女士訪談錄〉也記載說：

> 永樂町那邊有霞海城隍廟，我養母有時會去拜拜。如果到了每年舊曆五月十三日城隍爺生日，大家就會遊街，每個遊街的信眾身上會帶一個紙枷，像是你有一個原罪，要戴紙枷來贖罪，七爺、八爺就會分鹹光餅給你。鹹光餅中間有一個圓洞，吃起來鹹鹹、香香的，很好吃，但也有的人喜歡吃甜的鹹光餅。[41]

　　洪陳勤女士口述霞海城隍廟於每年舊曆五月十三日城隍爺生日時舉行「夯枷」活動，而洪陳勤女士生於1922年，顯見日據時代，「夯枷儀式」之廟會文化仍持續進行，唯不限於七月中元節活動。

　　至於「夯枷」儀式的意義為何，依據2014年嘉義市城隍夜巡海報標題為「消災祈福--『夯枷儀式』：懺除業障、消災解厄」，可見消災解厄為其特殊目的，海報上更具體表明：

> 「夯枷儀式」乃傳統信仰中一種消災解厄的儀式，「夯」是將東西扛在肩膀上，「枷」為古代囚禁犯人的一種鐐銬刑具，以前的人若是做錯事想要懺悔或是之前發願未做到，就會到城隍廟以「夯枷」

---

41 曾品滄〈懷念我的大稻埕生活——洪陳勤女士訪談錄〉，《國史研究通訊》第五期，102 年 12 月，頁 142。

雙魚齋讀書劄記

向城隍爺贖罪，展現洗心革面的決心，並具有驅邪解厄之功用，演變至今在城隍出巡的「夯枷」儀式。[42]

從以上文字描述，可知「夯枷」民俗活動由來已久，儀式之舉行本不限於城隍爺生日或中元普渡，「夯枷」本身建構於認罪、贖罪之心理活動，並藉由「夯枷儀式」之舉行，來消除自我犯錯行為。從「犯罪」認定而言，一般均依據傳統社會道德、法律規範以及宗教之戒律為本，而宗教團體常依據社會共通的民俗禁忌與傳統道德為依歸，以形成規範信眾行為之戒律，藉以認定信眾是否逾越是非界線，並認定其罪狀，而非訴之具體法律條文。如果從早期道教為信眾治病過程中觀察，即特別強調信眾生病起因，乃基於神明對於信眾的行為與功過的認定與懲罰，災厄不僅施及個人與家族，甚者向下延及後代子孫，因而《玄都律文》記載：「夫人有疾病者，坐過於惡，陰掩不見，故應以病。因緣非飲食風寒而起也。由其人犯法違戒，神魂拘謫。」[43]因而信眾唯有透過叩頭或首過過程，請求神明寬恕，藉以化解個人罪咎。由此觀之，藉由宗教儀式之治病，非但治癒信眾病癥外，亦解除其罪感，為生理與心理之雙重解脫。再以王羲之〈玉潤帖〉而言：

官奴小女玉潤病來十餘日，了不令民知。昨來忽發痼，至今轉篤，又苦頭癰，頭癰以潰，尚不足憂，痼疾少有差者，憂之燋心，良

---

[42] 2014 年農曆 8 月 1 日嘉義市城隍廟「城隍夜察諸羅境，驅除魅魍百姓安。」宣傳海報。

[43] 《玄都律文》，收入《正統道藏》，第 5 冊，頁 8a。

328

不可言。頃者艱疾未之有，良由民為家長，不能克己勤修，訓化
上下，多犯科誡，以至于此。民唯歸誠待罪而已。此非復常言常
辭。想官奴辭以具，不復多白。上負道德，下愧先生，夫復何言。
44

　　王羲之藉「不能克己勤修，訓化上下，多犯科誡」以罪己，敘明孫
女玉潤染上痼疾乃出於家族罪過，未必為己身之失，因而想藉由首過程
序，尋求以宗教贖罪儀式，懇乞治癒孫女玉潤頭纏痼疾。王羲之雖然在
儀式中非己，猶不至於苦節己身贖罪。若以早期道教「塗炭齋」觀察，
即是一種贖罪治病儀式，經由塗額、自縛、懸頭等儀式過程，以消除前
世今生罪咎。根據汪桂平〈道教塗炭齋法初探〉說法：「所謂"以苦節為
功"，指的仍然是一個苦字，即通過苦身作法以謝罪，從而積累功德，
達到解罪拯拔濟人之目的。」[45]這種苦身作法以謝罪之方式，與「夯枷儀
式」性質相近，當「信眾欲向城隍傾訴冤苦、或求赦免罪過，需於本日
前向城隍廟報名，於陰陽司公神轎前『夯枷』。」[46]誠如江怡葳對新竹城
隍廟會「夯枷儀式」之觀察：

　　　這類型「扮犯」的方式，李豐楙稱此為「儀式性的罪罰表演」，由
　　　解結科儀式所處理的是較輕的冤結、怨結的心理負擔，而扮犯自
　　　罰的儀式，則是較重的象徵性型罰，這種罪咎亦是表明參與儀式

44　《寶晉齋法帖》卷 3。
45　汪桂平〈道教塗炭齋法初探〉，《世界宗教研究》2002 年第 4 期，頁 53。
46　江怡葳《新竹市城隍信仰與六將研究》頁 92。

者已進入對自我罪刑的責難。信徒自願性至新竹城隍廟中報名參
加「夯枷」，並以步行隨陰陽司至北壇以懺悔贖罪，有如古時犯人
示眾，自我罪罰是為求脫離司法制裁的方式。[47]

陳思宇也說：

> 「枷」是古代套在犯人脖子上的刑具，「夯枷」原指民間相信突然
> 生重病或是運氣不好，必定是因前世或以前做壞事所致的報應。
> 於是為了改運，便先把自己變成罪人，在脖子上掛上用紙做的
> 「枷」，再伴隨著神明的轎子遊街，期望藉由自我處罰來消弭罪
> 過，進而得到神明的加持。由於是自己心甘情願戴上刑具的，後
> 來就衍生成有自討苦吃、自找麻煩的意思。若按照此脈絡，所以
> 「夯某枷」、「夯翁枷」和「夯囝枷」不但有自討苦吃的意思，還
> 包含了「頂世人相欠債、這世人做來還」的宿命論點。[48]

江氏、陳氏都清楚說明「夯枷儀式」於性質上均屬於扮犯自罰之儀式表
演，陳思宇更指出由於「夯枷」是扮犯信眾所自願之行動，「夯枷」一詞
遂衍生出自討苦吃、自找麻煩之俗語，所謂「夯某枷」、「夯翁枷」和「夯
囝枷」，正說明或為夫、妻、子背罪而吃苦。

其次，從信眾肯於城隍爺前述說己罪，也顯現出城隍有如地方官，
不但具有維持社會秩序職責，亦兼有教化百姓功能，城隍爺不僅遏阻百

---

[47] （江怡葳《新竹市城隍信仰與六將研究》頁 94。
[48] 陳思宇《《三六九小報‧新聲律啟蒙》人文現象之研究》頁 138。

姓的犯罪行為，更可以經由信眾告解與「夯枷儀式」，而仲裁、赦免其罪刑，藉以安撫民心，化信眾之不安於無形，頗具安定社會之功能。

肆、「夯枷」所衍生之詞語與習俗

「夯枷」本為廟會文化中一種藉由扮犯自罰的儀式表演，由於是信眾自行於城隍爺面前認罪受罰，因而「夯枷」一詞遂衍生出自找苦吃之意義，教育部《台灣閩南語常用辭典》：「夯枷：自找麻煩。把沈重的負擔攬在身上，引申為自找麻煩。」即是「夯枷」之引伸義，以下即是相關俗語：

一、有人嫁翁傍翁勢，有人嫁翁夯翁枷。想昧嫁尪傍尪勢，無疑嫁尪夯尪枷。

　　此句俗語是說有些好命女子，嫁到好丈夫，就可以依靠一輩子。有些歹命女子，嫁給不爭氣之丈夫，就必須同丈夫共同舉債，猶如夯枷一般，自找苦吃。

二、欠囝債、舉囝枷（欠仔債，舉仔枷」）

　　有些孩子生來就安份，父母親只好自認上輩子欠債，這輩子還債，這也是自找罪受。

三、要替人夯枷，不替人認債。（要替人夯枷，甭替人認債。）

　　此俗語比喻寧可夯枷自找罪受，也不可輕易允諾幫人擔保，可見幫人擔保比「夯枷」還可怕。

四、跳對扒。行對走。夯枷對坐斗。

此俗語以「拜斗」為道教幫人消災解厄，祈福延壽之科儀，稱為『朝真禮斗』，而與「夯枷」消災解厄意義相當，因此「夯枷」、「坐斗」對舉。

五、雞婆鴰。鴨母蹄。吊鐺對夯枷。

戴鐺對夯枷。牽沽對落札。

免驚對無愛。戴鐺對夯枷。

分對送。收對領。夯枷對戴鐺。

戴鼎對夯枷。零星對歸項。

有滋味。無鹹洮。夯枷對戴鐺。

以上六句俗語，或作「吊鐺」、「戴鐺」、「戴鼎」，本當作「吊鼎」，「戴」為「吊」之假借字，「鐺」為「鼎」之累增字，以表示金屬材料。「鼎」即今日之鍋子，用來象徵生計，所謂「吊鼎」，表示生計困難，家中已無食物可炊，因而吊鼎，與「夯枷」同表示擔負極大之困難。

總而言之，「夯枷」一詞，從自我夯枷認罪引申，而有自找麻煩與擔負極大困難之意義，屬於貶抑之詞。

其次，從「夯枷」除罪觀念，亦逐漸延伸至民俗中消除厄運之方式，依據房學嘉《客家民俗》所收錄之資料說：

> 忌耳朵發燒。有"左耳燒財（破財）"、"右耳燒事（禍事）"，"兩耳燒沒點事"之說，有人耳燒時，撕紙一張，中間挖空，套於發燒

之耳，謂之"戴紙枷"，說是可"避邪"。忌眼皮跳，說是"眼皮跳，有路跑"（指有事要跑路）。[49]

將紙張中間挖空而繫於耳上，狀似「戴紙枷」，雖無「夯枷儀式」，亦成為客家之習俗，用於消災解厄，顯見此儀式影響之深遠。又根據「閩南網」所收民間傳說，謂朱熹於漳州府時曾撰寫《祭青蛙文》，並於池塘灑下紙製紙枷謂青蛙說：「限三天內搬出池塘，否則罰帶枷示誡。」[50]，此說目的雖非消災解厄，仍可見「紙枷」運用範圍之寬廣。

伍、結語

「夯枷儀式」之發展，本與道教塗炭齋科儀「以苦節為功」相關，從本文所引用《玄都律文》可以略知一二。江怡葳於《新竹市城隍信仰與六將研究》指出夯枷儀式之信仰基礎乃基於「幽冥信仰發展於「罪感」與「神判」之概念，於中元祭典期間在都城隍遶境範圍內由執行者完整的演繹：一為信眾藉由「扮犯」，二為成為城隍部眾「六將」以獲得權力。」[51]因而從「神判」層次觀察，「夯枷儀式」可以表現出城隍爺對信眾教化之實質功能，城隍爺不僅形同地方官吏之崇高地位，同時擁有保護地區安全之責任，又兼有對信眾犯罪行為神判之權力。若從「罪感」層次觀察，城隍爺審判之犯罪與否之重點，主要以心靈之罪感為主，而非法律

[49] 房學嘉《客家民俗》轉引自：
http://hakka.meizhou.cn/hakkanews/0911/05/09120600550.html
[50] 閩南網 http://zz.mnw.cn/news/87051.html
[51] 江怡葳《新竹市城隍信仰與六將研究》頁114。

條文之具體規範，換言之，可藉以彌補法律條文規範之不足，對於犯罪者而言，產生極大之遏阻作用。江怡葳又說：「於中元地官赦罪首過日夯枷，立基於強烈的罪感解除，司法神因此彌補了現世法律差強人意的解決方案，並有別於道士等儀式專家乃有據於經典與儀式，就全然掌握了這種「義理正確」與「儀式正確」，民眾較重視的是「行動正確」與「感覺正確」，仰賴幽冥信仰的氛圍進而裝扮自己成為犯人，以求自己現世或累世的罪可不受到懲罰。」[52]所謂「求自己現世或累世的罪可不受到懲罰」，即為嘉義城隍廟恢復「夯枷儀式」之目的，於當前舊道德觀逐漸崩毀，而新道德觀尚未確立之時，或許能維持社會秩序步入正軌，減少諸如黑心油、毒澱粉等等脫序行為之發生，也為社會注入一股安定力量，此亦「夯枷儀式」之深層意義所在。

（蔣妙琴、丁昱琦）

參考文獻

一、專書

亢興隆《寶晉齋法帖》　江蘇：江蘇美術出版社，2013年06月。

江怡葳《新竹市城隍信仰與六將研究》政治大學宗教研究所碩士論文，2011年7月。

房學嘉《客家民俗》，華南理工大學出版社，2006年。

---

[52] 江怡葳《新竹市城隍信仰與六將研究》頁 94。

許慎撰、段玉裁注《說文解字注》台北，紅葉文化事業有限公司，1999
　　年11月。

許寶華、宮田一郎《漢語方言大辭典》北京：中華書局。1999年。

楊家駱主編，正史全文標校讀本《晉書》，台北鼎文書局，1980年3月。

二、學位論文

江怡葳《新竹市城隍信仰與六將研究》，政治大學宗教研究所碩士論文，
　　2011年7月。

陳思宇《《三六九小報·新聲律啟蒙》人文現象之研究》，台灣師範大學
　　台灣文化及語言文學研究所碩士論文，2011年2月

張素貞《彰化縣民間文學集之研究》頁121。台東大學兒童文學研究所碩
　　士論文，95年。

黃彥菁《台灣客家童謠以〈月光光〉起興作品研究》中央大學客家語文
　　研究所碩士論文。98年2月。

三、期刊

汪桂平〈道教塗炭齋法初探〉，《世界宗教研究》2002年第4期

陳璽〈唐代械系制度述略——以唐稗傳奇材料為線索〉，《新西部》2012·
　　08期

四、網路資料

小學堂http://xiaoxue.iis.sinica.edu.tw/

教育部網路版《國語辭典》http://dict.revised.moe.edu.tw/

閩南網http://zz.mnw.cn/news/87051.html

歷史風雲 http://www.lishifengyun.com/lishiwenhua/zhongguogudaixing-fa/2013/0114/90.html

日治時期古典詩中的吳鳳廟書寫

壹、前言

　　《全臺詩》收錄明鄭（西元1661年）起至日治時期（西元1945年）止，凡285年間之臺灣古典詩，所收作品內容，除具有文學價值外，亦有助於研究台灣地區人、地、事、物之價值，譬如劉家謀《海音詩》一百首七絕，於每首之下，詳述詩文內容之依據，猶具有研究歷史文化的價值；林玉書《俗語九絕詩》收錄當代通行的諺語、俗語，有助於當代民俗文化的價值。本文以〈日治時期古典詩中的吳鳳廟書寫〉為題（含吳鳳廟、吳鳳、吳鳳墓三部分），檢索《全臺詩‧智慧型全臺詩資料庫》所收日治時期描寫吳鳳廟之古典詩作品，共收錄吳景箕、楊爾材、魏清德、林玉書、翁煌南、劉獻池、黃朝清、王人俊、洪以南、徐埴夫、簡朗山、簡楫、趙元安、鄭鵬雲、黃贊鈞、林逢春、謝汝銓、林維朝、謝尊五、鄭登瀛、林培張、顏雲年、黃守謙、謝汝銓、連橫、林資銓等26位作家，總計47首作品，就其書寫內容而言，主要縈繞於吳鳳捨身取義的生命事蹟。雖然此一歷史人物的建構，有其歷史背景存在，近人已逐漸釐清事實之真相，然在某些方面而言，若從歷史的長河發展觀察，仍具有意義。今就《全臺詩》所收47首作品，探討書寫者寫作的詩旨，亦略數吳鳳生平事蹟與興建吳鳳廟的源由。

雙魚齋讀書劄記

貳、吳鳳生平事蹟與建廟

一、吳鳳生平事蹟

吳鳳生平事蹟見於載籍者，主要依據為劉家謀《海音詩》、倪贊元《雲林縣采訪冊》與連橫《台灣通史》三者，其內容大致相同，而遞有增補，今分別敘述如下：

（一）劉家謀《海音詩》

劉家謀（西元1814年～1853年）於道光二十九年（西元1849年）調任臺灣府學訓導，後於咸豐三年因海寇黃位與臺灣土匪聯合，擾亂沿海，家謀竭力固守，因病棄世，享年四十。而《海音詩》成書於咸豐二年（西元1853年），共收錄一百首七言絕句，每首詩末均加附註，為作者在臺期間所見所聞，其內容涉及社會、文化與政治各層面，具有記事的價值[53]。廖漢臣於〈劉家謀的《海音詩》〉說：「《海音詩》所以為學界所珍視，不在其詩，而在於引註。」[54]所言甚是。而有關吳鳳生平事蹟的詩作，為《海音詩》第九十六首，其詩：

---

[53] 此處資料參考《全臺詩‧智慧型全臺詩資料庫》：「《海音詩》為有計劃的創作，特色是百首七絕，不另題名，每首均於詩末加註，以詩證事，引註證詩，對於臺灣政治、社會與文化有深刻的觀察與描寫，歷來為有識者所重視。廖漢臣以為：「《海音詩》所以為學界所珍視，不在其詩，而在於引註。」如吳鳳事蹟，《海音詩》是目前所見最早紀錄此事的文獻，內容與後來的記載不同，是研究吳鳳故事演變的重要依據，其重要性可見一斑。」
網址：http://xdcm.nmtl.gov.tw/twp/TWPAPP/ShowAuthorInfo.aspx?AID=000019，
2016 年 4 月
[54] 廖漢臣〈劉家謀的《海音詩》〉，《臺南文化》第 2 卷 1 期（1952 年 1 月），頁 137。

紛紛番割總殃民，誰似吳郎澤及人。

拚卻頭顱飛不返，社寮俎豆自千春。

此詩內容敘述番人取首祭神的習俗危害生民之命，直到吳鳳捨棄己身的人頭，才結束這紛紛擾擾的一切，此事件之後，吳鳳得到番族的祭拜，番人也從此戒除出草的惡習。而作者在註中詳言吳鳳事件的始末：

> 沿山一帶，有學習番語、貿易番地者，名曰「番割」。生番以女妻之，常誘番出為民害。吳鳳，嘉義番仔潭人，為蒲羌林大社通事。蒲羌林十八社番，每欲殺阿豹厝兩鄉人。鳳為請緩期，密令兩鄉人逃避。久而番知鳳所為，將殺鳳。鳳告其家人曰：「吾寧一死以安兩鄉之人。」既死，社番每於薄暮，見鳳披髮帶劍騎馬而呼，社中人多疫死者。因致祝焉，誓不敢於中路殺人，乃止。今社番欲殺人，南則於傀儡社，北則於王字頭，而中路無敢犯者。鳳墳在蒲羌林社蒲，社人春秋祀之。[55]

從劉家謀所記載的內容來看，吳鳳與原住民的衝突，乃因阿豹厝兩鄉人而起，吳鳳為維護此二人的生命而喪命。事後適巧社中多人死於厲疫，又有番人常於黃昏看見吳鳳帶劍騎馬呼嘯而過，而誤以為吳鳳神靈作祟而於春秋兩季祭祀，並發誓不可於中路殺人。

---

[55] 文句從《全臺詩‧智慧型全臺詩資料庫》所校，然資料庫亦脫漏「春秋祀之」四字。網址：http://xdcm.nmtl.gov.tw/TWP/b/b02.htm，2016 年 4 月

（二）倪贊元《雲林縣采訪冊》

倪贊元（生卒年不詳）《雲林縣采訪冊》成書於清光緒二十年（西元1894年），為方志中最早採錄吳鳳生平事蹟者，據書中〈打貓東堡・兇番〉所附「通事吳鳳事蹟」：

> 吳鳳，打貓[56]東堡番仔潭莊人。少讀書，知大義，能通番語。康熙初，臺灣內附，從靖海侯施琅議，設官置戍，招撫生番，募通番語者為通事，掌各社貿易事。然番性嗜殺，通事畏其兇，每買遊民以應。及鳳充通事，番眾向之索人；鳳思革敝無術，又不忍買命媚番，藉詞緩之，屢爽其約。歲戊戌，番索人急，鳳度事決裂，乃豫戒家人作紙人持刀躍馬，手提番首如己狀，定期與番議。先一日，謂其眷屬曰：「兇番之性難馴久矣，我思制之無術，又不忍置人於死。今當責以大義，幸而聽，番必我從；否則，必為所殺。我死勿哭，速焚所製紙人；更喝『吳鳳入山』。我死有靈，當除此患」。家人泣諫，不聽。次日番至，鳳服朱衣紅巾以出，諭番眾：「以殺人抵命，王法具在；爾等既受撫，當從約束，何得妄殺人！」番不聽，殺鳳以去；家屬如其戒。社番每見鳳乘馬持刀入其山，見則病，多有死者；相與畏懼，無以為計。會社番有女嫁山下，居民能通漢語，習聞鳳言歸告。其黨益懼，乃於石前立誓永不於嘉義界殺人；其屬乃止。居民感其惠，立祠祀之。至今上

---

[56] 打貓即今之民雄，係依據洪雅平埔族「Taneaw」的音譯詞，為當時之中樞。

四社番猶守其誓，不敢殺擾打貓等堡。[57]

　　據倪贊元所載，較劉家謀之說為詳，文中特別吳鳳因「番性嗜殺」，勸阻無效後被殺的情節，而非因維護阿豹厝兩鄉人而起，又詳細交代「社番每於薄暮，見鳳披髮帶劍騎馬而呼」之來龍去脈，實為吳鳳所設計，且文中「我死有靈，當除此患」已轉為殺身成仁的故事情節，而「居民感其惠，立祠祀之」也說明興建吳鳳廟的源由。

（三）連橫《台灣通史》

　　連橫（西元1878年－1936年）的《台灣通史》（西元1920年），是史書首次載入吳鳳生平事蹟者，其文之大要為：

　　　阿里山者，諸羅之大山也；大小四十八社，社各有酋，所部或數
　　　百人、數十人。性兇猛，射獵為生，嗜殺人，漢人無敢至者。前
　　　時通事與番約，歲以漢人男女二人與番，番秋收時殺以祭，謂之
　　　作饗，猶報賽也。……越數日，番酋至，從數十人，奔鳳家。鳳
　　　危坐堂上，神氣飛越。酋告曰：「公許我以人，何背約？今不與，
　　　我等不歸矣。」鳳叱曰：「蠢奴，吾死亦不與若人。」番怒刃鳳，
　　　鳳亦格之，終被誅。大呼曰：「吳鳳殺番去矣！」聞者亦呼曰：「吳
　　　鳳殺番去矣！」鳴金伐鼓，聲震山谷。番驚竄。鳳所部起擊之，
　　　死傷略盡。一、二走入山者，又見鳳逐之，多悸死。婦女懼，匿
　　　室中，無所得食，亦槁餓死。已而疫作，四十八社番莫不見鳳之

---

57 倪贊元：《雲林縣采訪冊》頁180。

馳逐山中也。於是群聚語曰:「此必吾族殺鳳之罪。今當求鳳恕
我!」各社舉一長老,匍匐至家,跪禱曰:「公靈在上,吾族從今
不敢殺漢人。殺則滅!」埋石為誓。自是乃安。尊鳳為阿里山神,
立祠禱祀。至今入山者皆無害。[58]

此段文字將吳鳳犧牲生命與原住民出草習俗有關,而原住民埋石為
誓、立祠禱祀,戒除出草習俗,並尊吳鳳為阿里山神。

其實吳鳳形象的改變,並將其宣導為教忠教孝的典型,則始於日治
時期。明治三十七年(西元1904年)民政官後藤新平巡視阿里山時,發
覺此地的原住民雖仍有獵頭習俗,卻較其他地區的原住民馴服,他在《阿
里山蕃通事吳元輝碑》上說:

吾初蒞臺灣也,巡覽阿里山森林;阿里屬嘉義廳治,峰巒襞積,
谿壑迴環,而番人馴服,愈於他番,吾甚異之。父老皆曰:「此吳
元輝流澤所致也。」吾聞而滋感焉![59]

碑文中同時將吳鳳本因與原住民溝通不良,而遭殺害的情節,改成
殺身成仁、捨身取義的事蹟,碑文說:

元輝讀書知大義,旁通番語,年二十四為通事。是時移民侵墾番
地,有社商、社棍,又有番割介在民番之間,貪殘無饜,元輝憂

---

58 連橫《臺灣通史》,頁 804-805。
59 後藤新平:〈阿里山蕃通事吳元輝碑文〉,《詩報》第 78 號「文苑」欄,1934 年
   4 月 1 日,第 10 版。

之，設定軌則，悉心措辦，宿弊漸革，民番悅服。但番每祭必殺人，蓋積習而不可移也。番人屢請馘首，元輝畀物，百方開諭不聽，爰設詞延至數年，番以為誑，嗷嗷不已。元輝屬聲謂曰：「殺人者王法所不赦，然予既與汝約矣，其必履之，異日仍有天殃，汝曹悔蔑及也。」戒家人曰：「予將授首，永絕後患！」即命以後事，一家掩泣。屆期徐步赴會，番迫而殺之，始知為元輝，相顧駭去。家人殮之，焚芻靈紙馬禱曰：「公推誠拊循，冀革其非心，今齎恨以歿，靈其不泯，當禍祟番社，靡有孑遺。」遂葬於枋樹腳。元輝之死也番見其橫刀躍馬，馳騁如電；既而陰雨綿延，疫癘大作，死亡相踵。番酋震懼，請巫以祓穰，巫曰：「祭吳公之靈，乃可免也。」番即營祭，瀝血埋石，誓不殺人，於是阿里四十八社獷戾嗜殺之習除矣。

上文在敘述吳鳳政績成就上，強調兩大部分：其一，吳鳳在社商、社棍、番割之間進行調停工作，改革宿弊，達到「民番悅服」；其二，原住民每祭必獵頭的習俗始終未改，而吳鳳百方開導，始終不聽，乃毅然決然告訴家人「予將授首，永絕後患！」吳鳳之死，加上疫癘大作等因素，使得原住民誓不殺人，而「嗜殺之習除矣」，後藤新平這段改寫的歷史，成為統治者歌功頌德的典範，也成為後代詩人歌頌之題材。

二、吳鳳廟興建與整修

最早建祠奉祀吳鳳，當於清乾隆三十四年（西元1769年）吳鳳事件之後，然已不可考。今位於嘉義縣中埔鄉的吳鳳廟[60]（又稱阿里山忠王祠），最早建於清嘉慶二十五年（西元1820年），乃依社口莊吳氏邸址，創建祠宇。其後又經過六次整修擴建：[61]

（一）明治四十三年（西元1910年）重建正殿。

吳鳳廟於明治三十九年（西元1906年）因地震倒塌而重建。《全臺詩》徐埴夫（西元1873年～1918年）〈吳鳳廟重修落成〉：「平蠻何必用干戈，只讓吳君一死多。如此玉人如此德，長垂血食奠諸羅。」與翁煌南〈吳鳳廟重修落成〉：「躍馬橫刀意氣雄，滿腔熱血破蠻風。精誠格屬神威在，從此重新廟貌崇。」當作於此年。

（二）昭和六年（西元1931年）擴建拜殿。

此次擴建工程，由嘉義郡守佐藤房吉主持，形成正殿、拜殿、兩側廊廡、憩室與庭園的格局，落成典禮由台灣府總督太田政弘親臨主祭。

（三）民國四十一年（西元1952年）重修正殿及拜殿。

---

[60] 吳鳳廟位於嘉義縣中埔鄉社口村 23 鄰 1 號。另阿里山公路的石棹，也有一座吳鳳廟，地址為嘉義縣竹崎鄉中和村 19 鄰石棹 7 之 1 號。

[61] 資料參考「文化地理資訊系統—首頁／寺廟資料／嘉義縣／中埔鄉／吳鳳廟」網址：http://crgis.rchss.sinica.edu.tw/temples/ChiayiCounty/jungpu/1013012-WFM 文化部文化資產局。網址：http://www.boch.gov.tw/boch/frontsite/cultureassets/case-BasicInfoAction.do?method=doViewCaseBasicInfo&caseId=QA09602000227&assetsClassifyId=1.1&version=1

此次重修工程，由嘉義縣長林金生主持，主要增拜殿、碑亭，以及頂部五岳朝天式封火山牆的三間三柱三卷門樓，以及蔣中正題贈「捨身取義」橫匾。[62]

（四）民國六十八年（西元1979年）增建後殿及廂房。

（五）民國七十四年（西元1985年）擴建成吳鳳紀念公園，並列入祠廟類三級古蹟。

（六）民國八十八年（西元1990年）。

參、古典詩吳鳳廟書寫之分類

關於日治時期古典詩對於吳鳳廟之書寫，大抵可分為鋪述吳鳳生平事蹟者，稱揚吳鳳功業者，表彰吳鳳為人氣節者，記載鄒族習俗者，描寫吳鳳廟之景色者，茲分別敘述如下：

一、鋪述吳鳳生平事蹟

以古詩詳述吳鳳生平事蹟者，有吳景箕〈吳鳳行〉、魏清德〈中埔吳鳳廟〉、趙元安〈懷安番通事吳鳳君〉、鄭登瀛〈題安蕃通事吳鳳君詩〉、林培張〈題故通事君吳鳳〉都屬於此類作品，內容大同小異，而以吳景箕〈吳鳳行〉根據倪贊元《雲林縣采訪冊》為底本，敘述最為詳盡，今

---

62 資料來源，網址：http://blog.xuite.net/doublefish2/wretch/142671152-%E5%90%B3%E9%B3%B3%E5%BB%9F

舉其詩如下：

乾隆巳丑秋八月，阿里山前喊聲發。飛矢如蝗槍如林，破曉潮連西風咽。

人言落草蕃出洞，隘勇鳴金亦鳩眾。背堂危坐雪眉翁，自云通事我吳鳳。

若輩慎無侵民宅，如有條陳容爾白。

蕃言今者獲首我方歸，不然莫若將君刺。

鳳云年祭給牛隻，稱快殺人何刻責。膽敢用仇作報恩，淫貪不厭還請益。

語終環視威赫赫，睚眥盡決凜難迫。蕃酋咆哮揮長刀，驀地踴躍斷其席。

翁叱蠢奴何忤逆，殺身成仁吾豈惜。疾呼吳鳳去殺蕃，艴然拔劍猝與格。

從卒聞命齊擁陁，伏隊俄起鬥勢劇。爆竹聲中闐如崩，瘐者殪者知幾百。

刀膏鮮血草凝碧，啾啾鬼哭天日赤。峨冠其誰躍馬來，紅衣佩劍眼光射。

但見馬到咸辟易，寶劍起處聲割割。群蕃鼠竄半驚逃，棄弩撞死尸堆積。

紛紛婦女迷去迹，入地潛身苦無穿。殍滿溝壑犬號孤，可憐酸鼻復遭疫。

天黝連日霿不釋，四十八社皆褫魄。既而設位禮其靈，從此歸誠誓不戮。

感公美德化貊該，矯健從獵老種麥。義人逝矣二百春，事業貫虹華簡冊。

據詩題作者原註：「據縣誌。」所謂「縣誌」乃指倪贊元《雲林縣采訪冊》而言。吳景箕在詩句中交代幾件事情：

（一）吳鳳事件發生時間乾隆三十八秋八月。

（二）描寫原住民出草場面，詩云：「飛矢如蝗槍如林，破曉潮連西風咽。人言落草蕃出洞，隘勇鳴金亦鳩眾。」

（三）吳鳳捨身就義時是騎馬而行、身穿紅衣、手拿配劍的裝扮，詩云：「峨冠其誰躍馬來，紅衣佩劍眼光射。」。

（四）原住民捨棄殺人馘首的惡俗，乃是受到吳鳳的感召，並設位祭祀吳鳳，詩云：「既而設位禮其靈，從此歸誠誓不戮。」

魏清德〈中埔吳鳳廟〉詩云：「捨生為民瘼，糜軀輕頂踵。誓將日月光，銷滅蠻煙瘴。金戈鐵馬威，番酋皆懾悚。頓改頑冥鄉，同登仁壽壤。」

也是強調吳鳳殺生成仁的事蹟。

鄭登瀛〈題安蕃通事吳鳳君詩〉詩云:「自言生不能擒渠掃穴登高巒,死當作屬鬼禁彼惡習去殺而勝殘。生戴吾頭入虎穴,誰效易水悲歌來訣別。」則以荊軻刺秦王的易水悲歌,來形容吳鳳的壯舉。

二、表彰吳鳳氣節

對吳鳳氣節的描寫,為此類作品最明顯的主題,作者大抵著墨於「殺身成仁」的主題上,可見日治時期教育非常成功,如楊爾材〈過吳鳳墓〉:

> 墓門芳草幾經春,烈氣千秋永不泯。信義終能化殊俗,寰區安得有斯人。即今勒石猶揮淚,當日成仁肯殺身。留取口碑傳薄海,心香一瓣拜先民。

楊爾材這首作品,特別標榜吳鳳值得後人景仰的品德為講求「信義」故能移風易俗,「殺身成仁」所以流芳百世。而林培張〈題故通事君吳鳳〉:「渫血灑空林,奇禍流鄉井。公本季布心,神智過兇猛。」更把吳鳳重然諾之舉,譬如漢初的季布的一諾千金。魏清德〈中埔吳鳳廟〉也說:「我來中埔村,載拜瞻廟祀。自從公成仁,馘首風斯止。誰謂番人頑,且格能知恥。」也是強調吳鳳成仁,遂使原住民移除「馘首」惡習。而嘉義詩人林玉書〈春日謁吳鳳廟〉二首之一說:

> 驅車社口趁芳辰,手折梅花拜義人。赫耀神威長不泯,莊嚴廟貌煥然新。

灑將心血除蠻俗，抴卻頭顱抱至仁。俎豆即今隆祀典。千秋遺德
勒貞珉。

將吳鳳捨身取義之事，視為「至仁」，其節操留給後人膜拜。再如黃贊鈞
〈吳鳳廟〉：「自甘馘首畀蕃人，總為成仁此殺身。萬古英靈護鄉社，剛
刀快馬逐妖神。」亦是從吳鳳「自甘馘首」著筆，以護衛鄉社為敘事重
點。

三、記載鄒族馘首習俗

　　台灣原住民族群中，「出草」獵首的行為頗為普遍，僅蘭嶼達悟族沒
有此習俗，[63]所以出身鄒族的學者浦忠誠《台灣鄒族的風土神話》說：

> 上古時有位名叫「哈莫」的神從天上降臨至新高山，創造了人
> 類。……然而由於發生可怕的大洪水，四方皆猶如大海一般，因
> 此散居各處的人們便再次避難於新高山，多數的動物亦同樣齊聚
> 山頂。那時尚未有穀物，因而食鳥獸之肉，以求存活。
>
> 某時於屠殺狗後，不經意地將狗的頭插於竹竿前頭，立於地上，
> 予以嬉戲，不知為何，竟感覺有一種快感。隨後思及，若為猿猴
> 之頭，又將如何？逐漸產生愈強的興趣。最後終於殺了社內的頑
> 童，將頭砍下置於竿頭，人們的興味更增一層。
>
> 而後大洪水逐漸退去，世界恢復原狀，人們也陸續下山。然而回

---

[63] 依據董芳苑說法，《台灣宗教大觀》頁 14。

想砍殺人頭的快感，不由得便開始襲擊他社的人們，予以馘首。
[64]

在這段敘述中，表述了鄒族獵首之舉，起於一時的興味，而逐漸成
為一種習俗。而在詩人在吳鳳廟書寫中，也頗談及此事，楊爾材〈吳鳳〉
五首之三：

> 羅山鍾毓古先民，欲化兇頑野性馴。苦勸犵獠休出草，甘從狩獵
> 事穿斷。

> 捨生取義蒙茸兀，雖死英靈器宇瞋。嚇殺雕題埋石矢，至今未敢
> 馘黃人。

他如黃贊鈞〈吳鳳廟〉：「自甘馘首畀蕃人，總為成仁此殺身。萬古英靈
護鄉社，剛刀快馬逐妖神。」謝汝銓〈吳鳳廟〉：「撫字墾荒權□操，紿
人馘首把蕃媚。」

魏清德〈中埔吳鳳廟〉：「番祭必殺人，諭令毋復爾。」林玉書〈過
吳鳳公墓〉：「稜稜俠骨丈夫身，忍見兇蕃嗜殺人。」趙元安〈懷安番通
事吳鳳君〉：「胡為鳥獸心，嗜殺難名狀。天能蕃其族，不能致馴養。」
均出現「馘首」、「殺人」、「嗜殺」字眼，而這習俗也是形成吳鳳殺身成
仁故事的主要導火線。雖然楊雅智《日治時期漢詩文中的阿里山書寫》
中說：

---

[64] 浦忠成《台灣鄒族的風土神話》頁 129-130。

鄒族人獵首習俗的革除，乃由於番大租長期推行所逐步達到的成效，並非因吳鳳之死，在一時一刻之內就能完全泯除流傳已久的馘首風氣。[65]

然從吳鳳犧牲之後，據劉家謀《海音詩》所言：「誓不敢於中路殺人。南則於傀儡社，北則於王字頭，而中路無敢犯者。」當為不爭的事實，吳鳳的犧牲，仍具有其歷史的價值性。

四、描寫吳鳳廟景色

由於吳鳳廟的詩文書寫多偏向於吳鳳氣節的描寫，對於景色方面的鋪寫較少，然從林資銓〈諸羅春色〉：「諸峰繞郭水平堤，鎮日尋春曳杖藜。關嶺泉溫人入浴，玉山雪積客留題。木棉花軟迎風舞，帝雉聲嬌喚雨啼。我自吳公祠畔去，朗吟直到夕陽西。」觀察「關嶺泉」、「玉山雪」、「吳公祠」並列為諸羅春色三景之一，自有其特色可言，而「木棉花軟迎風舞，帝雉聲嬌喚雨啼。」或許即是描寫吳鳳廟之春天景色。再從楊爾材〈阿里山歌〉：「山坳春暮放山櫻，一望渾如吉野英。燦爛千株紅似火，疑是吳公血染成。」林玉書〈春日謁吳鳳廟〉三首之一：「社口蠻花紅灼灼，汴頭芳草綠芊芊。」鄭鵬雲〈懷安番通事吳鳳君〉：「生為義士死明神，俠氣如君有幾人。今日馨香崇美報，蠻花齊拱廟門春。」三首詩所提及之「蠻花」、「山櫻」、「吉野櫻」應當是形容吳鳳廟附近所栽植的吉野櫻而言，而楊爾材還以為吳鳳鮮血所染成。此外，吳鳳廟位於阿

---

65 楊雅智《日治時期漢詩文中的阿里山書寫》頁 158。

里山山腳下，眺望阿里山亦是佳景之一，故魏清德〈中埔吳鳳廟〉寫下：
「岩樹鬱森森，白雲生阿里。」的佳句。

肆、結語

　　回顧先賢撰寫吳鳳廟的詩作，主要在於緬懷先人開墾之貢獻，從歷史發展過程而言，吳鳳確實具有一定的歷史價值，劉家謀《海音詩》、倪贊元《雲林縣采訪冊》、連橫《台灣通史》雖以漢人角度思考吳鳳事件，大致還保存其純真的一面，然從日治時期後藤新平《阿里山蕃通事吳元輝碑》之後，則不免過度宣染，形成教忠教孝的樣版，此恐非吳鳳本人所願，亦非鄒族人所願也。今從《全臺詩》梳理出有關吳鳳主題者凡26位作家47首作品，其敘述內容不外鋪述吳鳳生平事蹟、表彰吳鳳氣節、記載鄒族馘首習俗、描寫吳鳳廟景色四類也。

（蔣妙琴、葉建廷、李文斐）

參考文獻

一、專書類

倪贊元《雲林縣采訪冊》，臺北：臺灣銀行，1959年。

施懿琳主編《全臺詩》，台南：台灣文學館，2013年。

連橫：《臺灣通史》，臺北：臺灣銀行，1962年。

董芳苑《台灣宗教大觀》台北：前衛出版社，2008年。

浦忠成《台灣鄒族的風土神話》台北：台原出版社，1993年。

二、期刊類

後藤新平：〈阿里山蕃通事吳元輝碑文〉《詩報》第78號，1934年。

廖漢臣〈劉家謀的《海音詩》〉《臺南文化》第2卷1期，1952年。

三、學位論文類

楊雅智《日治時期漢詩文中的阿里山書寫》逢甲大學中國文學研究所碩
士論文，2011年1月。

四、網路資料

《全臺詩・智慧型全臺詩資料庫》

網址：http://xdcm.nmtl.gov.tw/TWP/b/b02.htm

文化地理資訊系統－首頁／寺廟資料／嘉義縣／中埔鄉／吳鳳廟，網址：
http://crgis.rchss.sinica.edu.tw/temples/ChiayiCounty/jungpu/1013012-
WFM

文化部文化資產局網址：

http://www.boch.gov.tw/boch/frontsite/cultureassets/caseBasicInfoActi
on.do?method=doViewCaseBasicInfo&caseId=QA09602000227&asset
sClassifyId=1.1&version=1

國家圖書館出版品預行編目資料

雙魚齋讀書箚記 / 蔣妙琴 著

　臺中市：天空數位圖書　2020.01

　面：17*23 公分

ISBN：978-957-9119-68-9（平裝）

1. 言論集

078　　　　　　　　　　　　109000818

發 行 人：蔡秀美
出 版 者：天空數位圖書有限公司
作　　者：蔣妙琴
版面編輯：採編組
美工設計：設計組
出版日期：2020 年 01 月（初版）
銀行名稱：合作金庫銀行南台中分行
銀行帳戶：天空數位圖書有限公司
銀行帳號：006-1070717811498
郵政帳戶：天空數位圖書有限公司
劃撥帳號：22670142
定　　價：新台幣 540 元整
電子書發明專利第 I 306564 號

※如有缺頁、破損等請寄回更換

Family Sky

紙本書編輯印刷：
電子書編輯製作：
天空數位圖書公司 E-mail：familysky@familysky.com.tw　http://www.familysky.com.tw/
地址：台中市忠明南路787號30樓　Tel:04-22623893　Fax:04-22623863